高校马克思主义理论教学与研究文库

马克思主义理论教育教学论

逢锦聚◎著

MAKESI ZHUYI LILUN JIAOYU JIAOXUELUN

中国人民大学出版社
·北京·

高校马克思主义理论教学与研究文库编委会

主　任： 杜玉波　顾海良
副主任： 张东刚　逄锦聚　陈先达　徐艳国

编委会成员（以姓氏笔画为序）：

王树荫　艾四林　刘先春　孙熙国　纪亚光　李忠军　吴潜涛
张澍军　陈　矛　陈　睿　郑永廷　郝立新　贺耀敏　骆郁廷
高国希　韩喜平　靳　诺

总　　序

　　高校承担着学习、研究、宣传马克思主义，培育和弘扬社会主义核心价值观，为实现中华民族伟大复兴的中国梦提供人才保障和智力支持的重要任务。为推动高校马克思主义理论教学研究人员围绕重大理论和现实问题以及学生关心的热点问题开展研究，提升马克思主义理论学科发展中基础性、导向性和战略性重要问题的研究水平，教育部社科司精心策划，组织相关领域知名专家编写出版"高校马克思主义理论教学与研究文库"，集中推出了一批高质量的研究成果。

　　本套丛书在已有相关研究成果的基础上，着眼于马克思主义理论的运用，着眼于对实际问题的理论思考，着眼于帮助大学生解决思想认识问题和理论困惑，着眼于新的实践和新的发展，从马克思主义经典著作研究、马克思主义理论学科基础理论研究、中国特色社会主义重大理论和现实问题研究、思想政治理论课理论和现实问题研究、大学生高度关注的热点难点研究等方面，开展了全面深入的研究，提出了具有较强创新性和重要学术价值的观点。

　　本套丛书从编委会到每卷作者，体现了国内相关学科领域老、中、青三代的结合，既有相关领域的权威作者，也有近几年成长起来的中青年学者；既有国内著名的马克思主义理论专家，也有具有丰富一线教学经验的名师。队伍齐整，阵容强大。

　　希望本套丛书的出版，可以从理论和实践两个方面更好地助力和推进高校马克思主义理论教学与研究工作，从而促进马克思主义理论学科建设与发展,扎实推进高校宣传思想工作,促进高校马克思主义理论教师素质提升,提高学生对思想政治理论课的认同度和满意度。希望本套丛书成为推动马克思主义中国化、大众化、时代化,坚定中国特色社会主义道路自信、理论自信和制度自信的重要的理论成果。

前　言

　　我初次接触马克思主义，并且一经接触就坚信不疑，是在上世纪60年代初读高中的时候，那时候我还是一个十六七岁的小伙子。当时，高中有一门政治课叫"辩证唯物主义常识"，讲课的是现在已经年逾八旬的袁辅章老师。当年我们国家正处在困难时期，印刷教材用的是很粗糙的褐黑颜色的纸，那本教材全书不到十万字，印了厚厚的一本。老师课讲得很好，我学得很用功，考大学的时候，甚至把全书都背了下来。书的内容是什么呢？大致就是物质第一，意识第二；实践是检验真理的标准；世界是物质的，物质是运动的，运动是有规律的；辩证法三大规律：对立统一规律、量变质变规律、否定之否定规律；等等。后来我发现，对我影响最大的第一本书就是那本教材。我当过工人，做过农民，当过泥瓦工和木工，做过小学、中学、大学的教师，曾经有很不顺利的时候，当然也有辉煌的时候。我现在已是耳顺之年，回过头来想，真正对我有用的，对我一辈子有用的，还是辩证唯物主义和历史唯物主义，为什么呢？它教给我一种世界观和方法论：我在最困难的时候总想到有一天会光明，在最辉煌的时候时时告诫自己要谨慎，通常我总是自我要求要以发展的眼光看问题，看本质，对人对事要两面看，不要看死了，抓问题要抓主要矛盾，不要眉毛胡子一把抓，等等，这些观点都是那门课教给我的。所以真正对我有用的是这样一本教科书，是关于马克思主义哲学的小册子，是马克思主义的世界观和方法论。人一辈子学的东西很多，有的可能用不上，有的可能时过境迁就没用了，但是，我发现不管什么时候，不管走到哪儿，不管干什么，马克思主义世界观和方法论都有用。

　　高中毕业后我到农村、工厂、学校工作了十几年，后来读大学、研究生。真正开始与马克思主义理论教育教学结下不解之缘，是从毕业后留在南开大学工作开始算起的。从广义上讲，从1984年至今我一直从事政治经济学的教学与研究工作。虽然按照我国的学科分类，政治经济学属于经济学门类，但它的教学和研究的内容多集中于社会主义经济理论与实践，特别是我国的改革开放和现代化建设理论与实践，这实际上属于马克思主义经济学理论的范围。从狭义上讲，从2005年开始我国将马克思主义理论独立设置为一级学科后，我又将大量的时间和精力用于该学科的建设、教学和科研。之所以如此，除了马克思主义政治经济学与马克思主义理论学科具有天然的联系之外，也与我从事的管理工作和专业活动的经历密切相关。

　　从1993年在学校管理岗位分管意识形态、教学科研工作开始，思想政治理论课（当时马克思主义理论课和思想品德课合称"两课"）就在我工作的范围之内。从那时起，我就开始与思想政治理论课老师一起，进行教学改革、课程建设和队伍建设，参与了全国思想政治理论课"98方案"和"05方案"的贯彻和落实。2004年中央实施马克思主义理论研究和建设工程，其中一项重要内容是编写大学生思想政治理论课教材和文科专业课教材。我受南开大学委托，组织了一个小组申报《马克思主义基本原理概论》的编写，并在全国八家申报单位的竞争中胜出，随即与中国人民大学、武汉大学、清华大学等多所高校的学者组成了教材编写组，经教育部批准，我担任了教材编写组的首席专家召集人。该教材的编写历时三年，历经艰辛，从提纲到定稿，审议、修改了几十次，其间我甚至因身体不适住过三次医院，但通过这样的磨砺，我对马克思主义理论的学习和理解又上了一个台阶。

　　其后，我被增补进入中央马克思主义理论研究和建设工程咨询委员会，这是一个由三十多位年高德劭的老一代马克思主义理论家和各个学科中造诣深厚的专家学者所组成的高层次的委员会。在这个委员会中，我参加了近百次对马克思主义经典著作编译成果、高校文科重点教材和党员干部读物的审议，并从老一代专家和来自全国哲学社会科学各个学科的专家学者那里学习了很多的知识和方法。与此同时，我还参与了被列入马克思主义理论研究和建设工程的高校经济学类专业课教材《马克思主义政治经济学概论》的编写，并担任了国务院学位委员会马克思主义理论学科评议组召集人、教育部社会科学委员会马克思主义理论学部召集人，以及教育部高等学校思想政治理论课教学指导委员会主任委员等学术性的职务。这些学术性的职务和活动基本任务一致，都是组织开展马克思主义理论学科建设、教育教学和科学研究的。履职期间，我有大量机会与从事马克思主义理论教学的教师、从事马克思主义理论研究的学者，特别是老一代马克思主义理论家交往和交流，这同时也促使我更加深入全面地学习研读马克思主义经典著作，进而使我对马克思主义理论的感情更深了一层。我曾在多个场合说，在中央实施马克思主义理论研究和建设工程的这十年，我读过的马克思主义经典著作、学习过的马克思主义理论，比我读大学、研究生时和从教后的前二十年读的、学的总和还要多，还要深入。

然而，马克思主义是一座宏伟的理论大厦，其内容涵盖了社会的政治、经济、文化、军事、历史和人类社会发展与自然界的关系等诸多领域和各个方面，是极其深刻和丰富的理论体系。"学然后知不足"，我深知，尽管自己付出了一些努力，但对于马克思主义理论，特别是对于发展着的马克思主义理论，我所学到的可能仅如大海中的一滴水，更不要说要把这些理论用到实践中，而使用这些理论指导认识世界和改造世界的行动更是永无止境。

本书是我若干年来特别是近十年来关于马克思主义理论教育教学论研究和实践探索的小结。书中收入了二十余篇文章和讲话，大致分为四篇：第一篇"马克思主义理论研究"是对马克思主义基本理论的探讨和经典著作的学习，后三篇"马克思主义理论学科建设和科学研究""马克思主义理论教材建设和教学改革""思想政治教育和马克思主义理论队伍建设"是对马克思主义理论教育教学组织、管理、规律的探讨。需要特别指出的是，在这四篇中，对于我长期致力研究的马克思主义政治经济学的改革建设的有关内容基本上没有收入，其目的是力图从马克思主义整体性出发，集中探讨作为一级学科的马克思主义理论的教育教学。

除此之外，本书"附录"部分还收入了两部分内容：第一部分是"马克思主义理论一级学科简介和马克思主义理论博士、硕士学位基本要求"，第二部分是"'十二五'高校马克思主义理论学科科学研究战略规划研究总报告"。这两部分内容对于马克思主义理论的教育教学是重要的，但它们不是我个人的成果，而是我作为召集人的国务院学位委员会马克思主义理论学科评议组和教育部社会科学委员会马克思主义理论学部集体劳动的成果，所以作为附录收入本书。

本书的编辑出版，得到了教育部社科司和中国人民大学出版社的支持和帮助，特表示诚挚感谢！

对于书中存在的缺点和错误，欢迎广大读者特别是同行专家学者批评指正。

逄锦聚

目　录

第一篇　马克思主义理论研究

科学理解和对待马克思主义 …………………………………………… 3
　一、以发展的观点认识什么是马克思主义 ………………………… 3
　二、从整体上理解和把握什么是马克思主义 ……………………… 5
　三、以科学的态度对待马克思主义 ………………………………… 7

坚持马克思主义对哲学社会科学的全面指导 ………………………… 9
　一、为什么要坚持马克思主义对哲学社会科学的全面指导 ……… 9
　二、妥善处理三个关系，克服两种倾向 …………………………… 11
　三、当前需要做好的若干工作 ……………………………………… 12

改革开放与马克思主义中国化 ………………………………………… 16
　一、关于演讲题目的说明 …………………………………………… 16
　二、改革开放对马克思主义的丰富和发展 ………………………… 17
　三、中国特色社会主义道路和中国特色社会主义理论体系
　　　是在改革开放实践基础上产生的马克思主义中国化的
　　　最重大成果 ……………………………………………………… 29
　四、坚持马克思主义基本原理与中国实际相结合是改革
　　　开放成功的基本保证 …………………………………………… 31

关于马克思主义整体性的初步认识 ······ 36
一、为什么要加强对马克思主义整体性的研究和把握 ······ 36
二、研究和把握马克思主义整体性的几个角度 ······ 39
三、需要说明的两个问题 ······ 43

深化对马克思劳动价值论的认识 ······ 46
一、马克思劳动价值论的基本内容和历史地位 ······ 47
二、马克思劳动价值论面临的新情况和新问题 ······ 48
三、科学认识马克思劳动价值论的一些重大理论问题 ······ 51
四、坚持和发展马克思劳动价值论 ······ 57

《资本论》的学习、继承和发展 ······ 60
一、《资本论》是具有划时代意义的经典巨著 ······ 60
二、《资本论》的当代价值与学习《资本论》的现实意义 ······ 63
三、以科学的态度学习、继承、发展《资本论》 ······ 66

学习、运用、丰富和发展马克思主义 ······ 72
一、什么是马克思主义，什么是马克思主义基本原理 ······ 72
二、认真把握马克思主义的整体性，全面、准确地认识马克思主义 ······ 74
三、认真学习和运用马克思主义中国化的两大理论成果 ······ 75
四、坚持和发展马克思主义，为推进马克思主义时代化、中国化、大众化做出贡献 ······ 81

第二篇 马克思主义理论学科建设和科学研究

以党的十八大精神为指导 加强马克思主义理论学科建设 ······ 87
一、党的十八大的理论创新是进一步推进马克思主义理论学科建设的指南 ······ 87

二、以党的十八大精神为指导，进一步加强马克思主义理论学科建设 ·············· 90

马克思主义理论学科要在服务社会中发挥优势、繁荣发展 ·············· 98
　　一、马克思主义理论学科要为全党全社会巩固马克思主义在意识形态领域的指导地位，巩固全党全国人民团结奋斗的共同思想基础做出贡献 ·············· 99
　　二、马克思主义理论学科要在推动深入开展中国特色社会主义宣传教育，增强人民团结和民族凝聚力上做出贡献 ·············· 99
　　三、马克思主义理论学科要在围绕中心、服务大局中做出贡献 ·············· 100
　　四、马克思主义理论学科要在为社会服务中实现自身的繁荣发展 ·············· 101

关于制定马克思主义理论学科"十二五"科研规划的几点意见 ·············· 104
　　一、关于马克思主义理论科学研究的地位及其与学科建设、人才培养的关系 ·············· 104
　　二、关于制定"十二五"规划的指导思想和要求 ·············· 106

关于马克思主义理论学科科学研究的几个重大问题 ·············· 108
　　一、要以需求和问题为导向，选取马克思主义发展进程中的重大理论和实践问题进行战略性、前瞻性、全局性的研究 ·············· 108
　　二、要在学科建设和科学研究中正确认识并妥善处理好几个重要关系 ·············· 115
　　三、要明确马克思主义理论学部肩负的历史使命，更好地履行委员职责、发挥重要作用 ·············· 118

坚持以发展的马克思主义为指导致力哲学社会科学理论创新 …… 121

高校要为马克思主义理论创新与大众化多做贡献 …… 124
 一、推动马克思主义理论创新与大众化是高校神圣职责 …… 124
 二、突出问题导向，实现马克思主义理论创新与大众化 …… 126
 三、发挥高校优势，推动马克思主义理论创新与大众化 …… 128

中国哲学社会科学理论体系和话语体系建设发展的几个问题 …… 130
 一、要不要建设和发展中国哲学社会科学理论体系和话语
  体系 …… 130
 二、坚持中国哲学社会科学理论体系和话语体系建设发展的
  正确方向 …… 131
 三、把握中国哲学社会科学理论体系和话语体系建设发展的
  根本目的 …… 133

第三篇　马克思主义理论教材建设和教学改革

在马克思主义理论研究和建设工程中加强教材建设 …… 137
 一、要从中国特色社会主义事业发展全局的高度，深刻认识
  加强马克思主义基本原理研究和教材编写的重要意义，
  增强编好教材的责任感，把教材编写过程作为接受
  马克思主义再教育的过程 …… 138
 二、结合时代和实践的发展，深入研究马克思主义基本原理，
  努力对马克思主义做出准确又符合时代要求的阐发，把
  教材编写过程作为对马克思主义再学习和推动马克思
  主义发展创新的过程 …… 139
 三、在教材编写过程中，努力提高编写组成员自身的马克思
  主义理论水平，把教材的编写过程作为加强马克思主义
  理论队伍建设的过程 …… 140

目 录

《马克思主义基本原理概论》编写体会和对讲授该课的建议 ………… 142
 一、教材编写和课程教学的指导思想、基本要求 …………… 142
 二、明确教材的主要内容，从总体上把握马克思主义，并妥善
  安排教材的体系结构 ………………………………………… 143
 三、确定教材的主题和主线，坚持从实际出发，理论
  联系实际 ……………………………………………………… 146
 四、对一些理论难题的认识和处理 ………………………… 148
 五、对使用教材的两点建议 ………………………………… 152

《马克思主义基本原理概论》修订中的一些理论认识和对使用该
教材的建议 …………………………………………………………… 155
 一、重大的认识突破 ………………………………………… 155
 二、增加和修改的重要内容 ………………………………… 157
 三、关于讲授该课的建议 …………………………………… 162

关于《马克思主义基本原理概论（2008年修订版）》修订中的
几个问题 ……………………………………………………………… 167
 一、修订的主要内容 ………………………………………… 167
 二、关于宗教问题和金融危机问题的具体说明 …………… 169
 三、关于本书的主题和拟努力实现的创新 ………………… 174

关于《马克思主义基本原理概论（2010年修订版）》修订的主要内容和
讲授该课的一些建议 ………………………………………………… 181
 一、这次修订总的原则和主要内容 ………………………… 181
 二、讲授《概论》要突出的重点 …………………………… 186

育人为本　改革创新　进一步提高思想政治理论课教育教学质量 …… 195

关于改进"马克思主义基本原理概论"课程教育教学方式、提高教学

质量的几个问题 ·· 199
 一、把握战略主题，把提高青年学生思想政治素质作为
  "马克思主义基本原理概论"课程改革建设的根本出发点
  和落脚点 ·· 199
 二、突出核心任务，进一步深化"马克思主义基本原理概论"
  课程教育教学方式改革 ·· 201
 三、抓住队伍建设关键，加快提升科学研究水平 ············· 203

"马克思主义基本原理概论"教学中需要妥善处理的
六个关系 ·· 205
 一、思想政治教育与专业知识教育的关系 ························· 205
 二、学习马克思主义基本原理与理论联系实际的关系 ········· 207
 三、用好教材与发挥教师积极性和创造性的关系 ············· 208
 四、妥善处理课时少和内容多的关系 ································· 210
 五、使用教材和学习马克思主义经典著作的关系 ············· 211
 六、人才培养与科学研究、社会服务、学科建设的关系 ········· 213

关于讲好高校思想政治理论课的几点建议 ························· 215
 一、准确把握思想政治理论课教学的目的和要求 ············· 215
 二、着力讲清教材的重点和难点 ·· 217
 三、认真把握思想政治理论课的特点和大学生的实际 ········· 218
 四、努力提升教师的政治、业务水平 ································· 220
 五、把课堂教学与社会实践相结合 ···································· 221

对"两课"改革的一些意见和建议 ··· 224
 一、对"两课"教学改革现状的基本估计 ························· 224
 二、出现上述状况的原因 ··· 225
 三、对进一步推进"两课"教学改革的思考 ····················· 225

第四篇　思想政治教育和马克思主义理论队伍建设

关于在社会主义市场经济条件下加强和改进高校德育工作的思考 …… 229
 一 …… 229
 二 …… 230
 三 …… 233

与湖北大学"两课"教师座谈时的谈话 …… 236

与大学生谈学习、谈做事、谈做人 …… 241
 一、新世纪经济社会发展需要怎样的人才 …… 241
 二、怎样把自己塑造成适合社会发展需要的人才 …… 244

新形势下进一步加强和改进大学生思想政治教育新途径探索 …… 247
 一、准确把握当前形势的新变化和大学生的新特点 …… 248
 二、进一步转变观念，实现"五个结合"，不断推进大学生思想政治教育的创新 …… 250
 三、加强队伍建设，建立保证机制，努力提高思想政治教育的有效性 …… 256

造就一支高水平的哲学社会科学队伍 …… 259
 一、要有明确的目标和要求 …… 259
 二、要高度重视对哲学社会科学人才的培养和使用 …… 260
 三、要建立能够使优秀人才脱颖而出、人尽其才的良好机制 …… 262
 四、必须形成尊重劳动、尊重知识、尊重人才、尊重创造的良好氛围 …… 263

附录1　马克思主义理论一级学科简介和马克思主义理论博士、硕士学位基本要求 ………………………………………………… 266
　　0305 马克思主义理论一级学科简介 ………………………… 266
　　0305 马克思主义理论博士、硕士学位基本要求 …………… 272

附录2　"十二五"高校马克思主义理论学科科学研究战略规划研究总报告 ……………………………………………………… 278

第一篇 马克思主义理论研究

科学理解和对待马克思主义[*]
——关于什么是马克思主义、怎样对待马克思主义的一些认识
（二〇〇九年六月二十六日）

什么是马克思主义、怎样对待马克思主义，既是重大理论问题，也是重大的实践问题。对这一问题的理解和把握，关系到我国社会主义现代化建设事业的兴衰和成败。本文拟对此谈几点初步的认识。

一、以发展的观点认识什么是马克思主义

在过去相当长的一段时间内，对于什么是马克思主义，从不同的角度有多种表述：从它的阶级属性讲，马克思主义是无产阶级争取自身解放和整个人类解放的科学理论，是关于无产阶级斗争的性质、目的和解放条件的学说；从它的研究对象和主要内容讲，马克思主义是关于自然、社会和思维发展的普遍规律的学说，是关于资本主义发展及其转变为社会主义和共产主义的规律的学说。这些表述无疑都可以为对什么是马克思主义的认识提供重要的指导和参考。但是，马克思主义是发展的、开放的体系，以

---

[*] 本文曾发表在 2009 年 6 月 26 日《光明日报》，选入本书时有删改。

发展的、开放的观点进一步认识马克思主义,可将马克思主义从狭义和广义两个角度进行定义:从狭义上说,马克思主义即马克思恩格斯创立的基本理论、基本观点和学说的体系;从广义上说,马克思主义不仅指马克思恩格斯创立的基本理论、基本观点和学说的体系,也包括后人对它的发展,即发展了的马克思主义。

作为中国共产党和社会主义事业指导思想的马克思主义,既包括由马克思恩格斯创立的马克思主义的基本理论、基本观点和学说的体系,也包括经列宁等继承和发展,推进到新的阶段,并由中国共产党人将其与中国具体实际相结合,进一步丰富和发展了的马克思主义,即中国化的马克思主义。[①]

那么,说马克思主义是发展的、开放的体系,是指马克思主义的个别结论可以发展,还是指马克思主义基本原理也可以发展呢?在过去比较长的一段时期内,讲马克思主义要发展,主要指前者,而今天,我们认为讲马克思主义要发展,不仅是指前者,而且也指后者。

讲马克思主义基本原理要发展,首先是一个实践问题。社会主义的实践提出了一系列新问题需要我们去认识,例如社会主义的本质究竟是什么,社会主义发展究竟要经过什么样的阶段,在这样的阶段要实行什么样的基本经济制度和分配制度,如何实现社会主义经济、社会的科学发展,等等。这些问题都涉及马克思主义的基本原理,如果不能适时地得到解决,社会主义的完善和发展就会受到阻碍。在实践的基础上,总结经验,将马克思恩格斯生前没有认识到或没有完全解决的重大问题上升到基本原理的高度进行总结和凝练,这是时代赋予马克思主义继承者的责任,也是马克思主义作为开放的发展的理论体系的本质要求。过去,我们拘泥于对马克思主义个别结论的丰富和发展,认为马克思主义基本原理似乎就不需要丰富和发展,而今天,我们认识到马克思主义基本原理也需要不断丰富和发展。这是理论认识的重大突破和进步。事实上,中国共产党人带领人民群众在建设中国特色社会主义中的理论创新就不仅是对马克思主义一般

[①] 本书编写组. 马克思主义基本原理概论(2008 年修订版). 北京:高等教育出版社, 2008:2-3.

理论的创新，而且也是对马克思主义基本原理的丰富和发展。

对于马克思主义的上述理解，其意义不仅在于说明马克思主义是发展的、开放的理论体系，从而否定了把马克思主义看成是封闭僵化体系的错误观点，而且还在于把马克思主义中国化取得的伟大成果——中国化的马克思主义——纳入马克思主义的理论体系，这就为"在当代中国，坚持中国特色社会主义理论体系就是真正坚持马克思主义"[①]的论断提供了坚实的理论支持，为社会主义事业的健康发展提供了思想保证。

二、从整体上理解和把握什么是马克思主义

在过去相当长的一段时间内，对于马克思主义的理解基本上习惯于"三个组成部分"，这当然并不错，但是根据发展了的实践和理论进展，应该在肯定马克思主义三个主要组成部分的同时，吸收马克思主义中国化取得的最新成果，对马克思主义进行整体性的理解和把握。

从整体上认识什么是马克思主义，首先应该明确马克思主义是彻底而严整的科学理论体系。它的内容不仅包括哲学、政治经济学、科学社会主义三个主要部分，而且涵盖了政治、经济、文化、军事、历史、社会生活、人类发展等诸多领域和各个方面，是极其丰富的。对于这样一个内容极其丰富的理论体系的理解和把握，可以有几个角度：

（1）从马克思主义的形成过程把握其整体性。

马克思主义是适应资本主义生产方式有了相当发展的时代的需求和无产阶级反对资产阶级的实践要求，在继承和发展人类文明成果的基础上产生的。与在此之前所有的资产阶级理论不同，马克思主义经典作家的全部理论活动都是为了人类解放这一目标而进行的，其根本宗旨是实现人类解放，因此马克思主义的这一理论目标决定了它从一开始就是无产阶级反对资产阶级的强有力的思想武器。这个思想武器不是支离破碎的，而是一个

[①] 胡锦涛. 高举中国特色社会主义伟大旗帜 为夺取全面建设小康社会新胜利而奋斗：在中国共产党第十七次全国代表大会上的报告. 人民日报，2007-10-25（1）.

以科学的世界观和方法论一以贯之的严整的体系。

（2）从马克思主义各个组成部分的内在联系和马克思主义的基本内容把握其整体性。

马克思主义是彻底而严整的科学理论体系，其所包含的所有内容虽然各自的侧重点不同，但都是马克思主义科学世界观和方法论的体现，都是贯穿人类社会发展普遍规律的学说，都是关于社会主义必然代替资本主义的学说。从马克思主义经典著作的主要内容看，马克思主义是严谨而完整的理论体系，从整体上理解和把握马克思主义是符合马克思主义本来面貌的。

（3）从马克思主义的革命性与科学性统一把握其整体性。

从科学性与革命性统一的角度来看，马克思主义是包含四个最根本最核心内容的严整体系：第一，科学的世界观和方法论。辩证唯物主义和历史唯物主义是马克思主义最根本的世界观和方法论，也是马克思主义理论科学体系的哲学基础。第二，鲜明的政治立场。马克思主义政党的一切理论和奋斗都应致力于实现以劳动人民为主体的最广大人民的根本利益，这是马克思主义最鲜明的政治立场。第三，重要的理论品质。坚持一切从实际出发，理论联系实际，实事求是，在实践中检验真理和发展真理，是马克思主义最重要的理论品质。第四，崇高的社会理想。实现物质财富极大丰富、人民精神境界极大提高、每个人自由而全面发展的共产主义社会，是马克思主义最崇高的社会理想。以上这四个方面包括了马克思主义的最基本内容，体现了马克思主义的基本立场、基本观点和基本方法，从总体上理解和把握了马克思主义。今天，我们坚持和发展马克思主义，绝不是要单纯坚持和发展马克思主义的某个观点，而是要从总体上坚持、继承其基本立场、基本方法和基本观点。

（4）从马克思主义的创新性和实践性把握其整体性。

马克思主义是开放的发展的学说，创新性是马克思主义的重要特征。中国化马克思主义与马克思恩格斯创立的马克思主义一脉相承，又将马克思主义的基本原理与中国实践紧密结合，创造性地发展了马克思主义。今天我们所研究和把握的马克思主义的整体性，就包括了中国化马克思主义与马克思恩格斯创立的马克思主义相统一的整体性。研究的目的在于应用，马克思主义的生命力在于指导实践，实践性是马克思主义的另一重要特征。在当代中国，要取得改革开放和现代化建设事业的成功，必须坚持马克思主义，特别是中国化马克思主义的指导，而指导中国实践并在实践中不断创新发展的马克思主义，不是马克思主义的某个部分，而是由马克思主义基本立场、基本观点、基本方法构成的整体。

三、以科学的态度对待马克思主义

如何对待马克思主义，过去是、现在是、将来还是关系我们党和国家前途命运的大问题。在这个问题上，我们既有否定马克思主义对中国的指导意义、教条主义地理解和对待马克思主义以及片面地断章取义地对待马克思主义给中国的革命和建设所带来危害的教训，也有坚持把马克思主义基本原理与中国实际相结合，并创造性地发展马克思主义，进而指引革命和建设事业取得伟大胜利的成功经验。正反两个方面使我们积累了必须正确对待马克思主义的经验教训。

首先，要认真学习、全面准确地理解马克思主义。认真学习、全面准确地掌握马克思主义是应用马克思主义的基础，只有认真学习马克思主义，才能全面准确地理解和把握马克思主义，才能用以指导自己的实践并在实践中丰富和发展马克思主义。为此，我们要努力做到"四个分清"：努力分清哪些是必须长期坚持的马克思主义基本原理，哪些是需要结合新的实际加以丰富发展的理论判断，哪些是必须破除的对马克思主义的教条式的理解，哪些是必须澄清的附加在马克思主义名义下的错误观点。

其次，要坚定不移地坚持马克思主义。学习的目的在于指导实践，要在实践过程中坚定不移地坚持马克思主义。在我国社会主义实践的过程中，坚持与发展是统一的。只有坚持，才能发展；只有发展，才能更好地坚持。否认马克思主义的科学性，丢掉"老祖宗"，是错误的、有害的；教条式地对待马克思主义，也是错误的、有害的。我们一定要适应实践的发展，坚定不移地坚持马克思主义。这是对马克思主义发展史基本经验的总结，也是对我们正确对待马克思主义所提出的根本要求。

最后，要在实践中丰富和发展马克思主义。马克思主义是实践的理论、发展的理论。从理论与实践结合的角度来看，马克思主义是理论形态的真理，而理论是要受到实践检验，并在实践中才能得到发展的，所以马克思主义的理论只有与具体实际相结合，才能从抽象的理论变成活的具体的理论，才能显示出真理的光芒和理论指导实践的强大力量。从发展的角度来看，马克思主义是发展的开放的理论。实践是发展的，时代是前进的，只有在实践中不断丰富和发展，马克思主义才能永葆生机和活力。正因为如此，我们必须要以发展的开放的态度对待马克思主义，在实践中不断创新、丰富和发展马克思主义。中国的革命和建设实践是生动活泼的实践，我们正在进行的中国特色社会主义建设事业是前无古人的事业，我们一定要积极投身这一伟大事业的实践，在实践中为丰富和发展马克思主义做出应有的贡献。

参考文献

1. 本书编写组.马克思主义基本原理概论（2008年修订版）.北京：高等教育出版社，2008.

2. 胡锦涛.高举中国特色社会主义伟大旗帜 为夺取全面建设小康社会新胜利而奋斗：在中国共产党第十七次全国代表大会上的报告.人民日报，2007—10—25（1）.

坚持马克思主义对哲学社会科学的全面指导[*]

（二〇〇七年九月）

随着《中共中央关于进一步繁荣发展哲学社会科学的意见》的贯彻落实和中央马克思主义理论研究和建设工程的实施，马克思主义对哲学社会科学的指导作用日益加强，哲学社会科学呈现出进一步繁荣发展的可喜景象。但是，社会主义改革开放和现代化建设的实践在发展，因此进一步坚持马克思主义的全面指导，努力建设有中国特色、中国风格、中国气派的哲学社会科学学科体系和教材体系，依然是摆在哲学社会科学工作者面前的重大任务。

一、为什么要坚持马克思主义对哲学社会科学的全面指导

我们为什么至今还要提出坚持马克思主义对哲学社会科学的全面指导？这首先是因为在经济全球化的过程中，马克思主义正在遇到前所未有的新问题和严峻挑战：一些学者在崇尚西方理论的同时，产生了忽视马克思主义指导作用的倾向。因此，在高校哲学社会科学研究中有必要再次强

---

[*] 本文是作者在教育部社会科学委员会全体大会上的发言，原载于《中国高等教育》2007年第18期。原标题为《坚持马克思主义全面指导需要解决的若干问题》，选入本书时有删改。

调马克思主义的指导地位。在这一过程中，首先应当肯定马克思主义是科学。马克思主义诞生以来的一百多年间的实践，反复证明了马克思主义是科学性与革命性相统一的工人阶级和全人类解放的科学。从总体上理解和把握的马克思主义，至少为我们提供了以下理论指南和思想武器：第一，辩证唯物主义和历史唯物主义的世界观、方法论和在此基础上揭示的人类社会发展规律；第二，实现工人阶级和最广大人民的根本利益的鲜明政治立场；第三，一切从实际出发，实事求是，理论联系实际，与时俱进的理论品质；第四，"实现物质财富极大丰富，人民精神境界极大提高，每个人自由而全面发展的共产主义社会，是马克思主义最崇高的社会理想"[①]。正是因为马克思主义为我们提供了这样的理论指南和思想武器，所以我们才毫不动摇地把它作为我国社会主义革命和建设的指导思想，作为高等学校哲学社会科学的根本指导思想。

此外，坚持马克思主义对哲学社会科学的全面指导，还是由我国的基本国情所决定的。我国的国情，不仅仅是指人口多、底子薄这样的经济状况，还包括我国的政治、文化、社会等方面的综合情况。从政治上说，中国共产党自成立的第一天起就把马克思主义作为自己指导思想的理论基础，而在漫长的革命斗争和社会主义经济建设中，我们党就是靠把马克思主义基本原理与中国的实际相结合，才取得了一个又一个的胜利。新民主主义革命的成功、新中国的建立、社会主义制度的建立和发展，都是在马克思主义指导下才得以实现的。所以，把马克思主义作为我们国家发展建设的指导思想写进宪法，并使之成为全国人民的共同意志，也是我国的基本国情之一。

当然，必须明确的是，我们说的要"坚持马克思主义对哲学社会科学的全面指导"，是指以马克思主义的基本原理、基本方法为指导，是以发展的马克思主义为指导。实践在发展，时代在前进，马克思主义也不应该停留在一个水平上。从马克思主义的创立，到俄国革命的成功，实践有了巨大的发展，列宁主义的产生就是对马克思主义的发展。中国革命和社会

---

① 胡锦涛. 在"三个代表"重要思想理论研讨会上的讲话. 新华网，2003-07-01.

主义建设特别是改革开放和现代化建设,与马克思、列宁所处的时代相比,实践又有了巨大的飞跃,因此毛泽东思想、邓小平理论、"三个代表"重要思想和科学发展观的产生则又是对马克思主义的发展。实践的发展是无止境的,因此马克思主义的发展也是无止境的。所以从本质上说,马克思主义是发展的与时俱进的科学。坚持马克思主义对哲学社会科学的全面指导,确切地说是坚持以发展的马克思主义对哲学社会科学的全面指导。

二、妥善处理三个关系,克服两种倾向

坚持马克思主义的全面指导,加强哲学社会科学学科体系和教材体系建设,需要妥善处理三个关系,克服两种倾向。

要妥善处理的三个关系:一是继承与发展的关系。继承是基础,发展是根本,没有继承,就不可能很好地发展。所谓"继承",就是要继承马克思主义的基本原理和基本方法,而不是个别的结论。这就要科学地区分哪些是马克思主义的基本原理,哪些是马克思针对特殊情况做出的个别结论,哪些是马克思主义原本的观点,哪些是后人对马克思结论的理解,甚至是不正确的理解。这是一个严肃认真的过程:在这一过程中,既要防止把本来是马克思主义基本原理的东西说成不是马克思主义基本原理的内容,也要防止把马克思的个别结论当成了基本原理。所谓"发展",就是要适应时代和实践发展的要求,不断研究总结时代和实践发展中出现的新现象、新问题、新经验,并将其上升为理论以丰富和发展马克思主义。在今天,要处理好继承和创新的关系,就要求我们必须把坚持以马克思主义基本原理为指导同坚持以中国化的马克思主义为指导两者结合起来。

二是坚持马克思主义的指导地位与借鉴一切人类文明成果的关系。马克思主义不仅具有与时俱进的理论品质,而且善于吸取人类文明一切成果,具有开放性。马克思恩格斯在吸收前人成果科学成分的基础上,创立了马克思主义。在今天社会主义与资本主义两种制度并存、竞争、合作的条件下,我们更应该善于充分吸收人类文明的一切成果,在实践中丰富和

发展马克思主义。当然，必须明确的是，在借鉴其他国家理论的时候，一定要从中国的实际出发，有取有舍，为我所用，决不可照抄照搬。

三是坚持以马克思主义为指导与倡导百家争鸣的关系。马克思主义在同各种思想的比较中，更能显示其科学性，也更可能得到丰富和发展。因此坚持马克思主义对哲学社会科学的全面指导，并不是排斥，而是应该倡导各种思想观点的讨论和争鸣，只有经过充分的讨论和争鸣，才有利于哲学社会科学的繁荣和发展。但各种思想的争鸣一定要坚持正确的导向，使之有利于社会的健康发展和人民福祉的提高，而在这其中起导向作用的，正是马克思主义。

要克服的两种倾向：一种是故步自封、教条主义的倾向。这种倾向把马克思主义看成僵化的一成不变的理论，遇到实践中的新问题，首先不是想如何运用马克思主义的基本方法去创造性地解决问题，而是首先想从书本中找根据，只有马克思说过的才可以做，马克思没有说过的就不能做。这是极其有害的，这种倾向如不克服，中国特色社会主义的建设就很难继续前进。

另一种是否定马克思主义指导地位的倾向。这种倾向把马克思主义看作是过时的不适合中国的理论，特别是不适合今天中国发展社会主义市场经济、建立和完善社会主义市场经济体制的理论。这种倾向看不到马克思主义的与时俱进的理论品质，看不到马克思主义对于指导中国社会主义建设的根本性的作用，也是极其有害的。这种倾向如不克服，中国社会主义现代化建设可能会迷失方向，并将会带来灾难性后果。

三、当前需要做好的若干工作

在当前，坚持马克思主义的全面指导，加强哲学社会科学学科体系和教材体系建设，需要着力做好如下工作：

第一，把以马克思主义为指导全面加强哲学社会科学各学科的建设与加强马克思主义理论学科的自身建设结合起来，在全面加强哲学社会科学学科建设的同时，突出加强马克思主义理论学科的建设。哲学社会科学学科体系和教材体系的建设，包括两个方面的重要内容：一个是马克思主义理论学科的自身建设；另一个是其他哲学社会科学学科，如哲学、经济学、法学、文学、历史学、管理学等的建设。对于后者的建设工作，在我国过去的很长一段时间内，各个高校都做得很好，从总体上说在建设中都基本确立了马克思主义对哲学社会科学的指导地位，且各个学科的建设都取得了重大的进展和成就。当然，在某些方面和某些个别环节上，这些学科的建设还存在一些问题需要改进。而对于前者的建设，由于过去很长的一段时期内我国把马克思主义分为几个组成部分并由多个学科研究，把马克思主义理论作为一个相对独立的学科从总体上进行研究与建设的进程起步较晚，所以我们对于马克思主义理论学科本身的建设尚缺乏经验，因而需要特别给予其重视，加强研究、努力探索。

近年来，随着认识的深化和马克思主义理论研究和建设工程的实施，我们将马克思主义作为一级学科单独设立，下设马克思主义基本原理、马克思主义中国化、马克思主义发展史、国外马克思主义、思想政治教育五个二级学科，开始从总体上综合地进行马克思主义的学科建设，集全国力量，汇聚队伍开展理论研究，并进行教材建设工作。虽然这一工程实施的时间不长，但已经显现出这样做有利于从总体上把握马克思主义，有利于汇聚马克思主义队伍，有利于提升马克思主义学科水平，有利于加强和巩固马克思主义对哲学社会科学的指导地位和作用等的特征。但必须看到的是，这项工作毕竟刚刚起步，因此我们应该积极慎重地研究出现的新情况，不断总结经验，使学科建设取得更大的成绩。

第二，把以马克思主义为指导与尊重学科发展规律结合起来，在坚持马克思主义立场观点方法的同时，努力探索和遵循各学科的内在规律。马克思主义揭示了人类历史发展规律，是我们认识世界、改造世界的强大理论武器，与此同时马克思主义又是极其丰富的科学理论体系，它的内容涵盖了政治、经济、文化、社会、军事、历史、人类发展等诸多领域和诸多方面，所以建设哲学社会科学学科体系和理论体系一定要以马克思主义为指导。"以马克思主义为指导"不是简单的口号，其必须落实和体现到学科建设和教材建设中，具体来说：一是要以马克思主义的立场观点坚持学科和教材的正确导向；二是要以当代中国马克思主义发展的新成果丰富学科和教材的内容，指导传统学科的改革、改造和创新，扶植新兴、交叉学科的发展，保证学科和教材能够反映时代和实践的要求；三是要以马克思主义的基本方法——辩证唯物主义和历史唯物主义——深刻地认识和把握学科内在规律，提高学科建设和教材建设的质量。但必须明确一点，坚持以马克思主义为指导，是以马克思主义的立场观点和方法即马克思主义基本原理去指导学科建设和教材建设，而不是要以马克思主义去代替各个学科的建设。各个不同学科都有自身的特点和内在规律性，学科建设和教材建设的重要内容就是要把握这些特点，探索、揭示这些规律，使学科建设为人才培养服务，为经济社会发展服务，为人民服务，所以学科建设绝不可只以马克思主义为指导而忽视对各学科自身规律的探索和认识。以马克思主义为指导的目的是更好地揭示学科内在的规律，保证学科建设和教材建设的正确方向。

第三，关键是抓好教师队伍建设。坚持马克思主义的全面指导，加强哲学社会科学学科体系和教材体系建设，贵在落实，而落实的关键在于建设一支高水平的教师队伍。教师队伍的建设，主要在两条：一是提升教师队伍的马克思主义理论水平和运用马克思主义分析问题解决问题的能力，二是提升教师队伍的学科专业知识水平和学科建设教材建设的能力。教师队伍建设的重点，应放在培养造就高水平的学科带头人和着力培养一批中青年理论教学骨干上。要达到这样的目的，宜采取的措施除加强目前正在进行的五部委联合对教师进行的思想政治理论培训外，还可有组织地进行分学科专业的业务培训，从而在提高马克思主义理论水平的同时提高教师的学科专业水平。同时，建议采取一些特殊政策，如设置特聘教授岗位等，吸引更多的优秀教师特别是各相关专业的学科带头人充实马克思主义学科教师队伍。

第四，加强对马克思主义学科体系和教材体系建设的领导和指导。关于进一步繁荣发展哲学社会科学，由于中央大的路线方针已经确定，因此今后对此具体的领导和指导就十分重要。近两年，马克思主义理论学科作为相对独立的学科从无到有，这是重大的突破，但在经验不足、学科规划和师资条件不是很充分的条件下，一次设置21个一级学科博士授权点、89个博士点，如何保证质量则是需要特别关注的问题。为了保证马克思主义理论学科开局顺利，健康发展，在此提出如下建议：

（1）进一步加强对马克思主义学科建设的研究和规划，使本科阶段对大学生的马克思主义教育与研究生阶段的马克思主义学科建设统筹兼顾，相互衔接，从而更好地反映社会发展的要求和学科发展、人才培养规律。此外，马克思主义学科建设的重点和基础要放到本科阶段，谨防各校出现过分追求增加博士点、硕士点的倾向。

（2）加强对马克思主义理论学科建设目标、标准的研究，逐步制定学科规范。对已经确定的马克思主义理论博士点要加强指导，严格要求，确保质量，要抓点带面，树立典型，总结经验，适时推广。

（3）建立激励约束机制。对马克思主义理论学科建设优秀的学校和个人，要给予表扬和鼓励，对建设不力者要给予批评，敦促其加强建设，对于经过较长时间建设还达不到要求者，可通过评价撤销其博士学位授予资格。

（4）给予体制和经费的保证。建议理顺对马克思主义理论学科建设和教材建设的管理体制，将马克思主义理论学科的建设和教材建设列入教学质量工程。

参考文献

1. 胡锦涛．在"三个代表"重要思想理论研讨会上的讲话．人民日报，2007-10-25（1）．

改革开放与马克思主义中国化[*]

（二〇〇八年三月）

我很荣幸能够应学院的邀请，来武警部队最高学府讲我的一些研究和学习体会，与大家一起讨论。

一、关于演讲题目的说明

大家都知道，今年是我们国家改革开放 30 周年，从 1978 年党的十一届三中全会算起到今年是 30 周年。新时期最鲜明的特点是改革开放，改革开放是伟大的革命，是决定中国命运的关键抉择，是实现中华民族伟大复兴的必由之路。中央已经决定今年要隆重纪念改革开放 30 周年。

马克思主义中国化是我们党历史上一个非常宝贵的经验。什么叫马克思主义中国化？将马克思主义基本原理同中国的实际相结合，就是马克思主义中国化，马克思主义中国化的成果就是中国化马克思主义。中国化马克思主义包括两大成果：毛泽东思想和中国特色社会主义理论体系。其中，毛泽东思想是在新民主主义革命时期和社会主义建设的头若干年中，

---

[*] 本文是根据作者 2008 年 3 月 27 日在中国人民武装警察部队学院的演讲的录音整理而成的，原文收录于《武警学院学术讲座文集》（第一辑）（北京：群众出版社，2008）。选入本书时略有删改。

以毛泽东为代表的第一代中国共产党人把马克思主义基本原理同中国的实际相结合,产生出的第一个中国化马克思主义成果。中国特色社会主义理论体系是十七大做出的新的概括,其中包括邓小平理论、"三个代表"重要思想和科学发展观,毛泽东思想和中国特色社会主义理论体系统称为中国化马克思主义。中国化马克思主义是一个开放的发展的体系,虽然已经有两个重大的成果,但是马克思主义中国化的过程并没有结束,它会随着社会实践的发展进一步丰富和发展。因此,在我们今后实践中,还会产生更多的马克思主义中国化的成果,还会产生更多的中国化马克思主义。

今天讲改革开放与马克思主义中国化,重点是要讲改革开放与马克思主义中国化这两者的关系。这两者的关系简单地说是这样:一方面,改革开放的实践促进了马克思主义中国化,产生了中国化马克思主义,从这个意义上说是改革开放的实践为马克思主义中国化的产生和发展奠定了基础,提供了经验,促进了中国化马克思主义成果的产生;另一方面,中国特色社会主义理论体系的产生,又为改革开放提供了指导,使我们的改革开放能够沿着正确的轨道前进。这两个方面是相辅相成的,但是必须明确实践还是第一位的,改革开放的实践为马克思主义中国化、为中国特色社会主义理论体系的诞生提供了实践基础。以上就是对题目的解释,接下来我要讲第二个问题,即改革开放对马克思主义的丰富和发展。

二、改革开放对马克思主义的丰富和发展

毛泽东曾经讲过:"领导我们事业的核心力量是中国共产党,指导我们思想的理论基础是马克思列宁主义。"① 这一论述指出了马克思主义在我国的重要地位,那么什么是马克思主义呢?在前两年编写大学生思想政治理论课教材《马克思主义基本原理概论》的过程中我们发现,虽然在长时间内大家一直说马克思主义是指导我们事业的理论基础,但是对什么是马

---

① 毛泽东. 为建设一个伟大的社会主义国家而奋斗//中共中央文献研究室. 建国以来重要文献选编:第五册. 北京:中央文献出版社,2011:400.

克思主义的理解却不完全一样：有人可能从方法论的角度把马克思主义当成一种科学的世界观和方法论，即辩证唯物主义和历史唯物主义；有人则是从服务对象的角度认为马克思主义是关于无产阶级和人类解放的学说；还有人从另外的角度认为马克思主义是发展的科学；等等。这些认识我认为都对，所以在《马克思主义基本原理概论》中，对这些从不同角度回答的什么是马克思主义的观点我们都进行了肯定，但书中还提出一个新的说法，就是对马克思主义的理解有狭义和广义之分。从狭义上说，马克思主义就是马克思恩格斯创立的科学学说，之所以以马克思的名字命名，是因为恩格斯有一段话，说马克思比我们站得都高，实际上这整个的学说主要是马克思创立的，而恩格斯自称只是帮助马克思做了一点微小的工作而已；从广义上说，马克思主义不仅仅是马克思恩格斯创立的学说，而且还包括后人对它的继承和发展，包括列宁主义，包括毛泽东思想，也包括我们中国现在的中国特色社会主义理论体系，这些应该都叫马克思主义。①正因为如此，胡锦涛同志在十七大报告中指出："在当代中国，坚持中国特色社会主义理论体系，就是真正坚持马克思主义。"②

　　对马克思主义的广义理解，看似比较简单，但它解决了一个人们长期有疑问的难题，有人说："马克思主义产生如果从1848年《共产党宣言》发表算起，到现在已经一百六十年了，这一百六十年前的理论今天还有用吗？"有了以上的认识，简单的回答就是："马克思主义不是静止的，而是发展的、开放的，今天的中国特色社会主义理论体系就是马克思主义，就是当代中国的马克思主义，所以马克思主义就在我们身边。"当然，这并不是说当年马克思和恩格斯创立的理论今天就没有用了，中国特色社会主义理论体系的基本立场、基本观点、基本方法是与马克思主义一脉相承的。这就是马克思主义的伟大之处、马克思主义的生命力所在。你可以说马克思和恩格斯当年针对当时的情况做出的个别结论可能不符合今天的情况了，也可以说马克思和恩格斯没有看到实践中的社会主义，没有看到今

---

① 本书编写组. 马克思主义基本原理概论（2008年修订版）. 北京：高等教育出版社，2008.
② 胡锦涛. 高举中国特色社会主义伟大旗帜　为夺取全面建设小康社会新胜利而奋斗：在中国共产党第十七次全国代表大会上的报告. 人民日报，2007-10-25（1）.

天的中国，但是马克思主义的基本立场、基本观点、基本方法我认为至今放射着真理的光芒。所以即使是生活在资产阶级执政的西方国家的不少西方人，仍然认为马克思是很伟大的。大家可能知道，有一年英国广播公司（BBC）要评选"千年最伟大思想家"，让大家投票，投票的结果是马克思是第一名，第二名好像是爱因斯坦，就是发现相对论的那位科学家，这可是在西方国家里组织的评选。人们为什么投票给马克思呢？这说明一个道理：尽管你可以像一些资产阶级的政客那样反对马克思的学说，但是你没法反对马克思的方法，即整套的辩证唯物主义，也没法反对马克思为大多数人说话和站在最广大人民群众一边的坚定立场。之所以反对不了，是因为它是有用的真理。直到今天，西方那些国家领导人——不管他出于什么考虑——公开说话时也不能忽视人民的力量，而这个恰好是最早由马克思主义所坚持的。所以，马克思站在最广大人民群众的立场上，运用辩证唯物主义和历史唯物主义来认识世界，并由此得出人类社会不可能停留在一个水平上，资本主义是一个过渡性的社会，必然为新的社会主义社会所代替等论断，是对人类社会发展规律的揭示。这些理论人们无论如何都不能否定它的真理性，所以我认为，马克思主义确实是科学，马克思主义的世界观方法论我觉得一辈子都有用。

有一年，中国社会科学院研究生院的研究生会搞了一项调查，对全国500个经济学家发问卷，给我也发了一份。问卷有很多的内容，其中有一条就问对你影响最大的五本书是什么，请依次列出来。我觉得这是个很有意义的问卷，如果能把全国这500个经济学家受影响最大的书统计出来加以分析，可能是宝贵财富。

对于我来讲，在这五本书中，我答的第一本书你们可能都没见过，甚至很难想到。我填的第一本书不是《资本论》，因为《资本论》我读得比较晚，我是上大学以后才读的《资本论》，读大学那个时候我的人生观世界观都差不多定型了，我填的是一本我高中时读的书。我是六十年代初期读的高中，我读高中的时候学政治课，没有学政治经济学，学一本什么书呢，叫《辩证唯物主义常识》，不像现在辩证唯物主义原理那么厚，不超过十万字。内容是什么呢？大致就是物质第一，意识第二；实践是检验真理的标准；世界是物质的，物质是运动的，运动是有规律的；辩证法三大规律：对立统一规律、量变质变规律、否定之否定规律；等等。后来我发现，对我影响最大的第一本书是这本书。

我当过工人，做过农民，当过木匠，虽然参加过军训但没有当过兵，在最基层摸爬滚打过许多年，曾经有很不顺利的时候，例如"文化大革命"期间被打成"牛鬼蛇神"被迫进行改造等等，当然我也有辉煌的时候，也有很顺利的时候。我现在六十岁，回过头来想，真正对我一辈子有用的还是辩证唯物主义和历史唯物主义，为什么呢？它教给我一种世界观和方法论。通常我们说遇到困难的时候要想到光明，所有的事走到极端以后它会朝反面发展，看一个人要从两面看，事物都是发展的，抓问题要抓本质，不要胡子眉毛一起抓，等等，这些观点都是那本小册子教给我的。所以真正对我有用的是一本很小的小册子，不是大厚书，是马克思主义的哲学，是马克思主义的辩证唯物主义和历史唯物主义，是马克思主义的世界观和方法论。所以我感觉这个世界观方法论的东西可是一辈子管用的事——人一辈子要学的东西很多，有的可能用不上，但是这个东西我发现不管干什么，不管走哪都有用。所以我在有一个场合半开玩笑地说，我建议学马克思主义要从娃娃学起，不一定要大学生才开这个课，要给高中生开。现在有人说高中生开这个课早了，我不太同意。我为什么说要从娃娃学起呢？小孩你教他什么是马克思主义他不懂，但是你教他一个方法论是完全应该的。现在我们大部分家庭都只有一个小孩，年轻的未婚同志没有体会，现在在座的为人父母的老师们都有体会，有小孩以后，你会从小对他教育，从一出生就想着把他教育成什么人。很多的爸爸妈妈让孩子上补习班，从一上托儿所就上补习班，叫什么"亲子教育""启蒙教育"，然后有补习班就上，学钢琴、学英语、学数学，从小学一直上到高中，都上补习班。但是有的孩子上补习班也学不好，最后考大学的时候就着急了。小孩上了那么多补习班却考不上大学是什么原因呢，我认为是因为从小没给他教授一种好的方法论。所以我说从小孩抓起，就是要从小对他进行马克思主义方法论的教育，从小就应该教小孩怎么样去看问题，怎么样去分析问题和解决问题，以他能够接受的方式鼓励他树立上进心，给他教授一种方法而非让他一字一字去背，要教给他怎么样以联系的观点看问题，以发展的观点去看问题。这么教他，这么启发他，教给他认识问题分析问题的方法，我看准行。当我们的小孩自己会去看问题、分析问题的时候，当他培养出一种自尊心和上进心，永远要争第一的时候，就不用再去上补习班了。在座的同学可能有体会，一个人从小开始争第一，他越争第一就越是第一，在一年级他拿第一，到了大一的时候他还会是第一，这就是一种方法，一种上进心。所以我觉得马克思主义并不神秘，它就在我们身边，对马克思主义的态度不是有用没有用的问题，而是怎么想法学得更扎实、用得更好的问题。

　　说远了，现在回到改革开放对马克思主义的丰富发展。概括地说，我认为改革开放的实践从五个方面促进了马克思主义的中国化。

　　第一，改革开放的实践丰富和发展了马克思主义生产力和生产关系、经济基础和上层建筑的相互关系的历史唯物主义学说。更简洁地说，改革开放丰富了马克思主义历史唯物主义学说。大家知道，历史唯物主义一个很重要的原理就是生产关系要适应生产力，上层建筑要适应经济基础。在座的同学通常都背过生产力决定生产关系，生产关系反作用于生产力，生产关系一定要适应生产力的发展这些原理。当生产关系适应的时候会促进生产力的发展，当生产关系不适应的时候则束缚生产力的发展，当生产关系这个外壳变成生产力发展的桎梏，生产力就要求打破生产关系，这就可能要发生革命。经济基础和上层建筑大体也是这个关系，经济基础决定上层建筑，上层建筑反作用于经济基础。这两者要相互适应，不适应的时候，经济基础的发展就会要求要改变上层建筑。马克思主义历史唯物主义原理应该说是整个马克思主义的基石，马克思有两大最重要的发现：一个是历史唯物主义即唯物史观，一个是剩余价值学说。正是依据这两大发现，马克思揭示了人类社会发展的规律，并用这一规律解剖了资本主义。在对资本主义进行深入剖析之后，马克思一方面肯定资本主义的历史进步性，指出资本主义在产生后的短时间内创造的生产力比它以前的所有社会所创造的生产力的总和还要大；但另一方面他又发现资本主义自身解决不了生产社会化和生产资料的私人占有的这个基本矛盾，也就是说生产力和生产关系这个矛盾资本主义自身解决不了，而解决不了的结果就是它一定会被新的社会所代替。这个新的社会被马克思称为共产主义社会，后来列宁将其第一阶段称为社会主义社会。遗憾的是，马克思虽然对人类社会发展的这一趋势揭示得淋漓尽致，但在世的时候却并没有看到社会主义的诞生，虽然巴黎公社无产阶级革命发生了，但是最后没有成功。所以在社会主义条件下生产力与生产关系的矛盾究竟是怎么一个状况，社会主义制度下怎么来解决这个矛盾，马克思当时没说透，当然也不可能说透。

那么现在谁说透了呢？中国改革开放的实践说透了，中国特色社会主义理论体系把这个问题说透了。怎么说透的呢？实际上，我们承认社会主义制度建立以后，依然有生产力和生产关系、经济基础和上层建筑的矛盾，这两对矛盾也需要解决，如果不解决的话，社会主义就不能发展，也不能巩固。所以改革开放一个很重要的问题，就是要在社会主义条件下解决生产力与生产关系、经济基础与上层建筑的矛盾。怎么解决呢？就是通过改革的办法，这种改革不是要把社会主义制度推倒重来，而是要用社会主义制度自我发展、自我完善的办法来解决在社会主义条件下生产力与生产关系、经济基础与上层建筑之间的矛盾。改革开放三十年的实践证明，这个矛盾是可以逐步解决的。三十年来，之所以我国经济发展这么快，人民生活水平提高这么快，就是因为这个基本矛盾得到解决促进了生产力的发展。所以在社会主义条件下，如何解决生产力与生产关系、经济基础与上层建筑的矛盾，应该说改革开放的实践做了很好的回答。因此，如果说改革开放丰富发展了马克思主义的话，那么首先就是它对马克思主义关于生产力与生产关系、经济基础与上层建筑相关论述的丰富和发展，这是中国的一个很重要的创新。苏联没有解决好这个问题，它不是没看到矛盾，看到了；它不是不想解决，想解决。但怎么解决没有找到出路，特别是后来到戈尔巴乔夫那个时候，他采取的办法完全不行，所以他虽然也叫"改革"，但是由于放弃马克思主义，放弃社会主义，放弃无产阶级政党的领导，加上其他一些经济的、政治的、社会的、民族的等原因，付出的代价是沉重的，把世界上一个社会主义国家给毁了，苏联解体了，它的社会主义制度不存在了。所以中国的改革开放实践，实际上解决了一个在社会主义条件下怎么通过社会主义制度的自我发展、自我完善来解决生产力与生产关系、经济基础与上层建筑的矛盾的问题。这个创新不光是属于我们中国人自己的成果，而且也是我们对马克思主义、对世界共产主义运动的一个重大贡献。当然，我们现在也不去号召世界上谁向我们学习，但是做好了以后，别人会自动来学，所以现在中国在世界上有地位，其他国家反对中国也好，赞成中国也罢，现在没有哪个国家能忽视中国的存在，世界重大的事务，没有中国的参与、中国的声音、中国的态度，几乎就解决不了，所以这就是一个我们所说的贡献。最近有一篇文章说"世界感冒，中国不打喷嚏；美国感冒，中国不打喷嚏。"这话什么意思呢？以前因为美国经济在世界上占的比重太大了，所以就说美国经济一不好，全世界都不行，因此说美国经济一"感冒"，中国经济就"打喷嚏"，但现在情况不同了。比如说美国发生次贷危机，但中国的经济依然在发展，这就是社会主义制度自我完善自我发展的结果，是改革开放的伟大成就。

第二，改革开放丰富和发展了马克思主义关于什么是社会主义和社会主义的本质学说。马克思创立了科学社会主义，但是对什么是社会主义，社会主义的本质是什么这些问题，在相当长的时间内，大家并没有很清晰的回答，人们可以从不同的角度来描述社会主义，但是社会主义究竟是什么却都说不太准确。列宁曾经说苏维埃加电气化就是社会主义，因为那时候电气化就不得了，还没有信息化。

改革开放要首先解决的问题就是什么是社会主义，怎么建设社会主义。经过30年的改革开放，关于什么是社会主义的问题，我个人认为，至少作为一个阶段性的探索成果，是有了一个比较明确的回答的，这集中反映在邓小平的那段话上："社会主义的本质，是解放生产力，发展生产力，消灭剥削，消除两极分化，最终达到共同富裕。"[①] 在邓小平讲话的基础上，十六大以来，我们对社会主义本质的认识又有了进一步的发展。党的

---

① 邓小平. 在武昌、深圳、珠海、上海等地的谈话要点//邓小平. 邓小平文选：第3卷. 北京：人民出版社，1993：373.

十七大报告指出，推动科学发展，促进社会和谐，实现人的全面发展是社会主义的本质属性和要求。综上所述，到目前为止，我认为我们认识的社会主义，其本质可以从这么三个方面来理解：第一个方面是生产力标准，就是解放生产力，发展生产力；第二个方面是从生产关系、经济制度这个角度来说的，就是要消灭剥削，消除两极分化，实现共同富裕；第三个方面就是人的全面发展。

当然，现在对这个问题的理解理论界可能还不完全一致。有人只注意生产力的标准，认为解放生产力、发展生产力就是社会主义。我个人认为不是这样的，解放生产力、发展生产力肯定是社会主义的要求，贫穷不是社会主义，虽然马克思原来设想社会主义是在发达的资本主义基础上，是在把发达的资本主义的生产力都继承过来的基础上发展，那它肯定比资本主义有更发达的生产力，但是我们实践中的社会主义并不是在发达资本主义基础上搞起来的，所以就有一个进一步发展生产力的问题。但只有生产力的标准还不够，还必须要消灭剥削，消除两极分化，实现共同富裕，这是一个很重要的标准。邓小平很重视这个消灭剥削，消除两极分化的问题，特别是他到晚年的时候对此更加看重。大家可以看看《邓小平文选》第三卷和《邓小平年谱》里边，都有相关的论述，大致意思是如果我们的改革开放造成了两极分化，少数人暴富，大多数人贫穷，那我们的改革开放就失败了。现在我们的收入差距有拉大的趋势，这在理论界也有争议，有人说这就是两极分化，有人说这个还不是两极分化。我认为不管怎么说，要把消灭剥削，消除两极分化，实现共同富裕作为社会主义制度的本质要求。生产力在不同社会制度下都可以发展，但是消灭剥削，消除两极分化，实现共同富裕，只有社会主义才能做到。所以如果单纯以生产力标准来判断，是不能区分资本主义和社会主义的。马克思说资本主义在建立不到一百年的时间里所产生的生产力比以前社会产生的生产力的总和还要大，说明马克思已经看到资本主义相对于封建社会、奴隶社会而言可以大大地发展生产力，但这并不是说它就是社会主义，因为它解决不了两极分化的问题，解决不了剥削的问题，但社会主义可以。

这里有一个联系实际的问题，那就是如何看待目前我国收入分配差距拉大这一现象的问题。这是很复杂的问题，我个人初步的看法是目前我们确实有收入分配差距拉大的问题，地区差距、城乡差距、行业之间的差距等都有扩大的趋势，但是现在还不能做出判断或下结论说我们国家已经两极分化了。不过这个问题确实要引起我们的注意，我们要逐步采取措施缩小这个差距，还是要消灭剥削，消除两极分化，最终达到共同富裕。现在在某些行业、某些企业、某些领域确实有剥削的现象，但这并不是说我们社会主义本质要求剥削，相反我们要通过继续改革，消灭剥削，消除两极分化，最终达到共同富裕。人的全面发展是社会主义的本质要求，对此我认为应该大张旗鼓地宣传"社会主义归根结底应该以人为本"这一观点。以前大家注意到一个问题就是人权问题，西方国家老是拿人权问题打压中国，一有事就拿人权来说事，说中国的人权不好，在相当长时间内美国和中国之间产生摩擦的原因，一个是贸易，一个是人权，现在又增加了一个商品质量。直到今天，还有一些西方国家拿人权来和我们说事，说中国的人权状况没有改善。有一段时间我们对人权研究得少一点，好像只有西方讲人权，我们就不讲人权，好像西方一朝我们施压，我们就有点理不直气不壮，后来通过研究我们才发现，原来社会主义最讲人权。中国的最基础人权首先是吃饱，首先是基本的生活问题——温饱问题，而中国社会主义制度一个最大的主题就是首先解决十三亿人的吃饭问题，而这个问题是西方任何一个国家不可能帮助中国解决的，中国以前的历朝历代都没有解决吃饭问题，是社会主义中国把这个问题解决了。所以你西方要讲人权，别的先不说，先说中国要不要先解决吃饭问题，要不要先解决温饱问题，这个问题解决了，你才有资格谈其他的方面，所以我们理直气壮地讲人权，没有什么不可以，而社会主义最终要解决人的全面发展问题。科学发展观提出以人为本，以人为本就是要解决人的全面发展问题。总之，对社会主义本质认识的深化，也是改革开放对马克思主义的丰富和发展。

　　第三，改革开放丰富和发展了马克思主义关于社会主义发展阶段和社会主义基本特征的学说。社会主义要不要划分阶段？马克思和恩格斯当时对未来社会的预测一般说的是共产主义，认为取代资本主义的是共产主义社会，而共产主义社会要分两个阶段，后来列宁就把马克思说的第一阶段叫社会主义。

改革开放进程中，我国提出我们现在处于社会主义初级阶段。这就是说社会主义也分阶段，我们现在处的是初级阶段。这是一个重大的理论突破。认识中国所有的问题都不能离开中国这个社会主义初级阶段的基本国情，离开这个就无从谈起。由于有了社会主义初级阶段的理论，我们才可以实事求是地对现实的社会主义有进一步的认识。例如，社会主义的基本经济制度，社会主义的分配制度，都是讲的社会主义初级阶段的事情，至于将来社会主义的发展趋势将如何，我们现在还不是太清楚，有待于通过实践去探索。但是我们现在对初级阶段的基本经济制度和分配制度是有说法的，这就是一个很大的理论创新。

此外，在社会主义建设过程中，还有一个非常重要的问题，那就是社会主义初级阶段基本经济制度是什么？在这种经济制度下的分配制度是什么？社会主义初级阶段基本经济制度是公有制经济为主体，多种所有制经济共同发展。这个马克思没说，列宁也没说，这是中国共产党人说的。原来没说现在我们说，而且很符合我们的实际情况，这就是一种创新和发展，这就将马克思当年讲的那个公有制具体化、现实化了。公有制还有多种实现形式，不仅仅是国有制，还有集体所有制，还有公有制控股的股份合作制，这就是我国的发展和创造。改革开放不仅把马克思主义关于社会主义划分阶段的理论往前推进了，而且对社会主义初级阶段的基本经济制度和分配制度具体化了，推进了，创新了，这也是一大贡献。当然联系实际需要讨论的问题就多了，比如现在我们以公有制为主体，怎么算以公有制为主体，这就是需要讨论。以前说公有制为主体就是以量为主体，在GDP中占的比重占50%以上。有人说不是，公有制为主体主要看控制力，不一定占50%，在股份制条件下，可以是20%。对此怎么认识？大家都可以探索可以讨论。但在实践中，我们必须坚持两个"坚定不移"，一个是坚定不移地大力发展公有制经济，一个是坚定不移发展多种经济形式，鼓励扶持引导非公有制经济的发展。这是又一个丰富和发展。

第四，改革开放丰富和发展了马克思主义关于商品经济的学说。马克思对未来社会的预测有一个大致的轮廓，认为在高度发达的资本主义基础上产生的未来社会——共产主义社会——是没有商品生产和商品交换的，社会可以根据需要直接分配劳动，不用价值再插手其间。对马克思的这个预测，现在大家有争议，有人说马克思说未来社会有商品生产，有人说马克思说没有，理论界争论了很长时间。

我个人认为，马克思对未来社会的预测有一个前提，就是它是在高度发达的资本主义基础上建成的，如果是在这个基础上建成的未来社会，它就没有商品生产和商品交换。我认为这样的理解比较符合马克思的原意。理解马克思的预测要注意他的前提，后来人们来讨论的时候往往把马克思这个前提给忘了，只说马克思说有没有商品。实际上，马克思说的是在发达资本主义基础上建成的未来社会这个前提下所建立的共产主义社会才没有商品生产和商品交换。至于今天我们之所以要大力发展商品生产和商品交换，发展社会主义市场经济，这完全是从我们中国的国情出发的，我们的国情就是我们的社会主义不是在发达的资本主义基础上建成的，旧中国本身商品经济就不发达，因此我们革命成功后所建立起来的新中国当然要发展商品经济。

改革开放以来，我们对市场经济有了创新性认识，认为市场经济不是社会制度的区分，它是一种经济形式，资本主义可以发展市场经济，社会主义也可以发展。市场调节、计划调节都是手段，不是一个社会制度的本质。在中国社会主义初级阶段，不仅一定要发展商品经济，而且要大力发展市场经济，而且我们创立一个新概念叫"社会主义市场经济"。社会主义市场经济的提出是对马克思主义的一个发展。

什么是社会主义市场经济？1992年我到国外去讲学的时候，外国人最不懂的就是社会主义市场经济，他们老问什么是社会主义市场经济。他们的概念是市场经济只能在资本主义制度下发展，在社会主义条件下不能发展市场经济。言外之意是你明着说在搞社会主义，实际上是在搞资本主义。我认为实际上他们是不懂中国的实际情况：在我看来，社会主义市场经济就是社会主义制度下的市场经济，制度是社会主义，在这个制度下发展市场经济。不是说市场经济本身还有资本主义的或社会主义的区别，市场经济全世界只有一个，市场经济就是以市场为基础进行资源配置的经济，它有三个基本机制：第一个是价格机制，第二个是供求机制，第三个是竞争机制。要发展市场经济就一定得有独立的市场主体，一定要有发达的市场和完善的市场体系，一定要有政府的宏观调控，这是现代市场经济的基本要素。西方是这样，中国也是这样。二者的不同在于，中国的市场经济是在社会主义制度下发展的，它受社会主义制度的制约，例如，我们坚持公有制为主体，坚持按劳分配为主体，坚持共产党领导人民当家作主的政治制度，这些都是社会主义制度的规定性，社会主义市场经济必须得在这个条件下发展。而西方发达国家的市场经济，是在资本主义制度下发展的。有人说社会主义市场经济搞宏观调控，资本主义不搞宏观调控，我看不是。宏观调控现在没有哪一个国家不搞，所以有一些倡导市场经济过头的人，如自由主义学派，主张完全地不搞政府干预才能确保经济的繁荣发展，实则不然，你看美国它不干预吗？这次次贷危机发生后美国政府干预不干预？它连股市都干预，当美国的股市下跌很厉害的时候，政府都出了救市的措施，当次贷危机发生的时候，美国、日本、欧盟联合采取了救市的措施。所以政府干预、政府调节是现代市场经济的共性，不是区分社会主义市场经济和资本主义市场经济的标志。社会主义市场经济真正的特征，就是社会主义市场经济同社会主义基本经济制度和政治制度结合在一起。西方国家没有公有制为主体这种说法，它有国有制，但不强调公有制为主体。因此，社会主义市场经济理论是对马克思主义的又一丰富和发展。

第五，改革开放丰富和发展了马克思主义关于发展的学说。马克思主义有丰富的关于发展的学说：从广义上讲辩证法就是发展的学说，它是关于经济社会、人类思维和自然界发展的一般规律的学说；从狭义上讲马克思社会再生产理论也是关于经济发展的学说。但是，这些学说对于解决中国的问题而言只是提供了一种原则性的理论指导，从根本上说它只是提供了一种方法论的基础。今天我们所提出的中国特色社会主义理论就是要解决在中国社会主义初级阶段条件下怎么发展的问题，科学发展观的提出就集中为解决发展问题提供了理论指导。科学发展观，第一要务是发展，核心是以人为本，基本要求是全面协调可持续发展，方法是统筹兼顾。科学发展观强调人与自然的和谐，强调人与人的和谐，强调政治经济文化社会的和谐，强调最终实现人的全面发展，所以科学发展观也是对马克思主义学说的丰富和发展。

以上我从五个方面讲了改革开放的实践丰富和发展了马克思主义，这是我讲的第二个问题。

三、中国特色社会主义道路和中国特色社会主义理论体系是在改革开放实践基础上产生的马克思主义中国化的最重大成果

我刚才讲改革开放的实践从五个方面丰富和发展了马克思主义，当然不仅仅是这五个方面，同学也好，老师也好，都可以再总结一些。现在我要总结性地说，改革开放最伟大的成果就是中国特色社会主义道路和中国特色社会主义理论体系。对此十七大报告中已经详细地阐述，我想大家已经学习过了，在这里就不再详谈了。

马克思提出科学社会主义的学说，展望了未来，列宁在苏俄进行了社会主义实践探索，但是社会主义道路的问题，特别是在中国怎么走社会主义道路的问题，他们并没有解决。以毛泽东为核心的第一代中国共产党人做了很多的探索，积累了宝贵的经验。从新中国建立到1956年社会主义改造结束的这一时期，我们就有自己的许多创造和发明，"文化大革命"以前的十几年的探索使我们建立了强大的物质基础。毛泽东领导的第一代中国共产党人的这些探索为我们今后的发展奠定了基础，但是也没有解决好社会主义究竟走怎样的道路问题。改革开放最大的功劳，最大的成果之一，就是探索到了符合中国国情的社会主义道路。

什么是中国特色社会主义道路？十七大报告中是这么说的："中国特色社会主义道路，就是在中国共产党领导下，立足基本国情，以经济建设为中心，坚持四项基本原则，坚持改革开放，解放和发展社会生产力，巩固和完善社会主义制度，建设社会主义市场经济、社会主义民主政治、社

会主义先进文化、社会主义和谐社会，建设富强民主文明和谐的社会主义现代化国家。"① 我建议大家回去把十七大的这一段话认真学习，领悟，特别是年轻的同志对这些观点一定要好好学。

中国特色社会主义道路只能在中国共产党的领导下才能开辟，才能坚持，对这一点要坚定不移。坚持中国共产党的领导，是中国人民付出惨痛代价后才换来的结论，是历史的选择。现在我们采取的政党制度，是中国共产党领导的多党合作和政治协商制度，在中国共产党的领导下，多个民主党派参政议政，同舟共济，这是符合中国国情的。所以对许多青年同志来说，对中国特色社会主义的道路问题一定要搞清楚。

改革开放还有一个最大的理论成果就是中国特色社会主义理论体系。中国特色社会主义理论体系就是包括邓小平理论、"三个代表"重要思想、科学发展观在内的体系。中国特色社会主义理论体系是一个开放的、发展的，随着今后的实践还要不断发展的理论体系。最近我看《北京日报》上有这么一个讨论：中国特色社会主义理论体系从哪开始？我个人认为，按照十七大的精神，如果把中国特色社会主义理论体系的建立起点从改革开放开始算起的话，那么毛泽东思想就不算中国特色社会主义理论体系中的内容了。按照十七大的基本提法，毛泽东思想为中国特色社会主义理论体系的产生、为中国改革开放奠定了基础，因而虽然毛泽东思想这个成果现在看来不包括在中国特色社会主义理论体系里面，但是它为中国特色社会主义理论的形成奠定了坚实的理论基础。所以现在我们通常是这么排序的：马克思主义，列宁主义，毛泽东思想，然后中国特色社会主义理论体系。中国特色社会主义理论体系凝结了几代共产党人带领人民不懈探索实践的智慧和心血，是马克思主义中国化的最新成果，是我们全党全国各族人民的最宝贵的政治精神财富，是全国各族人民团结奋斗的共同思想基础。十七大有一个很重要的结论——在当代中国，坚持中国特色社会主义理论体系就是真正坚持马克思主义。这个非常重要。这是我讲的第三个问题。

---

① 胡锦涛. 高举中国特色社会主义伟大旗帜 为夺取全面建设小康社会新胜利而奋斗：在中国共产党第十七次全国代表大会上的报告. 人民日报，2007-10-25（1）.

四、坚持马克思主义基本原理与中国实际相结合是改革开放成功的基本保证

马克思主义基本原理与中国实际相结合，就是马克思主义中国化。马克思主义中国化过去保证了中国革命的胜利，今天在改革开放的大潮中仍然是改革开放取得胜利的重要保证。马克思主义基本原理与中国实际相结合是一个过程，这个过程远没有结束，它会随着实践的发展继续发展。只有发展，只有开放，马克思主义才有生命力和吸引力。

到今天为止，中国的改革开放进行三十年了，取得了辉煌的成绩，对这个成绩我们可以从许多方面进行总结，例如说三十年来我国的 GDP 总量已经从 1978 年的 3 678.7 亿元增长到 2007 年的 270 232.27 亿元，2007 年 GDP 总量在全世界排名第四。当然我们对 GDP 总量需要做到心中有数：一方面我们取得这么大的成绩，应该以这样的成绩来鼓舞全国各族人民前进。我记得我小的时候（1958 年），有一个口号是"超英赶美"，后来有人觉得这是天方夜谭，怎么可能超过英国赶上美国呢！现在超过英国已经实现了，我们的钢铁产量已经世界第一了，我们的外汇储备也是世界第一了，我们的外贸进出口总量世界第三，所以现在说中国是一个强国，并不为过。但另一方面我们的头脑要清醒，我们的 GDP 总量除以十三亿人口的时候，人均大概排在全世界二百多个国家的一百零四位，所以说我们人均还是少的。这倒不是我们谦虚，实事求是地说我们还是发展中国家。西方人有时候把我们吹得天花乱坠，有时候又把我们说得一塌糊涂。说这些话的时候，有人是别有用心，比如他说中国不得了了，有人还说中国多少年以后就超过美国了，我们作为中国人，一定得做到心中有数，当听到这些溢美之词的时候，应该想想你们说这个干什么啊，是表示对我们友好还是有其他目的。有人搞"中国威胁论"的时候，他往往把这些数字夸大了，说中国如何强大，再过几年把美国也超过去了，他这是想制造"中国威胁论"。我有一次在日本讲课，听众不只是学生，更多的是社会在职者，

我讲完了，主持人说大家有问题可以提出来。有一个日本人就说中国发展得很快，可了不得。我以为他要说什么，后来他绕了很长时间，最后说你中国发展得快的结果是把日本的资本都吸引到中国去了，结果对日本的经济造成了直接的危害，使日本的产业空洞化了，失业率增高了。他说你们中国经常说中日友好，你怎么解释这个事？

当时我做了这样的回答，我说中国曾经因为封闭或半封闭吃了许多苦头，世界也觉得中国太封闭了不好，因此我们就改革开放，后来中国加入世贸组织，走向世界。国际之间的投资要按市场规律和国际规则办，日本到中国投资，我们也到别的国家投资，讲的都是互惠互利，你愿意我愿意才能达成协议。中国没有强迫日本企业到中国投资，如果有本领的话，你可以要你日本企业都不到中国投资，你做得到吗，应该这么做吗？日本企业到中国来，看中的是中国的廉价劳动力和市场，投资以后赚取了利润，何乐而不为？市场经济就是这样的，不存在谁对谁构成威胁。后来我了解了一下，那个提问题的日本人也是一个企业家，他也在中国投资，赚了钱，反而说中国"威胁"，实在没有道理。不过他从这个角度提"中国威胁论"，倒也使我增长了见识，增加了对外部世界的了解。所以我们看成绩的时候要心中有数。

这样的事在国际上还有很多。有的国家当它要你承担义务的时候，它说你中国发达得不得了，是发达国家，什么你那个GDP低估啦，人民币汇率低估啦之类的话全出来了，所以它就拼命地把中国往发达国家行列里拽，但是当它有另外需要的时候，就有另外的标准，把中国说得如何如何不好。现在国际上不是在讲全球变暖威胁人类安全吗，今天的一个报道说南极有一块400多平方公里冰断裂了，而且有科学家预测，照这样发展下去南极冰山还得断裂，结果就可能漂到海里融化，导致海平面上升，如果上升1米，世界上有的国家可能就不存在了，一些城市可能就不存在了。所以现在全球变暖的问题大家都很关注，就有一个减排的问题。重视这个问题当然很对，但有些外国人就说你们中国排放的废气多是造成全球变暖的主要原因。这显然不符合事实。我们说，按人均排放量我们还不到发达国家的三分之一，我们三个人排放的量还不如你们一个人排放的多，但是这个时候外国有人就不算人均，它算总量了。其实发达国家工业化比我们早，它们老早就把能源消耗了，把资源消耗了，把废气排放了，现在它又拿它的标准来压中国，这个没有道理啊。所以还是那句老话：落后就要挨打。发达国家老是给别人制定标准，老是给后发国家加框框，现实就是这样。

综上所述，我想表达的意思是，改革开放使我们的经济发展很快，但在看成绩的时候我们要保持清醒的头脑。我们的经济发展很快原因是什么，经验是什么？经验有很多，胡锦涛同志在十七大报告中总结了"十个结合"，是很重要的经验，请大家回去读读，我就不再重复了。

这里我强调一条很重要的经验，这条经验是我们自己创造的，是什么呢？就是把马克思主义基本原理同中国实际相结合。这是为中国共产党几十年的实践所证明的宝贵的经验，是创造性地发展了的马克思主义。马克思主义最讲实事求是，理论联系实际，为了达到这一要求，我们要努力做到"四个分清"，即一是要分清哪些是马克思主义基本原理、基本观点、基本方法，哪些是马克思主义针对个别情况说的个别结论；二是要分清哪些是后人附加给马克思主义的错误观点，比如认为社会主义就是计划经济，计划经济就是指令性计划，这个是后人附加给马克思主义的，这就曲解了马克思主义，我们必须认清这一点；三是要分清哪些是随着实践发展需要发展的马克思主义；四是要分清哪些是对马克思主义教条主义式的理解。实际上，马克思和恩格斯本人从来都没有把自己的那个理论说成是一种封闭的、一成不变的理论，都说要发展，比如马克思、恩格斯说过这些原理的应用，正如《共产党宣言》中所说的，随时随地都要以当时的历史条件为转移。历史条件变了，原理的应用也得变。列宁也这样强调过，说马克思主义的全部精神以及整个体系要求人们对每个原理都要同具体的历史经验相联系、同当时当地的实际情况结合起来加以考察，这就是我们常说的"实事求是"。

改革开放以来，我们经历了几次思想大解放。第一次思想大解放就是关于"实践是检验真理的唯一标准"的讨论，当时南京大学哲学系的一个名叫胡福明的副教授，写了一篇名为《实践是检验真理的标准》的文章，后来几经修改，发到《光明日报》，标题中还加了"唯一"两个字。从那开始引起一场思想大讨论，那次大讨论很明显是针对当时对马克思主义和毛泽东思想教条式的理解发起的。当时有人提出，凡是毛主席做出的决策，我们都坚决维护，凡是毛主席的指示，我们都始终不渝地遵循，这就是所谓的"两个凡是"。实际上这是一种对马克思主义和毛泽东思想的曲解——时代发展了，实践发展了，那么马克思主义也要发展，我们的思想也要发展。怎么发展？实践是检验真理的唯一标准，要根据实践的发展要求来发展。另一次讨论可能在座的各位记忆犹新，就是1992年前后那一段时间，主要是针对改革开放被"姓资""姓社"问题所束缚、迈不开步伐的情况提出的。那个时候不少人说社会主义不能搞市场经济，有一段时间说搞市场经济就是资产阶级自由化，只有计划经济是社会主义的。讨论的结果是邓小平在视察南方的谈话中对这一问题做了回答，他讲市场经济不是基本经济制度，资本主义可以有，社会主义也可以有，市场调节与计划调节都是手段，资本主义可以用，社会主义也可以用，资本主义可以有计划，社会主义可以有市场，改革开放不能被"姓资"还是"姓社"这个问题束缚住手脚。正是有这一次的思想大解放，才有了20世纪90年代的大发展。现在我们又进行思想解放的大讨论，大家又问这是针对什么，我个人认为，这次讨论是针对我们改革开放取得了很大成绩，但是不能停留在原来的水平上，还得继续进行改革开放、还得坚持改革方向不动摇、还得提高改革措施的科学性和配套性等内容开展的。思想解放永无止境，改革开放永无止境，社会主义的发展永无止境，解放思想还是要坚持马克思主义的基本原理同中国的实际相结合。实践创新也永无止境，随着改革开放的深化，中国特色社会主义正在不断发展，所以我们要解放思想，实事求是，与时俱进，勇于变革，勇于创新，永不僵化，永不停滞，坚持和不断地发展中国特色社会主义道路和中国特色社会主义理论体系，在改革开放的创新实践中，把马克思主义中国化的进程推向更高的阶段！

参考文献

1. 毛泽东. 为建设一个伟大的社会主义国家而奋斗//中共中央文献

研究室. 建国以来重要文献选编：第五册. 北京：中央文献出版社，2011.

2. 邓小平. 在武昌、深圳、珠海、上海等地的谈话要点//邓小平. 邓小平文选：第3卷. 北京：人民出版社，1993.

3. 胡锦涛. 高举中国特色社会主义伟大旗帜　为夺取全面建设小康社会新胜利而奋斗：在中国共产党第十七次全国代表大会上的报告. 人民日报，2007-10-25（1）.

4. 本书编写组. 马克思主义基本原理概论（2008年修订版）. 北京：高等教育出版社，2008.

关于马克思主义整体性的初步认识[*]

（二〇〇八年六月）

2006年，由我牵头并与几位学者申报承担的教育部哲学社会科学重大课题"马克思主义整体性研究"获得批准。经过一段时间的思考和研究，我对这个课题有了一些认识，特此写出来与大家讨论。

一、为什么要加强对马克思主义整体性的研究和把握

在"文化大革命"结束后刚恢复工作的时候，邓小平针对当时有人片面地、扭曲地、教条地对待毛泽东思想的做法，振聋发聩地提出："要对毛泽东思想有一个完整的准确的认识，要善于学习、掌握和运用毛泽东思想的体系来指导我们各项工作。"[①] 邓小平对待毛泽东思想的态度，也同样适用对待马克思主义。实际上，无论从国际共产主义运动史还是中国共产党的历史看，都既有坚持以完整准确的马克思主义指导取得革命成功的经验，也有因为对马克思主义的理解片面和不准确而发生"左"的或右的错

---

* 本文曾发表在《马克思主义研究》2008年第6期，选入本书时有删改。
① 邓小平. 完整地准确地理解毛泽东思想//邓小平. 邓小平文选：第2卷. 北京：人民出版社，1994：42.

误，进而导致革命挫折，事业受损，甚至人头落地的惨痛教训。所以，要加强对马克思主义的整体性研究和把握，首先要对历史经验进行总结，并得出对现实有益的启示。

如果说，这种启示是总结无产阶级内部历史得出的结论，那么从无产阶级外部的历史也会得出同样的结论。马克思主义诞生后，一方面受到无产阶级和广大劳动大众的欢迎和拥护，另一方面几乎在同时也受到资产阶级和其他敌对者的歪曲、反对和否定，直到今天，这种声音在世界范围内也没有停息。而马克思主义反对者惯用的手法就是断章取义、片面地曲解马克思主义。所以，要捍卫、继承和发展马克思主义，最重要的就是要从整体上全面准确完整地理解和把握马克思主义。

加强对马克思主义整体性的研究和把握，也是全面、准确、完整理解和把握马克思主义基本原理，并以之指导我国改革开放和现代化建设的需要。指导我们事业的理论基础是马克思主义，过去依靠马克思主义的指导我们取得了新民主主义革命和社会主义革命、社会主义建设的胜利，今天要取得改革开放和社会主义现代化建设伟大事业的成功，仍然要坚持以马克思主义为指导。坚持以马克思主义为指导是要以马克思主义基本原理为指导，而不是以马克思经典作家的个别结论为指导，更不是以后人对马克思主义的不准确不全面的理解为指导。这就要求我们要对马克思主义从整体上进行理解，全面准确把握马克思主义的立场、方法和理论体系。只有从整体上理解和全面把握马克思主义，才能做到"四个分清"。

加强对马克思主义整体性的研究和把握，不仅要加强对马克思恩格斯创立的经典马克思主义整体性的研究和把握，也要加强对当代中国化马克思主义整体性的研究和理解。在我国历史上，以毛泽东同志为核心的党的第一代中央领导集体将马克思主义基本原理同中国革命实践相结合，产生了马克思主义中国化的第一个伟大成果——毛泽东思想。在毛泽东思想的指导下，全党全国各族人民建立了新中国和社会主义制度，取得了社会主义革命和建设的伟大成就。新民主主义革命的胜利，社会主义基本制度的建立，为当代中国的一切发展进步奠定了根本政治前提和制度基础。以邓小平同志为核心的党的第二代中央领导集体和以江泽民同志为核心的党的第三代中央领导集体将马克思主义基本原理同中国实际相结合，领导全党全国各族人民在改革开放的伟大征程上阔步前进，提出了邓小平理论和"三个代表"重要思想。党的十六大以来，以胡锦涛同志为总书记的党中央以邓小平理论和"三个代表"重要思想为指导，带领全国人民顺应国内外形势发展变化，抓住重要战略机遇期，发扬求真务实、开拓进取精神，坚持理论创新和实践创新，着力推动科学发展、促进社会和谐，不断完善社会主义市场经济体制，在全面建设小康社会的伟大实践中坚定不移地把改革开放伟大事业继续推向前进。在改革开放的历史进程中，我们党把坚持马克思主义基本原理同推进马克思主义中国化结合起来，创立了马克思主义中国化的又一伟大理论成果——中国特色社会主义理论体系。中国特色社会主义理论体系，就是包括邓小平理论、"三个代表"重要思想以及科学发展观等重大战略思想在内的科学理论体系。这个理论体系坚持和发展了马克思列宁主义、毛泽东思想，凝结了几代中国共产党人带领人民不懈探索实践的智慧和心血，是马克思主义中国化最新成果，是党最可宝贵的政治和精神财富，是全国各族人民团结奋斗的共同思想基础。中国特色社会主义理论体系是不断发展的开放的理论体系。自《共产党宣言》发表以来，一百六十余年的实践证明，只有与本国国情相结合、与时代发展同进步、与人民群众同命运，马克思主义才能焕发出强大的生命力、创造力、感召力。在当代中国，坚持中国特色社会主义理论体系，就是真正坚持马克思主义。而只有加强对当代中国化马克思主义的整体性研究和把握，才能更好地全面准确理解、把握、坚持和发展中国特色社会主义理论体系。

综上所述，加强对马克思主义整体性研究和理解，是对历史和实践经验进行的总结，是继承和发展马克思主义的要求，是当代中国坚持指导思想的与时俱进、坚持正确的改革方向，以及推进现代化建设的新要求。

二、研究和把握马克思主义整体性的几个角度

研究和把握马克思主义整体性，至少有以下几个角度：

一是从马克思主义的形成过程研究和把握其整体性。

马克思主义是适应资本主义生产方式有了相当发展的时代，以及无产阶级反对资产阶级实践的要求，并在继承和发展人类文明成果的基础上产生的。与在此之前的所有资产阶级理论不同，马克思主义经典作家的全部理论活动都是为了人类解放这一目标而进行的，其根本宗旨是实现人类解放。马克思主义的这一理论目标，决定了它必然是一种以理论与实践相统一为基本原则的理论。马克思主义创始人从其理论活动的开始就特别地强调了这一原则，在其后继承者那里这一原则得到了坚持和发展。由理论与实践相统一这一基本原则所决定，马克思主义从一产生就具有整体性的品格。人类解放实践是一个涉及经济、政治、文化、社会各个方面的总体性实践活动，它不可能分门别类彼此孤立地进行，这决定了马克思主义理论只有从整体上完整地被理解和把握，才能有效地服务于实践的目标。

从马克思主义形成过程中马克思主义创始人理论活动的全部过程看，马克思主义具有鲜明的整体性。马克思和恩格斯从年轻时代就立志选择"最能为人类而工作的职业"并大量地接触穷苦的工人群众。马克思1841年后在《莱茵报》上发表的多篇论文，恩格斯写作的《英国工人阶级状况》等，都表达了对贫苦群众的深切同情和对资本主义社会的憎恶。其后，马克思和恩格斯积极参加推翻资本主义制度的阶级斗争，投入创立无产阶级政党、组织无产阶级队伍的活动，同工人运动中的各种机会主义思潮进行了不懈的斗争。他们的毕生使命都和发展、壮大无产阶级革命事业密切地联系在一起。从19世纪40年代后半期马克思和恩格斯参与创建"共产主义者同盟"开始，一直到19世纪90年代前半期恩格斯晚年领导第二国际的活动、关注欧美无产阶级革命斗争和政党的发展为止，在这半个世纪的历程中，马克思和恩格斯始终处在国际共产主义运动斗争的前沿，

积极参与并领导了无产阶级反对资产阶级和资本主义制度的斗争。马克思和恩格斯的生平事业和无产阶级革命斗争所具有的这种紧密联系，是他们创立马克思主义的重要条件。而在此基础上形成的马克思主义，从一开始就成为无产阶级反对资产阶级的强有力的思想武器。这个思想武器，不是支离破碎的，而是一个以科学的世界观和方法论一以贯之的严整的体系。

二是从马克思主义各个组成部分的内在联系和马克思主义经典著作的内容研究和把握其整体性。

从马克思主义各个组成部分的内在联系看，马克思主义是涉及众多学科门类的知识海洋，它的内容涵盖了政治、经济、文化、军事、历史、社会生活、人类发展等诸多领域和各个方面，是极其丰富的。从不同的角度可以对马克思主义做出不同的定义：从它的创造者、继承者的认识成果讲，马克思主义是由马克思恩格斯所创立，并由各个时代、各个民族的马克思主义者不断丰富和发展的观点和学说的体系；从它的阶级属性讲，马克思主义是关于无产阶级和人类解放的科学，是关于无产阶级斗争的性质、目的和解放条件的学说。但不管从什么角度理解马克思主义，都必须看到马克思主义是彻底而严整的科学理论体系。马克思主义所包含的所有内容虽然各自的侧重点不同，但都是马克思主义科学世界观和方法论的体现，都是关于人类社会发展普遍规律的学说，都是关于社会主义必然代替资本主义的学说。

从马克思主义经典著作的主要内容看，马克思主义的整体性更为明显。一般认为，《共产党宣言》是马克思主义形成的标志，而《共产党宣言》实际上是马克思主义理论宏伟大厦的缩影，其理论内容几乎涵盖了马克思主义的各个重要方面。其他著作也大都是这样——《1844年经济学哲学手稿》中涉及了关于哲学问题的思辨与关于政治经济学、人类解放理论等现实问题的交织；《神圣家族》《德意志意识形态》《哲学的贫困》等著作中涉及了哲学问题、经济学问题、历史问题、社会问题；《路易·波拿巴的雾月十八日》《法兰西内战》等关于现实问题的著作中蕴含了深刻的哲学观念与政治经济学前提；而在《反杜林论》中，恩格斯虽然对"哲学""政治经济学""社会主义"三个部分进行了分别论述，但从全文看，恰恰是这些看似独立的部分构成了一个内容紧密相连、逻辑严谨的理论整体。即使像《资本论》这样被长期看作经济学的马克思主义经典著作，实际上不仅包含有马克思主义的经济学基本原理，而且也包含了马克思主义的辩证唯物主义和历史唯物主义世界观方法论、科学社会主义的基本原理，堪称马克思主义的百科全书。所以，从马克思主义经典著作的全部内容看，马克思主义是严谨而完整的理论体系，因此从整体上理解和把握马克思主义是符合马克思主义本来面貌的。

三是从马克思主义的革命性与科学性统一研究和把握其整体性。

从科学性与革命性统一的角度理解和把握，可以看出马克思主义是包含四个最根本最核心内容的严整体系：第一，科学的世界观和方法论。辩证唯物主义和历史唯物主义是马克思主义最根本的世界观和方法论，也是马克思主义理论科学体系的哲学基础。第二，鲜明的政治立场。马克思主义政党的一切理论和奋斗都致力于实现以劳动人民为主体的最广大人民的根本利益，这是马克思主义最鲜明的政治立场。第三，重要的理论品质。坚持一切从实际出发，理论联系实际，实事求是，在实践中检验真理和发展真理，是马克思主义最重要的理论品质。第四，崇高的社会理想。实现物质财富极大丰富、人民精神境界极大提高、每个人自由而全面发展的共产主义社会，是马克思主义最崇高的社会理想。

以上这四个方面包括了马克思主义的最基本内容，体现了马克思主义的基本立场、基本观点和基本方法，是从总体上把握的马克思主义。今天，我们坚持和发展马克思主义，绝不是要单纯坚持和发展马克思主义的某个具体观点，而是要从总体上坚持、继承其基本立场、基本方法和基本观点，即坚持辩证唯物主义和历史唯物主义的世界观和方法论，坚持实现最广大人民的根本利益的政治立场，坚持一切从实际出发，实事求是，在实践中检验真理和发展真理的理论品质，并把握和顺应人类社会发展的规律，树立为实现物质财富极大丰富、人民精神境界极大提高、每个人自由而全面发展的共产主义社会而奋斗的最崇高的社会理想。

四是从马克思主义的创新性和实践性研究和把握其整体性。

马克思主义是开放的发展的学说，创新性是马克思主义的重要特征。

从广义上说，马克思主义不仅指马克思恩格斯创立的基本理论、基本观点和学说的体系，也包括后人对它的发展，即发展了的马克思主义。作为中国共产党和社会主义事业指导思想的马克思主义，既包括由马克思恩格斯创立的马克思主义的基本理论、基本观点、基本方法，也包括经列宁继承和发展并推进到新的阶段，并由毛泽东、邓小平、江泽民、胡锦涛等为主要代表的中国共产党人将其与中国具体实际相结合进一步丰富和发展了的马克思主义，即中国化的马克思主义。中国化马克思主义既与马克思和恩格斯创立的马克思主义一脉相承，又将马克思主义的基本原理与中国实践紧密结合，创造性地发展了马克思主义。今天我们研究和把握马克思主义的整体性，就包括中国化马克思主义与马克思恩格斯创立的马克思主义相统一的整体性。

研究的目的在于应用。马克思主义的生命力在于指导实践，实践性是马克思主义的另一重要特征。在当代中国，要取得改革开放和现代化建设事业的成功，必须坚持马克思主义特别是中国化马克思主义的指导，而马克思主义也将在指导社会主义现代化建设的实践中实现创新和发展。指导中国实践并在实践中不断创新发展的马克思主义，不是马克思主义的某个部分，而是由马克思主义基本立场、基本观点、基本方法构成的整体。

马克思主义理论的整体性是由马克思主义理论的实践性所决定的。马克思和恩格斯所处的时代正值欧洲国家的社会转型时期，他们的全部理论努力就在于认识和把握这个转型过程，特别是剖析现代资本主义生产方式乃至整个资本主义的社会经济、政治和文化结构，并揭示其内在矛盾、客观规律和动态趋势，由此探索无产阶级解放或人类解放的现实动力、途径和方法，进而为这一运动提供指导思想和政策策略。无论是现实的历史过程，还是我国现实的改革开放和现代化建设实践运动，都是包含多方面规定性的具体整体。而在现实的过程中，没有纯粹的哲学问题、经济学问题、政治问题或思想文化问题，任何问题都必然综合地、有机地包含着多方面的相互影响的内容和规定性。因此如果我们从马克思所说的"改变世界"的角度来理解马克思主义理论，马克思主义理论必然是整体的，因为它所面对的实践问题是具体的、整体的。

三、需要说明的两个问题

研究和把握马克思主义整体性，有两个问题需要特别予以说明：

一是关于马克思主义三个组成部分的问题。

恩格斯为了批判德国小资产阶级思想家杜林对马克思主义的反对和对人民的蛊惑，捍卫科学社会主义的学说，使刚刚统一起来的德国党沿着正确道路前进，于1876年5月底至1878年7月写下了一系列文章。这些文章在德国社会主义工人党的机关报——《前进报》上陆续发表，并于1878年7月印成单行本，这就是著名的理论巨著——《反杜林论》。在《反杜林论》中，恩格斯针对杜林的反马克思主义观点，系统地论述了马克思主义哲学、政治经济学、科学社会主义，对于保卫马克思主义世界观，维护科学社会主义纲领，推动德国工人运动和整个共产主义运动的发展，起了十分重要的作用。[①] 恩格斯之后，列宁在1913年为纪念马克思逝世三十周年，写了《马克思主义的三个来源和三个组成部分》，该文简明地叙述了马克思继承并进一步发展了十九世纪初期那些哲学家、经济学家和历史学家的优秀成果，创立了马克思主义，对马克思主义的伟大指导意义给予了充分的肯定。[②] 恩格斯和列宁的这两篇经典著作，后来被人们作为马克思主义分为三个组成部分的主要依据，更有甚者，有人据此认为对马克思主义只分三个组成部分把握就可以了，而不必在整体把握上下功夫。这种看法对我国理论界产生了不利影响，以致在我国长期的马克思主义学科建设和理论研究中没有整体的马克思主义学科设置，并导致了我国学界在一定程度上忽视了对马克思主义整体性的研究。

实际上，马克思主义经典作家从来都认为马克思主义是严整的理论体

[①] 恩格斯. 反杜林论//马克思，恩格斯. 马克思恩格斯选集：第3卷. 北京：人民出版社，2012：379—714.

[②] 列宁. 马克思主义的三个来源和三个组成部分//列宁. 列宁全集：第23卷. 北京：人民出版社，1990：41—48.

系，并反对把马克思主义的各个组成部分割裂开来，即使在《反杜林论》和《马克思主义的三个来源和三个组成部分》中也是如此。在《反杜林论》中，恩格斯在系统阐述马克思主义哲学、政治经济学、科学社会主义的同时，也深刻阐述了它们之间的内在联系，认为马克思主义哲学、政治经济学是科学社会主义的理论基础，科学社会主义是前两者的落脚点和归宿。在《马克思主义的三个来源和三个组成部分》中，列宁一开始就指出马克思学说之所以具有无限力量，就是因为它正确、完备而严密。它给人们提供了决不同任何迷信、任何反动势力、任何为资产阶级压迫所做的辩护相妥协的完整的世界观，是人类在19世纪所创造的优秀成果——德意志古典哲学、英国的古典政治经济学和法国空想社会主义的当然继承者。所以，从《反杜林论》和《马克思主义的三个来源和三个组成部分》中，不能得出马克思主义只分为三个组成部分、且不必从整体上对其进行把握的结论。显然，这样的结论是后人对马克思主义的一种错误的、不准确的理解。

　　当然，需要说明的是，本文虽然强调要加强对马克思主义整体性的研究和把握，但并不是说要否定或排斥对马克思主义丰富内容所进行的分门别类的研究，相反，我们认为加强对马克思主义整体性的研究和把握与对马克思主义丰富内容进行分门别类研究是相辅相成的、相得益彰的。分门别类研究越深入，越有利于对马克思主义理论整体性的研究和把握，而对马克思主义整体性的研究和把握越准确，越有利于对马克思主义分类研究的深入和全面。过去，我们对马克思主义哲学、政治经济学、科学社会主义等分门别类地进行研究，取得了重大进展，对继承和发展马克思主义起到了极大的促进作用，今后在加强研究马克思主义整体性的同时，这种分门别类的研究还要继续，但显然不能拘泥于此，马克思主义是内容丰富的宏伟理论大厦，我们还要进一步在更多的领域、更多的学科开展马克思主义的研究。这样，既有分门别类的研究，又有对马克思主义整体性的研究，对马克思主义的研究一定会更加深入，马克思主义一定会发出更加灿烂的真理光芒。

　　二是关于借鉴国外马克思主义的研究成果的问题。

马克思主义是世界的马克思主义，是全人类的宝贵财富。世界许多国家的政党和有识之士都在研究和应用马克思主义。因此，作为中国学者研究和把握马克思主义的整体性，应该认真借鉴国外对马克思主义的研究成果。

国外马克思主义思潮林立、学说观点繁杂，但它们有一个大致的共同点，即它们中的绝大多数都没有把马克思主义划分为三个组成部分，而是自觉或不自觉地都是把马克思主义理论作为一个整体来加以研究、理解和发挥。之所以如此，就在于它们都把认识和把握现代社会的具体的现实问题作为研究的着眼点。因此，尽管国外马克思主义学说观点庞杂，充满了差异和对立，甚至包含着对马克思主义理论的误解和曲解，但它们从现实问题出发理解和运用马克思主义理论的方法，却可以给我们以有益的启示。

参考文献

1. 邓小平. 完整地准确地理解毛泽东思想//邓小平. 邓小平文选：第2卷. 北京：人民出版社，1994.

2. 恩格斯. 反杜林论//马克思，恩格斯. 马克思恩格斯选集：第3卷. 北京：人民出版社，2012.

3. 列宁. 马克思主义的三个来源和三个组成部分//列宁. 列宁全集：第23卷. 北京：人民出版社，1990.

深化对马克思劳动价值论的认识

（二〇〇九年一月十日）

　　劳动价值论是马克思主义政治经济学理论的基石，是政治经济学最重要的基础理论之一。在劳动价值论的基础上，马克思创立了资本主义条件下的工资理论、剩余价值理论、积累理论、资本循环周转和社会再生产理论、分配理论和周期危机理论，揭示了资本主义社会最终将为更加美好的未来社会（共产主义社会及其初级阶段——社会主义社会）所取代的必然趋势，同时对未来社会进行了预测和展望。自马克思劳动价值论诞生后的一百六十余年以来，资本主义发展和变化、社会主义诞生和发展以及理论界认识深化和争鸣，都从不同角度证明了马克思劳动价值论的科学性和生命力。但是，实践在不断发展，人类社会在不断前进，特别是第二次世界大战以后，与科技革命相伴随的信息化和经济全球化使全球经济具有了许多新的特点。对我国来说，改革开放以来，中国社会经历了从计划经济体制向社会主义市场经济体制的伟大转变，我国社会主义市场经济的实践历程与马克思经典作家对未来社会所进行的预期有很大的不同，与此同时，社会主义市场经济条件下社会劳动的内容和社会财富积累的方式与马克思经典作家的论述相比也发生了深刻的变化。根据变化了的情况，深化对在社会主义市场经济条件下的劳动和劳动价值论的认识和研究，从而继承和发展马克思劳动价值论，是理论界的一项重要使命。

一、马克思劳动价值论的基本内容和历史地位

深化对马克思劳动价值论的认识，首先需要搞清楚马克思创立劳动价值论的历史条件、内容实质和历史地位，澄清后人对马克思劳动价值论的不全面的理解或强加于马克思劳动价值论的不正确的观点。

1. 马克思创立劳动价值论的历史条件

马克思创立劳动价值论的时代是工业化初期。工业革命的发生，极大地促进了生产力的发展，但相对于今天后工业化时代而言，生产力的发展又处于较低层次，因此马克思劳动价值论无论是研究的主要对象还是所得出的结论，不能不受到当时这种条件的制约。与此同时，马克思劳动价值论创立从一开始面对的就是无产阶级和资产阶级的尖锐斗争，其根本的使命是揭示资本主义经济制度的不合理性和为新社会制度所取代的必然性，因而导致这一理论自诞生伊始即不可避免地具有强烈的阶级性和革命性。在今天，要深化对劳动价值论的认识和研究，就必须深刻认识其历史规定性，把马克思劳动价值论作为一种富有时代特征的科学理论来认识，既深刻把握其革命性，又深刻挖掘其对社会主义经济建设具有指导意义的成分，只有这样才能真正全面、准确地理解和把握它。

2. 马克思劳动价值论的基本内容

马克思劳动价值论包括了以下基本内容：商品具有二因素：价值与使用价值；劳动二重性决定商品的二因素，价值是人类劳动一般即抽象劳动的产物；商品价值量决定于生产商品的社会必要劳动时间；价值是一种经济关系与社会概念；价格是价值的表现形式；劳动力创造价值和剩余价值，剩余价值理论是以价值规律为基础而产生的。

3. 马克思劳动价值论的历史地位

马克思劳动价值论是马克思主义政治经济学的基石，是指导无产阶级革命的理论。马克思劳动价值论虽然是在对资本主义条件下商品生产商品交换的分析中得出的，但它包含了关于商品生产、商品交换和市场经济发

展最一般最基本的理论。马克思在阐述劳动价值论过程中所阐述的商品使用价值的数量、质量的规定性，商品价值实体和价值量的规定性，特别是关于价值规律的理论等，都是对商品生产、商品交换和市场经济发展一般规律的揭示。这些理论不仅适应于资本主义社会条件下的市场经济，也适应于包括社会主义条件下的市场经济在内的一切市场经济。这是马克思劳动价值论产生以来虽然遭到来自各个方面的攻击和否定，但依然放射真理光芒的根本原因所在。今天，继承和发展马克思劳动价值论的重要任务，就是要进一步阐发马克思劳动价值论对发展社会主义市场经济和社会主义现代化建设的指导意义，并根据新的历史条件进行创新。

二、马克思劳动价值论面临的新情况和新问题

1. 马克思劳动价值论面临的新情况

进入 21 世纪以来，与马克思所处的时代相比，人类的社会经济条件发生了很大变化。从国际范围来看，世界经济发展进入了后工业化社会和信息社会，科技发展日新月异，新的科技革命正在孕育，经济全球化成为不可阻挡的历史潮流。从国内环境来看，我国的社会主义实践超出了马克思当年对于社会主义的预测和设想，目前正在大力发展社会主义市场经济，完善社会主义市场经济体制，并根据我国现有生产力的发展水平，实行了以公有制为主体、多种所有制成分共同发展的所有制结构和以按劳分配为主体、多种分配方式并存的分配制度，从而把按劳分配与按生产要素分配结合起来。从国际与国内的情况综合来看，马克思劳动价值论面临着一系列新情况，表现在以下几个方面：

(1) 第三产业迅速发展。随着科技发展和世界范围内产业结构的不断升级和换代，第一、第二产业这些物质生产部门在国民经济中的比重正在日益下降，而第三产业中许多非物质生产部门在国民经济中的比重却在不断提高。在西方发达国家，第三产业占 GDP 的比重已达到 60% 以上，我国自改革开放以来第三产业也得到了迅速发展。

深化对马克思劳动价值论的认识

（2）生产要素的内容发生了变化。由于科技革命的发展和知识经济的出现，生产要素的内容突破了原有的劳动、劳动资料和劳动对象三要素范围并有所扩展。知识、科技、信息等逐步成为相对独立的生产要素，开始发挥重要的、不可替代的作用，并且其作用正在日益增强；科技人员的劳动在发展生产和创造价值中的作用越来越突出，科技创新能力已经成为衡量一个国家综合国力和经济竞争力大小的重要指标，科学技术成为第一生产力。此外，科技创新离不开科技人员的劳动，他们不仅在增进社会财富、提高生产力发展水平方面发挥着积极的作用，而且在社会产品价值创造中也起着重要的作用。

（3）现代社会的劳动结构发生了重大变化。在三大产业中，体力劳动的中心地位已经或正在被科技劳动、管理劳动等脑力劳动所取代，劳动者的文化教育程度和知识水平大为提高，出现了白领化、知识化、脑力化、技能化等发展倾向。工人阶级已经由一个单一的体力或重体力劳动者社会集团，变化为一个由体力劳动者（即所谓"蓝领"）和脑力劳动者及轻体力劳动者（即所谓"白领"）两个部分所组成的复合型的社会集团。

（4）社会产品价值中的活劳动量不断减少，物化劳动含量日益增加。由于先进技术的应用和发展，单位产品（包括物质产品和非物质产品）中所包含的活劳动大大减少。并且，随着技术创新和知识经济时代的来临，这种趋势会越来越明显和加强。

（5）企业家的经营管理劳动在社会化生产中的重要性日益提高。一个国家的企业在国际市场竞争能力的大小，取决于一个很重要的因素，就是是否能够形成一支优秀的企业家队伍。企业家的素质决定着一个企业甚至一个国家经济的兴衰。因此，应明确和充分肯定企业家的经营管理劳动是创造价值的劳动。在私营企业中，企业主往往兼有资本所有者和高级管理人员的双重身份，他们从事的管理工作与职业经理在职能上并无本质区别。

（6）经济全球化使一个国家经济的发展不仅依赖国内市场，且必须要从国际市场的状况出发做出战略决策，对劳动和劳动价值理论的认识也必须要把世界贸易和国际市场的因素加进去。

2. 马克思劳动价值论面临的新问题

面对新的情况，马克思劳动价值论需要创新，需要发展，并在创新发展的基础上解决一系列新问题，这些问题包括：

第一，深化对创造价值的劳动的认识，给予生产性劳动新的界定。按照马克思主义的哲学观，"生产性劳动"的含义不是固定不变的，而是可以发展的。由于处在工业经济时代，因此马克思在《资本论》中重点考察的是物质生产部门，认为物质生产领域的劳动才是生产性劳动并创造价值，而绝大部分非物质生产领域的劳动属于非生产性劳动且不创造价值。在今天社会主义条件下，随着第三产业的大力发展，社会主义生产劳动的含义也应当有所发展和变化。

第二，深化对科技人员、经营管理人员在社会生产和价值创造中所起作用的认识。虽然在《资本论》中关于"总体工人"的理论中，马克思对脑力劳动（包括科技人员和管理者的劳动）给予了肯定，认为这些劳动也是创造价值的劳动，但他重点研究的是物质生产领域的体力劳动。在当今社会科技创新和知识越来越重要的条件下，体力劳动的中心地位正在被脑力劳动所取代。科技劳动和管理劳动等不仅作为一般劳动在价值创造中起着重要的作用，而且作为更高层次的复杂劳动创造的价值要大大高于简单劳动。因此，应充分肯定科技人员、经营管理人员在创造价值中付出的劳动，充分调动和发挥他们的积极性和创造性，在收入分配方面使他们的劳动报酬与其劳动贡献相对称。

第三，深化认识私营企业主的管理工作。对于私营企业主，应区分他们作为资本所有者和管理者的两重身份。在社会主义条件下，一方面，私营企业主作为生产的管理者，其劳动属于监督劳动和指挥劳动，是生产正常进行所必需的；另一方面，作为生产资料的私有者，他们又凭借对生产资料的占有而占有他人的剩余价值。因此应承认和肯定作为管理者的私营企业主也是劳动者，他们的经营管理劳动同样是创造价值的劳动，对于他们凭借对生产资料的占有而占有他人的剩余价值，只要这些私营企业主的初始资本来源正当且经营合法，也应该给予支持和鼓励。

第四，深化认识科技、知识、信息等新的生产要素在财富和价值创造中的作用。在坚持马克思提出的抽象劳动及活劳动是价值的源泉这一劳动价值论的基本观点的同时，要充分肯定科技、知识、信息等非劳动生产要素在提高生产效率、促进生产力发展、增加使用价值和价值形成中的重要的作用。

第五，深化认识社会主义剩余价值的性质以及剥削问题。为此，应根据马克思关于价值理论和剩余价值理论的基本原则，研究在当代社会主义条件下剩余价值和剥削范畴的新的经济含义。要区分剩余价值范畴的一般性和特殊性，科学把握社会主义剩余价值的性质。与此同时，要研究社会主义市场经济中是否存在剥削等重大问题。

第六，深化认识价值创造与价值分配的关系。价值创造与价值分配是相互联系又有区别的范畴。价值创造属于生产领域的问题，而价值分配是属于分配领域的问题。价值创造是价值分配的前提和基础，没有价值创造也就没有价值分配。但价值分配又不仅仅取决于价值创造。在实际经济生活中，价值分配首先是由生产资料所有制关系所决定，体现了一定的生产关系。

三、科学认识马克思劳动价值论的一些重大理论问题

1. 价值创造、价值形成与财富创造

任何一种科学的理论都有其基本的范畴，对这些基本范畴进行科学理解和进一步界定是继承和发展这一科学理论的基础。对于马克思劳动价值论来讲，价值与使用价值、价值形成、价值创造、财富创造等就是这样一些基本范畴。

价值形成讲的是商品的价值是由几个部分构成和如何形成的，回答的是价值决定的结构性问题；价值创造讲的是价值的实体和来源，回答的是什么劳动创造价值。在价值形成过程中，生产资料的价值是以转移的方式进入商品价值的，其本身不会增殖。而劳动力的使用，不仅会创造出自身的价值，而且还会创造出一个新价值，实现其自身价值的增殖。因此，要

说明价值的创造，实际上就是要回答活劳动怎样在生产过程中物化在它的使用价值之中，即"计算物化在这个产品中的劳动"[①]。这说明价值创造的唯一源泉是劳动，而不应包含其他任何因子。但要考察价值的形成，就离不开考察价值形成过程中诸要素的作用。在这里，劳动力的活劳动以及表现为生产资料的物化劳动，都是不可缺少的基本要素。当然，它们的作用是有区别的。

出于揭示资本主义特定条件下剩余价值来源的需要，在论述价值和剩余价值源泉的时候，马克思特别注重抽象劳动创造价值的作用，而对生产资料在价值形成过程中的作用只是强调了其转移价值的作用，这无疑是符合实际、极端重要的，没有这种科学的揭示，就无法说明资本主义条件下剩余价值的真正来源。但是，从市场经济一般情况而言，在强调抽象劳动创造价值和剩余价值的同时，强调非劳动生产要素在价值形成中的作用也是符合实际和极端重要的，这有利于说明全部财富（包括价值和使用价值）价值的来源，从而调动多方面的积极性，使更多的生产要素投入到社会生产和再生产过程中以产出更多的社会财富。资本主义制度的不合理不在于生产要素在价值形成中未发挥作用，而在于本来不该属于资本家所有的生产要素为资本家所有，并且资本家凭借着对生产资料的这种所有权无偿占有工人创造的剩余价值。作为对这种现象的理论揭示，坚持马克思劳动价值论的精髓即坚持抽象劳动创造价值的同时，也应该实事求是地承认非劳动生产要素在价值形成中的作用。

在市场经济条件下，社会财富是使用价值和价值的统一，没有没有价值的财富，也没有没有使用价值的财富。在我国现代化建设的全过程中，必须全面地理解财富的创造，在既重视人类劳动——包括具体劳动和抽象劳动——的应用同时，也重视对自然界的作用的合理开发和应用，从而将人类的劳动与自然界的作用的发挥有机地、协调地结合起来，使一切生产要素的潜力充分发挥出来，这实际构成我国社会主义市场经济条件下可持续发展的新发展观的理论基础。

[①] 马克思. 资本论：第1卷. 北京：人民出版社，1975：211.

2. 对生产性劳动与非生产性劳动的再探讨

生产性劳动和非生产性劳动理论是马克思劳动价值论的重要组成部分，也是理论界长期存在争议的问题。根据发展了的情况创新马克思主义关于生产性劳动的理论，并准确地理解马克思关于生产性劳动和非生产性劳动划分的实质，是在新的历史条件下坚持和发展马克思劳动价值论的重要任务。

马克思对生产劳动社会形式的分析可分为两个层次，即商品经济条件下的生产劳动与非生产劳动和资本主义的生产劳动与非生产劳动。在商品经济条件下，生产劳动是指生产商品和创造价值的社会劳动，在资本主义条件下，只有直接在生产过程中为了资本的增殖而消费的劳动才是生产劳动。马克思关于生产性劳动和非生产性劳动划分的实质在于，任何社会形态下的劳动，无不包含自然形式（劳动内容）和社会形式（形式规定性）两个方面，自然形式和社会形式都不是一成不变的，而是随着生产力的发展和社会生产关系的变化而变化的。

根据马克思研究生产劳动理论的方法论，对于社会主义条件下生产劳动的界定，一方面，各种有用的、实现在社会所需要的商品中的劳动——包括物质生产领域与非物质生产领域的劳动——都创造财富，因而都是生产劳动；另一方面，所有为社会创造价值和新价值的满足人民需要的劳动——或者说是生产"剩余价值"的劳动——都是生产劳动。

3. 科学技术、经济增长与价值创造

马克思的劳动价值论，是以19世纪中叶工业化初期的蒸汽机时代和资本主义经济发展的上升期实践为考察对象建构的。与马克思所处的时代相比，今天全世界的社会经济条件发生了巨大的变化，最突出的现象是新的科技革命和知识经济的蓬勃发展。在这样的条件下，继承和发展马克思劳动价值论，最核心的问题就是要在理论上科学地解释、在实践上妥善地处理科学技术、经济增长和价值创造的关系。

科学技术是人们在改造世界的反复实践中所获得的认识与经验的总和，它来源于人们的生产实践和科学实践，是人类劳动特别是脑力劳动的结晶，本身就具有价值。但正是由于科学技术是人类劳动的结果，而不是人类劳动本身，所以它不属于活劳动的范畴，其本身是不能创造价值的。也就是说，不是科学技术本身创造了价值，而是掌握和运用科学技术的人的复杂劳动创造了价值，知识经济的发展并没有否定而是丰富了抽象劳动创造价值的理论。

生产商品劳动生产率的提高，引起的变化有两个：一是对部门内部同类商品而言，劳动生产率的提高使凝结在单个商品中的劳动量减少了，所以从理论上说，商品的价值量与生产商品的劳动生产率成反比；二是对整个社会而言，科技的发展使复杂劳动在社会总劳动占的比例大大增加，并使劳动生产率大大提高，而劳动生产率的提高，使新产业、新部门不断出现，并使全社会的劳动总量不断增加。这两种变化的结果不仅使社会财富的数量和种类使用价值总量增加，又增大了全社会的价值总量。因此那种认为劳动生产率的提高只增加社会使用价值，而价值总量却会减少的看法，即便只对一个部门而言是正确的，对整个社会的所有部门而言也是不能成立的。如果上述分析是正确的，那么就可以解释科技的发展、劳动生产率的提高在增加社会使用价值总量的同时，也增加了价值总量的命题。一言以蔽之，劳动生产力的提高增加了社会财富。

4. 关于按劳分配与生产要素按贡献分配

马克思政治经济学的分配理论和西方经济学的分配理论是两种不同的分配理论。马克思政治经济学的分配理论既揭示了资本主义经济制度中分配关系的实质、分配的规律性和分配的量的关系，也预测了未来共产主义社会的（其初级阶段是社会主义）的分配关系和分配原则，是指导我们认识资本主义分配关系和处理社会主义制度中分配关系的科学理论。

西方经济学的分配理论是研究资本主义制度下的分配关系的学说。在西方经济学的分配理论中，包含了许多为资本主义经济制度辩护和掩盖资本无偿占有雇佣工人剩余价值的理论，但由于其研究的对象同时又是市场经济，所以其中也包含有揭示市场经济条件下分配关系的科学成分，如关于通过市场进行分配的理论、关于二次分配的理论等等。这些成分对我们认识和处理社会主义市场经济条件下的分配关系不无借鉴作用。

社会主义制度的建立，使马克思按劳分配的理论从预测变为现实。但

深化对马克思劳动价值论的认识

是与马克思当时设想的实行按劳分配的社会条件相比，现实的社会主义既具有与马克思设想相吻合的一面，也与马克思设想有较大的差异。我国现阶段的经济是社会主义市场经济，在现阶段的社会主义市场经济中，虽已建立了生产资料公有制，但也存在着一些非公有制形式，因而实行的是公有制为主体、多种所有制经济共同发展的基本经济制度。从我们现实中已经实行的分配制度来看，实际上已经不完全是马克思当时预测的按劳分配，而是从我国实际出发、发展了的马克思主义的按劳分配制度，是中国特色的按劳分配制度。这种中国特色的按劳分配制度，一方面坚持了马克思主义关于公有制要为劳动者在分配上带来利益和劳动创造价值、劳动者要在分配中得到报酬的基本原理；另一方面还与时俱进，具有显著的时代特点。这些特点是：(1) 按劳分配的内涵是劳动要素按其在价值创造、价值形成和财富创造中的贡献分配；(2) 按劳分配是在社会主义市场经济条件下进行的，要通过商品交换后进行分配，即要有"价值"插手其间；(3) 按劳分配已经不局限于个人消费品的分配，也包括对生产资料的分配；(4) 按劳分配与其他生产要素按贡献分配结合在一起，共同构成按劳分配为主体、多种分配方式并存的社会主义初级阶段的分配制度。

确立在社会主义现阶段实行按劳分配与生产要素按贡献分配相结合的原则，其依据不只是因为劳动、资本、技术和管理等生产要素在价值形成或财富形成中做出了贡献，更重要的是由所有制关系所决定的。按照马克思主义政治经济学的原理，社会分配关系是由生产资料所有制关系决定的，在分配中形成的利益关系只不过是所有制关系的实现。在资本主义市场经济条件下，资本家占有生产资料，所以资本、土地等生产资料都要参与剩余价值的分配。在社会主义市场经济条件下，多种所有制经济共同发展的所有制关系也决定了必须实行生产要素按贡献参与分配的原则。因此，在我国社会主义市场经济条件下，按劳分配和生产要素按贡献分配相结合主要是在市场机制的作用下通过国民收入分配来实现的：首先，在国民收入的初次分配中，各种非劳动生产要素如货币资金、厂房建筑和土地等的所有者凭借资产所有权和投入经济活动中的价值量，和劳动要素共同以一定比例参与社会总产品的分配。其次，在实行租赁和承包经营的国有和集体企业中，承租人依据市场运行规律对市场进行预测，决定企业生产发展方向、产品选择、经营策略，组织和协调企业的生产经营管理活动，取得经营收入和风险收入。需要指出的是，在按劳分配和生产要素按贡献分配的结合中，出现一定的收入差距是不可避免的，但必须注意收入差距过大也会产生消极效应，甚至引起严重的社会后果，所以必须要在再分配领域中建立健全收入分配的约束、调控机制，强化国家政策对收入分配的宏观调控功能，加大调控力度。

5. 关于剩余价值、剥削与劳动价值论

与马克思劳动价值论密切相关、在社会主义市场经济条件下需要给予新的理论解释的另一个重大而敏感的理论问题是关于剩余价值、剥削和劳动价值论的关系。

以剩余价值为核心，马克思创立了剩余价值理论。在资本主义条件下，劳动价值论是剩余价值论的基础，剩余价值论是在劳动价值论基础上揭示资本家剥削工人秘密的理论。那么，在社会主义条件下，是否存在剩余价值、社会主义条件下的剩余价值与资本主义条件下的剩余价值有何异同？

剩余价值的一般形态就是社会剩余，即一个经济体所生产的全部产品中扣除为生产这些产品的必要投入之后的余额。它的实体是剩余劳动或剩余产品，是剩余劳动时间的凝结或物质化的剩余劳动。在商品经济条件下，剩余劳动及其所形成的剩余产品表现为剩余价值，并成为商品经济的一般范畴。但由于商品经济存在于不同社会制度中，必然受不同社会制度的制约，所以存在于不同商品经济形态中的剩余价值——虽然它们的实体都是剩余劳动——有着不同的内涵，即剩余价值的归属、使用及体现的经济关系不同，这就构成了剩余价值在不同社会经济制度条件下的特殊形态。剩余价值的特殊性是由社会生产关系即经济制度的性质决定的，是生产资料所有权的体现，生产资料所有权不同，剩余价值所体现的经济关系也就不同。在社会主义条件下，当家作主的劳动者，以主人公的身份与以生产资料公有制为主多种所有制经济共同发展的基本经济制度下的各种生产要素相结合，产出越来越多的价值和剩余价值，这是社会主义条件下剩余价值生产的特点，它体现的是公有制为主体、多种所有制经济共同发展的基本经济制度下的劳动者之间、劳动者与各种要素所有者之间的关系。

在我国，由公有制为主体、多种所有制经济共同发展的基本经济制度所决定，剩余价值的分配也有多种形式：在公有制内部，不存在剥削的关系；在私营经济、外资经济中虽然存在着剥削现象，但只要依法管理，将其限制在一定的范围内，就可以趋利避害，使之为发展社会主义初级阶段的经济服务。

改革开放和现代化建设的发展，使我国城乡居民收入水平以较快的速度增长，居民家庭财产性收入增长迅速。但在收入正常增长的背后，也存在着一些不容轻视的问题，主要是：收入分配差距不断扩大；贫富分化加剧；财产的集中度越来越强；居民家庭财产的差别越来越大。对此必须给予高度重视并加强调节。

这种收入变化，使我国的社会阶层构成出现了新现象，表现为：（1）两大基本阶级——工人阶级和农民阶级自身出现了力度很大的变化与调整。"白领"和"蓝领"的划分已经成为无可争辩的事实，在所谓"八亿人口"的农民阶级中，真正从事种植业和养殖业劳动的已经只剩下了不到三亿人，超过三分之一的农村劳动力转移到非农产业；（2）出现了大量的乡镇企业职工、企业经营者等新兴阶层；（3）重新出现了个体劳动者、私营企业主等与非公有制相联系的阶层；（4）在原有的城乡差别、工农差别没有根本解决、社会保障体系没有真正建立起来的情况下，阶层性、行业性等的收入分配差距日益凸显，并主要以此为基础形成了一系列新的社会矛盾。当代中国的社会进步，包括阶级阶层关系的分化与组合，是改革开放和社会主义市场经济体制建设的直接产物，应以之为进一步发展和壮大的基本社会条件和政治基础。

四、坚持和发展马克思劳动价值论

对于马克思劳动价值论，既要坚持又要发展。

必须坚持的是：

(1) 坚持"抽象劳动、活劳动创造价值"的基本观点。抽象劳动、活劳动创造价值，劳动是价值的源泉，这是劳动价值论的最基本内容，是一个科学命题，必须坚持，否则就搞不清价值的本质和真正来源。

(2) 坚持"除劳动以外的其他生产要素在价值形成和财富创造中也起重要作用"的观点。要科学区分价值创造、价值形成和财富创造等范畴。价值是由劳动创造的，而供社会分配的社会产品即财富的创造则与各种生产要素相关。根据马克思的分析，包括劳动力和土地在内的各种生产要素是被资本并入生产过程的，"资本一旦合并了形成财富的两个原始要素——劳动力和土地，它便获得了一种扩张的能力"①。不仅如此，资本还将科学技术并入财富创造过程，"科学和技术使执行职能的资本具有一种不以它的一定量为转移的扩张能力"②。在价值创造中，劳动是决定性的，但离开其他生产要素，劳动创造价值也不可能，所以其他生产要素也参与价值形成。

(3) 坚持"劳动者付出劳动创造价值之后要得到应有报酬，其他生产要素对创造财富做出了贡献也要得到报偿"的观点。马克思指出："消费资料的任何一种分配，都不过是生产条件本身分配的结果。而生产条件的分配，则表现生产方式本身的性质。"③ 这里所说的"生产条件本身的分配"，是指物质的生产条件（土地、资本）和人身的生产条件（劳动力）的归属，即作为生产关系基础的各种生产要素的所有权关系，生产要素的所有制关系是分配关系的基础。因此，劳动是价值创造的源泉，劳动者在付出劳动创造了价值之后要得到其应有的报酬，其他非劳动要素不仅在财富创造中起重要作用，而且为劳动创造更多价值提供了条件，因而它们应当为此而获得相应的报酬。

需要发展的是：

---

① 马克思. 资本论：第1卷. 北京：人民出版社，1975：663.
② 同①664.
③ 马克思. 哥达纲领批判//马克思，恩格斯. 马克思恩格斯选集：第3卷. 北京：人民出版社，1972：13.

(1) 马克思关于"只有生产物质财富的劳动才是生产性劳动，只有生产性劳动才创造价值的观点"需要发展。鉴于马克思所处的历史时代，他在创立劳动价值论时，把次要的、非本质的非物质生产领域及其生产关系做了必要的舍弃，主要研究了物质生产领域里的资本主义生产关系。但是我们决不能把这一舍弃后的劳动的含义绝对化为普遍的现实和规律，从而仅仅得出劳动和价值创造只能以物质生产为限的结论。在社会主义条件下，由于非物质生产领域在国民经济中已占重要地位，商品交换关系也已广泛深入到非物质生产领域，因此创造价值劳动的范围必须拓宽——一切为促进生产力发展，满足人民生活需要的劳动都是创造价值的劳动。

(2) 马克思关于"剩余价值是资本主义特有的范畴、体现资本主义生产关系"的观点需要发展。马克思把剩余价值作为资本主义特有的经济范畴是出于分析资本主义生产关系的需要，这种分析只是指剩余价值的特殊性。实际上，剩余价值不但具有特殊性，也具有一般性。剩余价值在封建社会后期、资本主义社会、社会主义初级阶段等多种社会制度中都是存在的。

(3) 马克思关于社会主义按劳分配的观点也要发展。根据马克思对按劳分配原则的界定，其实现需要具备必要的前提条件，而这些条件与我国社会主义初级阶段的现实差距很大，因为我国除了公有制经济之外，还存在着个体经济、私营经济和外商投资经济等多种所有制形式。这些不同所有制经济成分，在对生产资料的占有和使用上不可能处于同等的地位。那些非公有制经济的参与者，除了靠劳动获得收入外，还可以凭借对生产资料的所有权获取收入。由于社会主义的首要任务是解放和发展生产力，表现在收入分配方面，就必须一切从效率出发，实行按劳分配和按生产要素分配并存的分配方式，使各分配主体的自我利益都能得以充分实现，从而激励其积累、生产的积极性，提高要素配置效率，最终促进生产力的发展。

参考文献

1. 马克思. 资本论：第1卷. 北京：人民出版社，1975.
2. 马克思. 哥达纲领批判//马克思，恩格斯. 马克思恩格斯选集：第3卷. 北京：人民出版社，1972.

《资本论》的学习、继承和发展[*]

（二〇一四年五月十五日）

《资本论》是马克思主义政治经济学的经典巨著，也是整个马克思主义理论的经典巨著。在我国全面深化改革，建设富强民主文明和谐的社会主义现代化国家进程中，认真学习、继承，并结合当代世界和中国的实际应用、丰富发展《资本论》的基本理论、基本观点，具有重要理论意义和实践意义。

一、《资本论》是具有划时代意义的经典巨著

《资本论》是马克思一生最伟大的理论著作。在这部著作中，马克思以资本主义生产方式及其与之相适应的生产关系、交换关系为研究对象，科学系统地阐述了商品货币理论、劳动价值论、剩余价值论、资本积累、社会总资本运动、平均利润和生产价格理论、分配理论等一系列重大理论，揭示了剩余价值的来源和资本主义生产的全部秘密，发现了"现代资

---

* 本文是为中国社会科学院受中央委托举办的马克思主义理论骨干人才培养计划博士生班开设的"《资本论》研究"课的讲课提纲。

本主义生产方式和它所产生的资产阶级社会的特殊的运动规律"[①]。由于剩余价值的发现，这部著作结束了先前资产阶级经济学家和社会主义批评家在黑暗中的摸索，在政治经济学领域实现了革命性的变革，创立了马克思主义政治经济学，为工人阶级和劳动人民的解放事业提供了强大理论武器。

不仅如此，马克思还在对哲学问题的研究和为写作《资本论》而对经济问题研究的过程中发现了唯物史观，并且一发现就运用唯物史观指导自己的全部研究过程和写作过程，进而揭示了资本主义内在的基本矛盾，论证了资本主义为共产主义取代的历史必然性，为科学社会主义奠定了牢固的理论基础。对于这一过程和在这一过程发现的唯物史观，马克思在《〈政治经济学批判〉序言》中做了这样的叙述和概括："1842—1843年间，我作为《莱茵报》的编辑，第一次遇到要对所谓物质利益发表意见的难事。……为了解决使我苦恼的疑问，我写的第一部著作是对黑格尔法哲学的批判性的分析，这部著作的导言曾发表在1844年巴黎出版的《德法年鉴》上。我的研究得出这样一个结果：法的关系正像国家的形式一样，既不能从它们本身来理解，也不能从所谓人类精神的一般发展来理解，相反，它们根源于物质的生活关系，这种物质的生活关系的总和，黑格尔按照18世纪的英国人和法国人的先例，概括为'市民社会'，而对市民社会的解剖应该到政治经济学中去寻求。我在巴黎开始研究政治经济学，后来因基佐先生下令驱逐而移居布鲁塞尔，在那里继续进行研究。我所得到的，并且一经得到就用于指导我的研究工作的总的结果，可以简要地表述如下：人们在自己生活的社会生产中发生一定的、必然的、不以他们的意志为转移的关系，即同他们的物质生产力的一定发展阶段相适合的生产关系。这些生产关系的总和构成社会的经济结构，即有法律的和政治的上层建筑竖立其上并有一定的社会意识形式与之相适应的现实基础。物质生活的生产方式制约着整个社会生活、政治生活和精神生活的过程。不是人们的意识决定人们的存在，相反，是人们的社会存在决定人们的意识。社会

[①] 恩格斯. 在马克思墓前的讲话//马克思，恩格斯. 马克思恩格斯选集：第3卷. 北京：人民出版社，2012：1002.

的物质生产力发展到一定阶段,便同它们一直在其中运动的现存生产关系或财产关系(这只是生产关系的法律用语)发生矛盾。于是这些关系便由生产力的发展形式变成生产力的桎梏。那时社会革命的时代就到来了。随着经济基础的变更,全部庞大的上层建筑也或慢或快地发生变革。在考察这些变革时,必须时刻把下面两者区别开来:一种是生产的经济条件方面所发生的物质的、可以用自然科学的精确性指明的变革,一种是人们借以意识到这个冲突并力求把它克服的那些法律的、政治的、宗教的、艺术的或哲学的,简言之,意识形态的形式。我们判断一个人不能以他对自己的看法为根据,同样,我们判断这样一个变革时代也不能以它的意识为根据;相反,这个意识必须从物质生活的矛盾中,从社会生产力和生产关系之间的现存冲突中去解释。无论哪一个社会形态,在它所能容纳的全部生产力发挥出来以前,是决不会灭亡的;而新的更高的生产关系,在它的物质存在条件在旧社会的胎胞里成熟以前,是决不会出现的。所以人类始终只提出自己能够解决的任务,因为只要仔细考察就可以发现,任务本身,只有在解决它的物质条件已经存在或者至少是在生成过程中的时候,才会产生。"[1] 这里引述的马克思的大段的话,是唯物史观经典的表述。

恩格斯说过,马克思一生有两个最伟大的发现,一个是唯物史观,另一个是剩余价值学说,前者揭示了人类历史的发展规律,后者揭示了资本主义生产方式及其社会形态的运动规律。正是由于这两大发现,才使社会主义从空想变成了科学。《资本论》的研究和写作过程,正是马克思两大发现的过程,全书闪烁着唯物史观和剩余价值理论的光辉。

过去,人们比较多地把《资本论》看作马克思主义政治经济学的经典巨著,这当然不错,但实际上,《资本论》不仅仅是马克思主义政治经济学的经典巨著,也是整个马克思主义理论体系的经典巨著,是马克思主义理论体系中具有划时代意义的经典著作。

---

[1] 马克思.《政治经济学批判》序言//马克思,恩格斯. 马克思恩格斯选集:第2卷. 北京:人民出版社,2012:1-3.

二、《资本论》的当代价值与学习《资本论》的现实意义

《资本论》问世以来，实践在发展，时代在前进，但《资本论》的基本理论、基本观点和基本方法依然散发着真理的光芒。在世纪之交，马克思被一些西方机构评为"千年最伟大思想家"。2008年由美国次贷危机所引发的全球性金融危机爆发后，《资本论》在西方一些国家成为了畅销书。在我国，虽然也有认为《资本论》已经过时了的言论，但在《资本论》中所体现的马克思主义基本原理依然是中国特色社会主义理论体系的重要来源和根基，这反映了《资本论》的生命力和对我国乃至整个世界依然发生着重大的影响。

1. 《资本论》为认识当代时代特征和人类社会发展的总趋势提供了根本的世界观和方法论

唯物史观是马克思主义根本的世界观和方法论。它的发现为马克思主义的理论大厦奠定了基础，为人类认识世界改造世界提供了理论武器。

当今世界正处在大发展大变革大调整时期。经济全球化、政治多极化、文化多样化深入发展，科技进步日新月异，出现了许多新现象、新特点和新问题。这样的时代既不同于马克思所处的第一次科技革命发生和资本主义上升并走向成熟的时代，也不同于列宁所处的帝国主义和无产阶级革命的时代。因此，如何认识和把握当代的时代特征和当代世界发展的总趋势，如何认识时代发展进程中出现的新现象、新特点和新问题，特别是如何认识和把握当代世界和平和发展这两大主题，关系到我们能不能制定正确的战略和政策，抓住机遇，应对挑战，加快发展自己，也关系到我国现代化建设的前途和中华民族的兴衰。《资本论》所提供的唯物史观，为我们科学认识当代时代特征和人类社会发展的总趋势提供了根本的世界观和方法论，是我们认识时代、把握时代、顺应时代发展潮流加快发展的最根本最锐利的武器。

2. 《资本论》为认识当代资本主义提供了根本的方法和基本理论指导

马克思在研究和撰写《资本论》时，虽然随着资本主义的发展，资本

主义矛盾已经开始暴露，经济危机已有发生，但资本主义总体上处于上升阶段。进入20世纪，资本主义进入帝国主义阶段，资本主义矛盾加剧，无产阶级革命发生，社会主义制度诞生。但在第二次世界大战后，在发达的资本主义国家首先发生了新技术革命，20世纪后期信息技术又有了快速发展，资本主义制度内部无论是生产关系，还是上层建筑都发生了一些变化，资本主义制度的各种矛盾因之有了不同程度的缓和，但2008年世界金融危机的爆发又暴露出资本主义的新矛盾和新问题。

如何认识当代资本主义？《资本论》提供了基本方法、基本理论、基本观点。如果运用《资本论》的基本方法、基本理论、基本观点认识和分析资本主义发展的已有过程，就不难得出结论，即作为人类社会发展的社会形态，资本主义将会经历一个长期曲折的发展过程，在它所能容纳的全部生产力发挥出来以前它是决不会灭亡的，但世界金融危机、欧洲多国债务危机的爆发，说明它内部所进行的生产关系与上层建筑的调整和由此引起的变化是在其基本制度框架内调整和变化，其基本矛盾没有变，因此它为新的社会形态所代替的趋势不会变。

3.《资本论》为建设中国特色社会主义提供了根本的方法和重要理论指导

在分析资本主义经济矛盾时，马克思合乎科学逻辑地预测了未来共产主义社会的一些经济特征。虽然根据马克思的逻辑，这些特征是在发育成熟的资本主义社会的基础上所建立起来的共产主义社会的经济特征，但它同时也包含了社会主义的一般规定性，这些一般规定性包括："用公共的生产资料进行劳动"，"分配的方式会随着社会生产有机体本身的特殊方式和随着生产者的相应的历史发展程度而改变"，"劳动时间的社会的有计划的分配，调节着各种劳动职能同各种需要的适当的比例"[①]，实现每个人自由而全面的发展，等等。虽然我国还处于社会主义初级阶段，但马克思所预测的未来共产主义社会的一些基本规定性，仍然是指导我们建设中国特色社会主义的一些基本原则。

不仅如此，《资本论》对建设中国特色社会主义提供的指导意义，还

---

① 马克思. 资本论：第1卷. 北京：人民出版社，1975：95-96.

体现在它揭示了关于社会化大生产和市场经济的一般规律和理论。如价值规律、供求规律、竞争规律、商品货币理论、资本积累理论、资本有机构成理论、资本循环和周转理论、社会再生产理论、平均利润率规律理论、流通费用理论、地租理论、信用经济理论、经济周期理论、世界经济理论，等等。尽管《资本论》是在对资本主义生产方式进行分析中阐述这些规律和理论的，但如果抽去资本主义生产关系的规定性，这些理论对现阶段我国发展社会主义市场经济也是适应的。

更为重要的是，我国正在全面深化以完善社会主义基本制度和社会主义市场经济体制、推进国家治理体系和治理能力现代化为目标的改革，而《资本论》所提供的唯物史观，特别是唯物史观中关于生产关系要适应生产力发展要求、上层建筑要适应经济基础要求的理论，是深化改革的最重要的根本的理论基础。

4.《资本论》为建设中国特色经济学理论体系和话语体系提供了根本方法和示范

随着时代和实践的发展，我国经济学有了长足的进步，并在指导改革开放和现代化建设的实践中发挥了重要作用。但是，与时代和实践发展的要求相比，我国现有的经济学理论还存在一些不适应的问题。因此，建设中国特色的经济学理论体系和话语体系是中国学者的历史使命和神圣责任。

建设中国特色经济学理论，一定要立足中国的实际，反映和解释我国生动活泼的现代化建设实践，同时要借鉴和吸取世界人类一切文明成果包括西方经济学中的合理成分。但在这一过程中，作为指导思想理论基础的，必须是由《资本论》集大成的马克思主义政治经济学的基本原理。

《资本论》对中国特色经济学建设的意义首先在于方法。马克思主义政治经济学之所以成为科学，最根本的不在于它的个别结论，而在于它提供了认识人类经济社会发展的唯物史观和凭借唯物史观所揭示的人类社会发展规律，而这一点是至今一切西方经济学科没法比拟的。也就是说，《资本论》是建立在唯物史观基础上的，通篇充满着历史唯物主义和辩证唯物主义的方法论。今天，我们创建并不断发展中国特色经济学，在这一过程中历史唯物主义和辩证唯物主义依然是最根本的方法。历史唯物主义和辩证唯物主义的方法论贯彻在经济学研究中,具体表现为一些具体的方法,如矛盾分析的方法、历史与逻辑统一的方法、从抽象到具体的方法、以实践为基础的分析方法,等等,对于中国特色经济学建设而言,这些方法都是需要认真学习和应用的方法。

《资本论》对中国特色经济学建设的意义,还在于它所抽象出的经济学范畴和揭示的经济学的一般原理。经济学范畴包括商品价值、使用价值、抽象劳动、具体劳动、货币、生产力、生产关系、经济基础、上层建筑,等等;经济学一般原理包括分工、协作、社会化大生产原理,商品经济原理,劳动时间节约和提高经济效益原理,等等。这些原理有的是在一切社会形态都适用,有的是在采取商品经济市场经济的社会形态适用的。我国实行的是社会主义基本经济制度,也需要大力发展社会化大生产和市场经济,因此,《资本论》抽象出的经济学范畴和揭示的经济学的一般原理对于我国也都是适用的。综上所述,可以看出建设中国特色经济学必须以马克思主义经济学的基本原理基本方法为指导,并把马克思经济学基本原理与中国实际相结合,这是中国经济学的根基和生命力所在。

三、以科学的态度学习、继承、发展《资本论》

1. 要认真地学习《资本论》原著

马克思主义经典著作蕴含和集中体现着马克思主义的基本原理,是中国特色社会主义理论体系的本源和基础。正如习近平总书记所指出的:"只有认真学习马克思主义经典著作,系统掌握马克思主义基本原理,才能完整准确地理解中国特色社会主义理论体系,才能创造性地运用马克思主义立场观点方法去分析和解决我们面临的实际问题,不断把中国特色社会主义事业推向前进。"[①] 作为最重要的马克思主义经典著作之一,《资本

[①] 习近平. 领导干部要重视学习马克思主义经典著作. 中国网,2011-05-14.

论》经受了时间和实践的检验，显示出了它的生命力。因此，原原本本地学习《资本论》原著，无论是对于学习掌握马克思主义基本原理，还是对于指导我国的改革开放和现代化建设都有重要的现实意义。

《资本论》博大精深，要全部读完、读懂并准确理解，并非易事，非下苦功不可。但这样的苦功会使人终身受益，必要，值得。有人为了省时省力，喜欢读《资本论》解说、导读或一些通俗读物，这对于不专门从事经济理论工作或初学经济学的人而言当然是可以的，从一定意义上说，这一行为有利于深入学习和理解《资本论》原著。但必须明确的是，解说、导读、通俗读物类的作品毕竟是经过作者理解加工了的二手资料，其中或多或少都包括了作者自己的见解，体现了作者的水平。因此，要全面准确理解《资本论》，进而深入理解马克思主义的精神实质和思想精髓，就不能停留于此，还必须专心致志、原原本本地读原著，努力掌握贯穿《资本论》中的马克思主义基本立场观点和方法，并学懂学通马克思主义经济学基本原理。

2. 要以开放的态度学习《资本论》

所谓开放的态度，最重要的是要面向世界，善于吸收人类文明的优秀成果。《资本论》发现了资本主义生产方式攫取剩余价值的秘密，揭示了人类社会发展规律，但并没有穷尽真理。它是马克思智慧的结晶，但同时又是马克思汲取人类探索真理的丰富思想成果特别是资产阶级古典政治经济学成果的结晶。今天我们以开放的态度学习《资本论》，一个重要的问题是要在学习《资本论》、坚持以马克思主义为指导的同时，还要以客观的态度对待世界各国特别是西方发达国家的经济学。

世界各国特别是西方发达国家的经济学，对于现代化社会大生产和市场经济运行的许多分析及其得出的理论包含有合理的成分，其对于经济运行分析的一些方法许多是自然科学方法在经济学中便捷可行的应用。所以，借鉴和吸取这些科学的成分和方法，对于我国发展社会主义市场经济、完善社会主义市场经济体制、丰富和发展中国特色经济学理论是有益的。更何况我们要摆脱后发的被动局面，赶上乃至超过西方发达国家，不学习西方先进的东西也是不行的。

但必须明确的是,西方发达国家的经济学以资本主义私有制为前提,它的一些基本假定并不符合我国国情,所以不可能成为指导我国经济建设实践的根本理论。目前,我国对西方发达国家经济学的学习引进,既有不够的问题,其表现为对多种学派理论的全面介绍分析不够,一些学者对西方经济学知之甚少等,由此导致了我们不能够有效地批判吸收西方发达国家经济学的理论成果;也有盲目崇拜、照抄照搬的问题,表现为有的学者对西方发达国家的经济学囫囵吞枣,并未弄懂西方某种理论的针对性、假定前提而片面传播和应用,甚至以追求一些词句、套用一些数学模型为时髦。对这两类问题,必须客观地分析,予以纠正。基本的态度是,对西方发达国家的经济学一是要学,要学懂、学通,二是外国的经验可以借鉴,但是绝对不能照搬。

3. 要以发展的态度学习《资本论》

《资本论》具有科学的内在品质,而科学的本质属性就是与时俱进,并在实践中不断丰富和发展自身。恩格斯指出:"我们的理论是发展着的理论,而不是必须背得烂熟并机械地加以重复的教条。"[1] 列宁说:"我们决不把马克思的理论看作某种一成不变的和神圣不可侵犯的东西;恰恰相反,我们深信:它只是给一种科学奠定了基础,社会党人如果不愿落后于实际生活,就应当在各方面把这门科学推向前进。"[2]

《资本论》是马克思一个多世纪前在当时的历史条件下创作的经典著作。实践发展了,时代前进了,就要求我们既要把经典作家的论断放到当时的历史环境中来认识,同时要紧密结合今天的实践对《资本论》中阐释的理论加深领会,防止生搬硬套。为此,我们要断章取义和片面理解、努力做到"四个分清"。

以《资本论》中马克思阐述的劳动价值论为例。劳动价值论是马克思主义政治经济学理论的基石,在劳动价值论的基础上,马克思创立了资本主义条件下的工资理论、剩余价值理论、积累理论、资本循环周转和社会

---

[1] 恩格斯. 恩格斯致弗洛伦斯·凯利-威士涅威茨基//马克思,恩格斯. 马克思恩格斯选集:第4卷. 北京:人民出版社,2012:588.

[2] 列宁. 我们的纲领//列宁. 列宁全集:第4卷. 北京:人民出版社,1984:161.

再生产理论、分配理论和周期危机理论,揭示了资本主义社会最终将为更加美好的未来社会(共产主义社会及其初级阶段社会主义社会)所取代的必然趋势,同时对未来社会进行了预测和展望。虽然马克思劳动价值论是在对资本主义条件下商品生产商品交换的分析中得出的,但它包含了关于商品生产、商品交换和市场经济发展最一般最基本的理论。马克思在阐述劳动价值论过程时,所研究的商品使用价值的数量、质量的规定性,以及商品价值实体和价值量的规定性——特别是关于价值规律的理论——等,都是对商品生产、商品交换和市场经济发展一般规律的揭示,这些理论不仅适用于资本主义社会条件下的市场经济,也适用于包括社会主义条件下的市场经济在内的一切市场经济。这是马克思劳动价值论产生以来虽然遭到攻击和否定,但依然放射真理光芒的根本原因所在。但是,实践在不断发展,人类社会在不断前进,特别是在第二次世界大战以后,与科技革命相伴随的信息化和经济全球化使全球经济具有了许多新的特点。改革开放以来,中国社会经历了从计划经济体制向社会主义市场经济体制的伟大转变,在这一过程中,我国社会主义市场经济的实践历程与马克思经典作家对未来社会所进行的预期有很大的不同,并且在社会主义市场经济条件下社会劳动的内容和社会财富积累的方式也与马克思经典作家的论述发生了深刻的变化。根据变化了的情况,深化对社会主义市场经济条件下的创造价值的劳动的认识,深化对科技人员、经营管理人员在社会生产和价值创造中所起作用的认识,深化对科技、知识、信息等新的生产要素在财富和价值创造中的作用的认识,深化对社会主义剩余价值的性质的认识,深化对价值创造与价值分配关系的认识,等等,并在深化这些认识中继承、发展、丰富马克思劳动价值论,是理论界的一项重要使命。

以发展的态度学习《资本论》,就既要反对把《资本论》中揭示的必须长期坚持的马克思主义基本原理,例如唯物史观和社会大生产规律等当成过时的观点,进而否定《资本论》的当代价值和指导意义;又要反对把《资本论》当成教条,机械地照抄照搬。对待《资本论》科学的态度应该是,要学习并坚持《资本论》的基本立场观点方法,并与中国实际相结合,以中国特色社会主义建设的经验和理论创新不断丰富和发展《资本论》的理论。一言以蔽之，就是在坚持和继承中发展，在创新发展中坚持《资本论》的基本立场观点方法。

4. 在实践应用中学习、继承和发展《资本论》

学习《资本论》的目的在于应用。马克思主义之所以能够保持旺盛的生命力，归根结底在于它能够适应实践发展的需要、指导实践的发展。所以无论是学习继承《资本论》中的马克思主义理论的基本观点和基本方法，还是丰富和发展《资本论》中的马克思主义经济学的理论，都要从我国实际出发、与我国的实践相结合，并在与我国的实践的结合中创新和发展。

我国正在进行的改革开放和现代化建设事业，是史无前例的伟大实践，伟大的实践一方面需要科学的理论做指导，另一方面又会检验已有的理论进而推动理论的发展和创新。如前所述，《资本论》无疑可以为我国的现代化建设实践提供指导，同时也需要而且能够在实践应用中得到检验和发展。

以市场经济理论为例。马克思在《资本论》中运用商品、价值、货币、商品生产、商品交换、商品经济、货币经济等基本范畴，阐述了在资本主义条件下剩余价值生产、资本积累、资本循环周转、社会总资本再生产、剩余价值分配等理论，这些理论抽象掉体现的资本主义生产关系，完全可以为我国现代化建设提供理论的指导。但是马克思鉴于资本主义基本矛盾所导致的危机频发和社会劳动的大量浪费，按照社会主义在发达资本主义基础上诞生的逻辑，预测未来社会可以由社会中心直接地按比例地分配社会劳动，而不再需要商品、货币插手其间，所以《资本论》没有提出"社会主义市场经济"的概念，更没有提出我国要大力发展社会主义市场经济，建立和完善社会主义市场经济的理论。因此，丰富和发展《资本论》理论的是我国社会主义现代化建设的实践。在实践中，我们将《资本论》中的马克思主义基本原理与中国的实际相结合，不仅做出了我国处于社会主义初级阶段的判断，而且从社会主义初级阶段的实际出发，提出了要大力发展社会主义市场经济，并通过深化改革建立和完善社会主义市场经济体制的理论。所以，社会主义市场经济理论既是对《资本论》基本理论的继承，又是对《资本论》基本理论的发展和创新，而实现这一发展创新的根本途径是理论的应用和实践。

实践发展永无止境，对《资本论》的学习、继承和创新永无止境。只要我们在中国特色社会主义建设实践中学习继承和创新《资本论》的基本理论、基本观点、基本方法，那么《资本论》这部马克思主义理论体系中的经典就一定会永葆生机和魅力。

参考文献

1. 恩格斯. 在马克思墓前的讲话//马克思，恩格斯. 马克思恩格斯选集：第3卷. 北京：人民出版社，2012.

2. 马克思.《政治经济学批判》序言//马克思，恩格斯. 马克思恩格斯选集：第2卷. 北京：人民出版社，2012.

3. 马克思. 资本论：第1卷. 北京：人民出版社，1975.

4. 习近平. 领导干部要重视学习马克思主义经典著作. 中国网，2011-05-14.

5. 恩格斯. 恩格斯致弗洛伦斯·凯利-威士涅威茨基//马克思，恩格斯. 马克思恩格斯选集：第4卷. 北京：人民出版社，2012.

6. 列宁. 我们的纲领//列宁. 列宁全集：第4卷. 北京：人民出版社，1984.

学习、运用、丰富和发展马克思主义[*]

（二〇一四年六月五日）

马克思主义是我们立党立国的根本指导思想。坚持和巩固马克思主义指导地位，是党和人民团结一致、始终沿着正确方向前进的根本思想保证。今天，围绕学习运用丰富和发展马克思主义，我要讲四个问题：（1）什么是马克思主义，什么是马克思主义基本原理；（2）认真把握马克思主义的整体性，全面、准确地认识马克思主义；（3）认真学习和运用马克思主义中国化的两大理论成果；（4）坚持和发展马克思主义，为推进马克思主义时代化、中国化、大众化做出贡献。

一、什么是马克思主义，什么是马克思主义基本原理

1. 什么是马克思主义

从不同的角度，可以对马克思主义做出多种概括和表述。从它的阶级属性讲，马克思主义是无产阶级争取自身解放和整个人类解放的科学理论，是关于无产阶级斗争的性质、目的和解放条件的学说。从它的研究对

---

[*] 本文是为中国社会科学院受中央委托举办的马克思主义理论骨干人才培养计划博士生班开设的"马克思主义研究"课的讲课提纲。

学习、运用、丰富和发展马克思主义

象和主要内容讲,马克思主义是关于自然、社会和思维发展的普遍规律的学说,是关于资本主义发展及其转变为社会主义和共产主义的规律的学说。在我作为首席专家和召集人编写的《马克思主义基本原理概论》中,在"绪论"部分即开宗明义地对什么是马克思主义进行了回答,认为:"从它的创造者、继承者的认识成果讲,马克思主义是由马克思恩格斯创立的,而由其后各个时代、各个民族的马克思主义者不断丰富和发展的观点和学说的体系。""马克思主义的内容涵盖了社会的政治、经济、文化、军事、历史和人类社会发展与自然界的关系等诸多领域和各个方面,是极其深刻和丰富的理论体系,其中马克思主义哲学、政治经济学和科学社会主义,是马克思主义理论体系不可分割的三个基本组成部分,而马克思主义基本原理是贯穿于这一科学理论体系之中的马克思主义基本立场、基本观点和基本方法,是马克思主义科学思想体系的精髓。""作为中国共产党和社会主义事业指导思想的马克思主义,既包括由马克思恩格斯创立和列宁等发展了的马克思主义基本原理,也包括以毛泽东、邓小平、江泽民、胡锦涛等为主要代表的中国共产党人将其与时代特点和中国具体实际相结合,进一步丰富和发展了的马克思主义,即中国化的马克思主义。"[①]

2. 什么是马克思主义基本原理

马克思主义基本原理,是马克思主义理论体系中最基本、最核心的内容,是马克思主义的基本立场、基本观点和基本方法的集中概括。它体现了马克思主义的根本性质和整体特征,体现了马克思主义科学性和革命性的统一。相对于特定历史条件下所做的个别理论判断和具体结论,基本原理具有长期普遍和根本的指导意义。具体来说,我们可以从基本立场、基本观点和基本方法三个方面去把握马克思主义的基本原理。

马克思主义的基本立场是马克思主义观察、分析和解决问题的根本立足点和出发点。这就是始终站在人民大众的立场上,一切为了人民,一切相信人民,一切依靠人民,诚心诚意为人民谋利益。

[①] 本书编写组. 马克思主义基本原理概论(2010年修订版). 北京: 高等教育出版社, 2010: 1-4.

马克思主义的基本观点是关于自然、社会和人类思维规律的科学认识，是对人类思想成果和社会实践经验的科学总结。这些基本观点主要包括：关于客观世界的本质和规律的观点；关于人的实践和认识活动的本质和规律的观点；关于社会形态和社会基本矛盾运动规律的观点；关于人民群众的历史主体作用的观点；关于人的全面发展和社会全面进步的观点；关于商品经济和社会化大生产一般规律的观点；关于劳动价值论、剩余价值论和资本主义生产方式本质的观点；关于社会主义必然代替资本主义的观点；关于社会主义革命和无产阶级专政的观点；关于无产阶级政党建设的观点；关于社会主义本质特征和建设规律的观点；关于共产主义社会基本特征的观点；等等。

马克思主义的基本方法是指导我们正确认识和改造世界的根本的思想方法和工作方法，主要包括建立在辩证唯物主义和历史唯物主义根本世界观和方法论基础上的实事求是的方法、辩证分析的方法、群众路线的方法，等等。

马克思主义基本原理是一个有着内在联系的完备而严密的科学理论体系，马克思主义哲学、政治经济学和科学社会主义三个基本组成部分是有机统一的——马克思主义哲学是世界观和方法论基础，马克思主义政治经济学是运用哲学对资本主义的理论剖析从而为马克思主义提供了科学论证，而科学社会主义则是马克思主义的结论和归宿。在马克思主义科学体系中，处于核心地位的是科学社会主义，因为无产阶级和人类的解放、社会主义事业的发展和共产主义远大理想集中体现了马克思主义的目的、任务和使命，而学习、掌握和坚持马克思主义基本原理是发展马克思主义的基础。我们说"老祖宗不能丢"，很重要的就是马克思主义基本原理不能丢，而推进理论创新，必须坚持马克思主义基本原理不动摇。

二、认真把握马克思主义的整体性，全面、准确地认识马克思主义

（略）

三、认真学习和运用马克思主义中国化的两大理论成果

中国共产党从建立开始就把马克思主义作为自己的指导思想。在长期的革命、建设、改革、发展进程中,中国共产党始终坚持把马克思主义基本原理同中国具体实际结合起来,不断推进马克思主义中国化,进而产生了两大理论成果:毛泽东思想和中国特色社会主义理论体系。

1. 毛泽东思想

毛泽东思想是马克思列宁主义在中国的运用和发展。它系统回答了在一个半殖民地半封建的东方大国如何实现新民主主义革命和社会主义革命的问题,并对建设什么样的社会主义、怎样建设社会主义进行了探索,以创造性的内容为马克思主义理论宝库增添了新的财富。

毛泽东思想培育了几代中国共产党人。它培养的大批骨干不仅在新民主主义革命、社会主义革命、社会主义建设时期发挥了重要作用,也为新的历史时期开创和建设中国特色社会主义发挥了重要作用。因此,毛泽东思想这个旗帜丢不得,丢掉了实际上就否定了我们党的光辉历史;任何时候都不能动摇高举毛泽东思想旗帜的原则,我们将永远高举毛泽东思想的旗帜前进。

毛泽东思想活的灵魂是贯穿其中的立场、观点、方法,它们有三个基本方面,这就是实事求是、群众路线、独立自主。

实事求是是马克思主义的根本观点,是中国共产党人认识世界、改造世界的根本要求,是我们党的基本思想方法、工作方法、领导方法。毛泽东说:"'实事'就是客观存在着的一切事物,'是'就是客观事物的内部联系,即规律性,'求'就是我们去研究。"[①] 毛泽东还把实事求是形象地比喻为"有的放矢"。我们要坚持用马克思主义的"矢"去射中国革命、建设、改革的"的"。

不论过去、现在和将来,我们都要坚持一切从实际出发,理论联系实际,在实践中检验真理和发展真理。坚持实事求是,深入实际了解事物的

---

① 毛泽东. 改造我们的学习//毛泽东. 毛泽东选集: 第3卷. 北京: 人民出版社, 1991: 801.

本来面貌。要透过现象看本质，从零乱的现象中发现事物内部存在的必然联系，从客观事物存在和发展的规律出发，在实践中按照客观规律办事。坚持实事求是不是一劳永逸的，在一个时间一个地点做到了实事求是，并不等于在另外的时间另外的地点也能做到实事求是；在一个时间一个地点坚持实事求是得出的结论、取得的经验，并不等于在变化了的另外的时间另外的地点也能够适用。因此，我们要自觉坚定实事求是的信念、增强实事求是的本领，时时处处把实事求是牢记于心、付之于行。

坚持实事求是，就要清醒认识和正确把握我国仍处于并将长期处于社会主义初级阶段这个基本国情。我们推进改革发展、制定方针政策，都要牢牢立足社会主义初级阶段这个最大实际，都要充分体现这个基本国情的必然要求，坚持一切从这个基本国情出发。任何超越现实、超越阶段而急于求成的倾向都要努力避免，任何落后于实际、无视深刻变化着的客观事实而因循守旧、故步自封的观念和做法都要坚决纠正。

坚持实事求是，就要为了人民利益坚持真理、修正错误。要有光明磊落、无私无畏、以事实为依据、敢于说出事实真相的勇气和正气，及时发现和纠正思想认识上的偏差、决策中的失误、工作中的缺点，及时发现和解决存在的各种矛盾和问题，使我们的思想和行动更加符合客观规律、符合时代要求、符合人民愿望。

坚持实事求是，就要不断推进实践基础上的理论创新。马克思主义基本原理是普遍真理，具有永恒的思想价值，但马克思主义经典作家并没有穷尽真理，而是不断为寻求真理和发展真理开辟道路。今天，为了坚持和发展中国特色社会主义、全面深化改革，从而有效应对前进道路上可以预见和难以预见的各种困难与风险，需要我们从理论上做出新的科学回答。我们要及时总结党领导人民所创造出的新鲜经验，不断开辟马克思主义中国化新境界，让当代中国马克思主义放射出更加灿烂的真理光芒。

群众路线是我们党的生命线和根本工作路线，是我们党永葆青春活力和战斗力的重要传家宝。群众路线本质上体现的是马克思主义关于"人民群众是历史的创造者"这一基本原理。只有坚持这一基本原理，我们才能把握历史前进的基本规律。只有按历史规律办事，我们才能无往而不胜。

历史反复证明，人民群众是历史发展和社会进步的主体力量。正如毛泽东所说，"中国的命运一经操在人民自己的手里，中国就将如太阳升起在东方那样，以自己的辉煌的光焰普照大地"①。

不论过去、现在和将来，我们都要坚持一切为了群众，一切依靠群众，从群众中来，到群众中去，把党的正确主张变为群众的自觉行动，把群众路线贯彻到治国理政全部活动之中。

坚持群众路线，就是要坚持人民是决定我们前途命运的根本力量。坚持人民主体地位，充分调动人民积极性，始终是我们党立于不败之地的强大根基。在人民面前，我们永远是小学生，必须自觉拜人民为师，向能者求教，向智者问策；必须充分尊重人民所表达的意愿、所创造的经验、所拥有的权利、所发挥的作用。我们要珍惜人民给予的权力，用好人民给予的权力，自觉让人民监督权力，紧紧依靠人民创造历史伟业，使我们党的根基永远坚如磐石。

坚持群众路线，就是要坚持全心全意为人民服务的根本宗旨。"政之所兴在顺民心，政之所废在逆民心。"全心全意为人民服务，是我们党一切行动的根本出发点和落脚点，是我们党区别于其他一切政党的根本标志。党的一切工作，必须以最广大人民根本利益为最高标准。检验我们一切工作的成效，最终都要看人民是否真正得到了实惠，人民生活是否真正得到了改善，人民权益是否真正得到了保障。面对人民过上更好生活的新期待，我们不能有丝毫自满和懈怠，必须再接再厉，使发展成果更多更公平地惠及全体人民，朝着共同富裕方向稳步前进。

坚持群众路线，就是要保持党同人民群众的血肉联系。我们党最大的政治优势是密切联系群众，党执政后的最大危险是脱离群众。毛泽东说："我们共产党人好比种子，人民好比土地。我们到了一个地方，就要同那里的人民结合起来，在人民中间生根、开花。"② 要把群众观点、群众路线深深植根于全党同志思想中，真正落实到每个党员行动上，下最大气

---

① 毛泽东. 在新政治协商会议会上的讲话//毛泽东. 毛泽东选集：第4卷. 北京：人民出版社，1991：1467.

② 毛泽东. 关于重庆谈判//毛泽东. 毛泽东选集：第4卷. 北京：人民出版社，1991：1162.

力解决党内存在的问题，特别是人民群众不满意的问题，使我们党能够永远赢得人民群众信任和拥护。

坚持群众路线，就是要真正让人民来评判我们的工作。"知政失者在草野。"任何政党的前途和命运最终都取决于人心向背，"人心就是力量"。我们党的党员人数，放在人民中间还是少数；我们党的宏伟奋斗目标，离开了人民支持就绝对无法实现；我们党的执政水平和执政成效，都不由自己说了算，必须而且只能由人民来评判。人民是我们党的工作的最高裁决者和最终评判者。如果自诩高明、脱离了人民，或者凌驾于人民之上，就必将被人民所抛弃，任何政党都是如此。这是历史发展的铁律，古今中外概莫能外。

独立自主是我们党从中国实际出发，依靠党和人民力量进行革命、建设、改革的必然结论。不论过去、现在和将来，我们都要把国家和民族发展放在自己力量发展的基点上，坚持民族自尊心和自信心，坚定不移走自己的路。

独立自主是中华民族的优良传统，是中国共产党、中华人民共和国立党立国的重要原则。在中国这样一个人口众多和经济文化落后的东方大国进行革命和建设的国情与使命，决定了我们只能走自己的路。

坚持独立自主，就是要坚持中国的事情必须由中国人民自己作主、自己来处理。世界上没有放诸四海而皆准的具体发展模式，也没有一成不变的发展道路。历史条件的多样性，决定了各国选择发展道路的多样性。人类历史上，没有一个民族、没有一个国家可以通过依赖外部力量、跟在他人后面亦步亦趋实现强大和振兴，这样做的结果，不是必然遭遇失败，就是必然成为他人的附庸。

坚持独立自主，就是要坚定不移走中国特色社会主义道路，既不走封闭僵化的老路，也不走改旗易帜的邪路。我们要增强政治定力，增强中国特色社会主义道路自信、理论自信、制度自信、文化自信；我们要根据形势任务的发展变化，通过全面深化改革，不断拓宽中国特色社会主义道路，不断丰富中国特色社会主义理论体系，不断完善中国特色社会主义制度；我们要虚心学习借鉴人类社会创造的一切优秀文明成果，但不能数典忘祖或照抄照搬别国的发展模式，也绝不接受任何外国势力颐指气使的说教。

坚持独立自主，就是要坚持独立自主的和平外交政策，坚定不移走和平发展道路。我们要高举和平、发展、合作、共赢的旗帜，坚持在和平共处五项原则基础上同各国友好相处，在平等互利基础上积极开展同各国的交流合作，坚定不移维护世界和平、促进共同发展。我们要根据事情本身的是非曲直决定自己的立场和政策，秉持公道，伸张正义，尊重各国人民自主选择发展道路的权利，绝不把自己的意志强加于人，也绝不允许任何人把他们的意志强加于中国人民。我们主张以和平方式解决国际争端，反对各种形式的霸权主义和强权政治，永远不称霸，永远不搞扩张。我们要坚决维护国家主权、安全、发展利益，任何外国不要指望我们会拿自己的核心利益做交易，不要指望我们会吞下损害我国主权、安全、发展利益的苦果。

新形势下，我们要坚持和运用好毛泽东思想，把中国特色社会主义伟大事业继续推向前进。

2. 中国特色社会主义理论体系

中国特色社会主义理论体系是包括邓小平理论、"三个代表"重要思想以及科学发展观等重大战略思想在内的科学理论体系，系统回答了在中国这样一个十几亿人口的发展中大国建设什么样的社会主义、怎样建设社会主义，建设什么样的党、怎样建设党，实现什么样的发展、怎样发展等一系列重大问题，是对毛泽东思想的继承和发展。

中国特色社会主义理论体系是改革开放以来马克思主义中国化最新成果，是党最可宝贵的政治和精神财富，是全国各族人民团结奋斗的共同思想基础，是扎根于当代中国的科学社会主义。30多年来，我国改革开放之所以取得了伟大成功，关键在于我们既坚持了马克思主义基本原理，又根据当代中国实际和时代发展不断推进马克思主义中国化，形成和发展了包括邓小平理论、"三个代表"重要思想以及科学发展观等重大战略思想在内的中国特色社会主义理论体系，赋予了当代中国马克思主义勃勃生机。

坚持中国特色社会主义理论体系，就是要坚持党的思想路线，即一切从实际出发，理论联系实际，实事求是，在实践中检验真理和发展真理。在改革开放的伟大实践中，我们要坚持解放思想和实事求是的统一，大力发扬求真务实精神，不断深化对共产党执政规律、社会主义建设规律、人类社会发展规律的认识,自觉把思想认识从那些不合时宜的观念、做法和体制的束缚中解放出来,从对马克思主义错误的和教条式的理解中解放出来,从主观主义和形而上学的桎梏中解放出来,以实践基础上的理论创新回答了一系列重大理论和实际问题,为改革开放提供了体现时代性、把握规律性、富于创造性的理论指导,开辟了马克思主义新境界。

坚持中国特色社会主义理论体系,就是要坚持中国特色社会主义道路。中国特色社会主义道路,就是在中国共产党领导下,立足基本国情,以经济建设为中心,坚持四项基本原则,坚持改革开放,解放和发展社会生产力,建设社会主义市场经济、社会主义民主政治、社会主义先进文化、社会主义和谐社会,社会主义生态文明,促进人的全面发展,逐步实现全体人民共同富裕,建设富强民主文明和谐的社会主义现代化国家。在当代中国,坚持中国特色社会主义道路,就是真正坚持社会主义。

坚持中国特色社会主义理论体系,就是要坚持中国特色社会主义基本制度。中国特色社会主义制度,就是人民代表大会制度的根本政治制度,中国共产党领导的多党合作和政治协商制度、民族区域自治制度以及基层群众自治制度等基本政治制度,中国特色社会主义法律体系,公有制为主体、多种所有制经济共同发展的基本经济制度,以及建立在这些制度基础上的经济体制、政治体制、文化体制、社会体制等各项具体制度。

在当代中国,坚持中国特色社会主义理论体系,就是真正坚持马克思主义。自《共产党宣言》问世以来,160余年的实践证明马克思主义是与时俱进的开放的理论体系。中国特色社会主义理论体系,既展现了当代中国马克思主义的勃勃生机,又为我们继续进行理论创新开拓了广阔空间。发展中国特色社会主义是一项长期历史任务,必须坚持不懈地为之奋斗;发展中国特色社会主义理论体系是一项长期历史任务,必须随着中国特色社会主义实践的发展而发展。我们要坚持解放思想、实事求是、与时俱进,坚持以我国改革开放和现代化建设的实际问题、以我们正在做的事情为中心,着眼于马克思主义理论的运用,着眼于对实际问题的理论思考,着眼于新的实践和新的发展,深入研究和回答重大理论和现实问题,不断把党带领人民创造的成功经验上升为理论,不断赋予当代中国马克思主义鲜明的实践特色、民族特色、时代特色，不断推动当代中国马克思主义时代化、中国化、大众化，让当代中国马克思主义放射出更加灿烂的真理光芒。

四、坚持和发展马克思主义，为推进马克思主义时代化、中国化、大众化做出贡献

马克思主义是发展的理论体系，只有同本国国情和时代特征紧密结合，在实践中不断地丰富和发展，才能更好地发挥其指导实践的作用。

中国共产党人坚信马克思主义基本原理是颠扑不破的科学真理，坚信马克思主义必须随着实践发展而不断丰富和发展，从来不把马克思主义看成是空洞、僵硬、刻板的教条。

马克思主义，理论源泉是实践，发展依据是实践，检验标准也是实践。任何固守本本、漠视实践、超越或落后于实际生活的做法都必将失败。在历史上的一些时期，我们曾经犯过错误甚至遭遇严重挫折，其根本原因就在于当时的指导思想脱离了中国实际；我们党之所以能够依靠自己和人民的力量纠正错误，在挫折中奋起，继续胜利前进，根本原因就在于重新恢复和坚持贯彻了实事求是。这方面的经验教训，我们必须牢牢记取。

实践发展永无止境，认识真理永无止境，理论创新永无止境。党和人民的实践是不断前进的，因此指导这种实践的理论也要不断前进。中国特色社会主义道路必将在党和人民的创造性实践中不断拓展，中国特色社会主义制度必将在深化改革、扩大开放中不断完善，这一过程必将为理论创新开辟广阔前景。在新的历史条件下坚持马克思主义，关键是要及时回答实践提出的新课题，为实践提供科学指导。我们要准确把握世界发展大势，准确把握社会主义初级阶段基本国情，深入研究我国发展的阶段性特征，及时总结党领导人民创造的新鲜经验，重点抓住经济社会发展重大问题，做出新的理论概括，永葆科学理论的旺盛生命力。

理论创新每前进一步，理论武装就跟进一步。我们必须学习人类创造的一切科学的新思想新知识，深入学习和掌握马克思列宁主义、毛泽东思

想，深入学习和掌握中国特色社会主义理论体系，牢固树立辩证唯物主义和历史唯物主义世界观和方法论，为推进马克思主义的时代化、中国化、大众化做出贡献。

马克思主义中国化，就是将马克思主义的基本原理与中国的具体实际相结合；马克思主义时代化，就是将马克思主义基本原理与时代主题、时代特征和发展的时代实践相结合；马克思主义大众化，就是要站在人民大众的立场，以人民大众喜闻乐见的形式、语言传播马克思主义，使马克思主义成为人民大众的理论武器和行动指南。

马克思主义中国化、时代化、大众化的实质，是强调马克思主义本质上是实践的科学而不是教条，是发展的与时俱进的科学而不是僵化的保守的封闭的体系，是来自人民大众为人民大众服务的理论武器而不是脱离人民大众的经院哲学。

推进马克思主义中国化、时代化、大众化的目的，就是要从中国和时代的实际出发，根据时代和实践的发展，在继承马克思主义基本原理的基础上，与时俱进，创新、丰富和发展马克思主义，使马克思主义为人民大众服务，为群众所掌握。

推进马克思主义中国化、时代化、大众化，是为实践证明了的宝贵经验。历史告诉我们，无论是在新民主主义革命、还是在社会主义革命和建设时期，中国共产党只要坚持推进马克思主义中国化、时代化、大众化，就取得胜利，反之就遭受挫折。此外，推进马克思主义中国化、时代化、大众化，也是正在进行的中国特色社会主义建设实践的需要。

在新的历史时期，要推进马克思主义中国化时代化和大众化，就要做到：

首先，要刻苦认真学习马克思主义，全面准确把握马克思主义的立场、方法和观点，努力做到"四个分清"。

其次，要站在广大人民群众的立场上，代表最广大人民的根本利益。

再次，要坚持理论联系实际的优良学风，既要反对教条主义倾向，又要警惕经验主义倾向，重视理论对实践的指导作用。

最后，要坚持运用马克思主义立场、观点、方法，准确把握当今世界发展大势，坚持与时俱进。

参考文献

1. 本书编写组. 马克思主义基本原理概论（2010年修订版）. 北京：高等教育出版社，2010.

2. 毛泽东. 改造我们的学习//毛泽东. 毛泽东选集：第3卷. 北京：人民出版社，1991.

3. 毛泽东. 在新政治协商会议筹备会上的谈话//毛泽东：毛泽东选集：第4卷. 北京：人民出版社，1991.

4. 毛泽东. 关于重庆谈判//毛泽东. 毛泽东选集：第4卷. 北京：人民出版社，1991.

第二篇　马克思主义理论学科建设和科学研究

以党的十八大精神为指导
加强马克思主义理论学科建设[*]

（二〇一三年一月）

党的十八大在总结中国特色社会主义建设取得成就和实践经验的基础上，推进了一系列重大理论创新，在为马克思主义理论学科建设提供了指南的同时，又提出了新课题、新要求。以党的十八大精神为指导，把马克思主义理论学科建设提高到更高水平，是今后我们所面临的一项重大任务。

一、党的十八大的理论创新是进一步推进
　　马克思主义理论学科建设的指南

党的十八大是在我国进入全面建成小康社会决定性阶段召开的一次十分重要的大会。大会旗帜鲜明地回答了我国在今后相当长时间里应该举什么旗、走什么路、以什么样的精神状态、朝着什么样的目标前进等重大问题，是我国迈向新的征程、夺取更大胜利的宣言书和动员令。

党的十八大的理论创新包括若干个方面：

党的指导思想的与时俱进。党的十八大把科学发展观同马克思列宁主

---

[*] 本文系教育部学习贯彻党的十八大精神理论研究课题成果之一，曾发表在《马克思主义研究》2013年第1期，选入本书时有删改。

义、毛泽东思想、邓小平理论、"三个代表"重要思想一道作为党必须长期坚持的指导思想，是党的指导思想的又一次与时俱进，是党的十八大报告的历史贡献。

明确阐述了中国特色社会主义道路、制度和理论体系的科学内涵、相互关系及伟大意义，开拓了中国特色社会主义认识新境界。党的十八大提出，在中国特色社会主义的伟大实践的过程中，中国特色社会主义道路是实现途径，中国特色社会主义理论体系是行动指南，中国特色社会主义制度是根本保障，三者统一于中国特色社会主义的伟大实践，这是党领导人民在建设社会主义长期实践中形成的最鲜明特色。

系统阐述了建设中国特色社会主义的总依据、总布局、总任务。党的十八大提出，建设中国特色社会主义总依据是社会主义初级阶段，总布局是"五位一体"，总任务是实现社会主义现代化和中华民族伟大复兴。特别是将中国特色社会主义事业总体布局从经济政治社会文化建设"四位一体"扩展为经济政治文化社会生态文明建设"五位一体"，进一步丰富和发展了中国特色社会主义理论体系。

概括了中国特色社会主义的基本要求，丰富了中国特色社会主义的内涵。党的十八大提出，建设中国特色社会主义必须坚持人民主体地位，必须坚持解放和发展社会生产力，必须坚持推进改革开放，必须坚持维护社会公平正义，必须坚持走共同富裕道路，必须坚持促进社会和谐，必须坚持和平发展，必须坚持党的领导。"八个必须"丰富了中国特色社会主义内涵。

确立"两个一百年目标"和"两个全面目标"。两个一百年目标即"在中国共产党成立一百年时全面建成小康社会，在中华人民共和国成立一百年时建成富强民主文明和谐的社会主义现代化国家"。两个全面目标即"到2020年全面建成小康社会，实现全面深化改革"。从党的十六大、十七大提出"全面建设小康社会"到党的十八大提出"全面建成小康社会"，虽然仅一字之差，但其背后所体现的是我们党奋斗目标的飞跃。此外，对全面建成小康社会五个方面的要求和全面深化五大体制改革的论述表明党对奋斗目标认识不断深化和科学。

以党的十八大精神为指导　加强马克思主义理论学科建设

强调了转变经济发展方式的新的要求和任务，阐明了贯彻落实科学发展观、推进科学发展的新思路。党的十八大提出，必须坚持"发展是硬道理"的战略思想。在当代中国，坚持发展是硬道理的本质要求，就是坚持科学发展。以科学发展观为主题，以加快转变经济发展方式为主线，把推动发展的立足点转到提高质量和效益上来，着力激发各类市场主体发挥新活力，推动新型工业化、信息化、城镇化，并与农业现代化同步发展，从而不断增强长期发展后劲。此外，党的十八大还提出了全面深化经济体制改革、实施创新驱动发展战略、推进经济结构战略性调整、推动城乡发展一体化以及全面提高开放型经济水平五项任务。

全面阐述了全面深化经济体制改革的方向、核心。党的十八大提出，经济体制改革的核心问题是处理好政府和市场的关系，因此在这一过程中必须更加尊重市场规律，更好发挥政府作用。这是实践经验的总结，它抓住了经济体制改革的核心。在此基础之上，党的十八大进一步提出了要保证各种所有制经济依法平等使用生产要素、公平参与市场竞争、同等受到法律保护的观点，这是十八大的新观点，具有重要理论和实践意义，其有针对性地回答了对中国经济体制改革各种各样的议论，表明我们党坚定不移推进改革的决心。在这一过程中，我们党既不走僵化保守的老路，也不走改旗易帜的邪路，而是坚定不移走中国特色社会主义道路。

强调了推进政治体制改革和中国特色社会主义政治发展道路。党的十八大明确提出了坚持走中国特色社会主义政治发展道路和推进政治体制改革的主张，而推进政治体制改革的前提是必须坚持走中国特色社会主义政治发展道路，必须健全社会主义协商民主制度，必须坚持党的领导、人民当家作主和依法治国有机统一，以保证人民当家作主为根本，以增强党和国家活力、调动人民积极性为目标。

强调了扎实推进社会主义文化强国建设，概括了社会主义核心价值观。党的十八大提出了加强社会主义核心价值体系建设、全面提高公民道德素质、丰富人民精神文化生活、增强文化整体实力和竞争力的要求。在这一过程中，要坚持社会主义先进文化前进方向，树立高度的文化自觉和文化自信，向着建设社会主义文化强国宏伟目标阔步前进。此外，党的十八大还从三个层次用 24 个字概括了社会主义核心价值观：从国家层面看，是富强、民主、文明、和谐；从社会层面看，是自由、平等、公正、法治；从公民个人层面看，是爱国、敬业、诚信、友善。

丰富和拓展了党的建设的部署。党的十八大在总结新世纪新阶段党的建设新鲜经验的基础上，提出了党的建设的总体要求：一是强调以执政能力建设、先进性和纯洁性建设为主线；二是强调提高党自我净化、自我完善、自我革新、自我提高的能力；三是强调建设学习型、服务型、创新型的马克思主义执政党。这三项要求进一步回答了"建设一个什么样的党"的问题。

中国特色社会主义是发展的理论体系、发展的道路、发展的制度的有机统一体。毫不动摇地坚持、与时俱进地发展中国特色社会主义，不断丰富中国特色社会主义的实践特色、理论特色、民族特色和时代特色是一项长期的艰巨的历史任务。党的十八大的理论创新是对中国改革开放和现代化建设丰富实践经验的总结，同时也提出了一系列今后在全面建成小康社会和全面深化改革进程中需要进一步着力研究、创新发展的重大问题。马克思主义理论学科应该以党的十八大精神为指导，以党的十八大为新起点，加强学科建设，为实现宏伟目标做出贡献。

二、以党的十八大精神为指导，进一步加强马克思主义理论学科建设

在过去长时期内，我国设有马克思主义哲学、马克思主义政治经济学、科学社会主义、中共党史（含党的建设）等学科，这些学科作为二级学科分别设在哲学、经济学、法学等门类。为了适应马克思主义理论研究和教育教学的需要，1984 年增设了思想政治教育学科，1990 年增设了马克思主义理论教育学科，1997 年又将这两个学科整合为马克思主义理论与思想政治教育这一二级学科，归属于政治学一级学科。2004 年以后，在中央实施马克思主义理论研究和建设工程的推动下，为了进一步加强马克思

以党的十八大精神为指导 加强马克思主义理论学科建设

主义理论研究、推进党的思想理论建设和巩固马克思主义在高校教育教学中的指导地位，加强高校思想政治理论课建设、培养思想政治教育工作队伍，国务院学位委员会和教育部于2005年12月决定在法学门类内增设马克思主义理论一级学科。自设立以来，马克思主义理论学科建设取得了重要进展：首先，一级学科的设立增强了学科凝聚力和吸引力，把原来分散在有关学科的队伍汇聚在一起，与此同时又吸引了一批新的力量加入学科队伍，不仅扩大了队伍规模，而且也明显提高了队伍素质；其次，一级学科设立后，科研成果显著，服务人才培养和服务社会的能力大大增强；最后，一级学科设立后，思想政治理论课教材建设、课程建设成效突出，人才培养质量不断提高。但与新形势新要求相比，目前所取得的成果还远远不够。因此，我们需要进一步提升学科建设质量，凝练学科发展方向，优化人才培养方案，提高学科队伍素质，完善机构设置，从而促进学科建设规范化制度化。

为适应时代和实践发展的需求，马克思主义理论学科在担负着马克思主义理论人才培养、科学研究、社会服务和文化传承创新的任务的同时，也要为全体青年学生思想政治理论教育教学提供学科和理论支撑。因此以党的十八大精神为指导，全面加强马克思主义理论学科建设，需要着力做好如下主要工作：

1. 妥善处理马克思主义理论学科体系、马克思主义理论学科和马克思主义理论学科方向的关系，进一步凝练学科方向，提高学科质量

马克思主义理论学科体系、马克思主义理论学科和马克思主义理论学科方向是相互联系但又有区别的范畴。马克思主义是科学的理论体系，它的内容涵盖了政治、经济、文化、军事、历史、社会生活、人类发展、自然界等诸多领域和各个方面，是极其丰富的。因此可以说以马克思主义科学理论体系为研究对象的马克思主义理论学科体系，自然也就是包括马克思主义哲学、政治经济学、科学社会主义等多学科在内的学科体系。这里有一个观点需要澄清：由于在过去相当长的一段时期内，我们仅把哲学、政治经济学、科学社会主义作为马克思主义的主要组成部分，因此相应地只简单认为马克思主义理论学科体系似乎只包括哲学、政治经济学、科学

社会主义学科。这种认识固然不错，但根据发展了的理论认识，显然马克思主义学科体系还包括马克思主义政治学、社会学、法学、民族学、史学、文学等多个马克思主义哲学社会科学学科。

马克思主义理论学科是对马克思主义进行整体性研究的学科，是马克思主义学科体系的重要组成部分。按照我国目前的学科设置，马克思主义理论学科下设六个二级学科，分别是马克思主义基本原理、马克思主义发展史、马克思主义中国化研究、国外马克思主义研究、思想政治教育和中国近现代史基本问题研究。从整体上研究马克思主义，是马克思主义理论学科与其他学科的重要区分。虽然对马克思主义进行分门别类的研究十分必要，但如果忽视或者削弱对马克思主义的整体性研究，则不利于对马克思主义进行全面、准确理解。应该承认的是，过去有段时期我们对马克思主义整体性的研究不足，而自马克思主义理论学科作为一级学科设置以来，我们对马克思主义整体性的研究有了重大进展，这是十分可喜的。当然，这种研究还要进一步深化，并需要不断努力，以期取得更大的进展。

马克思主义理论学科方向是在准确把握马克思主义理论学科内涵、特点的基础上，抓住马克思主义理论和实践发展中带有基础性、战略性、全局性、导向性的重要问题，并从各个学科点的优势特色出发而设置的主攻方向。学科方向可以是马克思主义理论学科及其所属二级学科的具体化，也可以是在马克思主义理论学科的基础之上与相关学科的交叉。按现在的学科管理体制，马克思主义理论学科及其所属二级学科是由中央批准统一设置的，凝练学科方向的责任由各高校承担。显然，这是一项十分重大的责任。

应该肯定的是，在妥善处理马克思主义理论学科体系、马克思主义理论学科和马克思主义理论学科方向的关系，并进一步凝练学科方向、提高学科质量等方面，各高校各学科点都付出了相当的努力，进行了可贵的探索，取得了一定的成效。但在这一过程中，有两种做法值得注意：一种是缺乏对马克思主义理论学科发展规律和学科建设基本要求的研究，设立的学科方向过宽过滥。有的高校甚至为了获取博士硕士授予权，把一些不适宜在马克思主义理论学科内设置的学科方向也作为马克思主义理论学科的研究方向设置进来。另一种是对马克思主义理论学科的开放性发展性研究不够,使马克思主义理论学科方向的设置过于封闭,以致其缺乏与相关学科的交叉和协同创新。这两种做法都不利于马克思主义理论学科的繁荣发展和质量提高,因此,我们应该在不断总结经验的基础上对其予以改正,从而推动马克思主义理论学科的繁荣发展。

在对多年理论研究和学科建设经验的总结基础之上,我认为,凝练马克思主义理论学科方向可以依据五条原则和要求:一是遵循学科建设规律;二是遵循马克思主义理论发展规律和党的理论建设规律;三是遵循思想政治理论教育教学规律;四是适应中国特色社会主义建设对马克思主义理论创新提出的要求;五是体现各高校、各学科点的优良传统、优势和特色。在此基础上,还应注重马克思主义理论整体性研究,加强马克思主义各个组成部分内在关系的研究,加强马克思列宁主义、毛泽东思想和中国特色社会主义理论体系内在关系的研究,不断探索,精益求精,不断把马克思主义理论学科方向凝练得更加科学。

2. 把握高等教育战略主题和核心任务,努力为提高思想政治理论课程教育教学质量,进而为提高人才培养质量提供高水平的学科支撑

培养人才是高等学校的根本任务。坚持以人为本、推进素质教育是教育改革发展的战略主题,是贯彻党的教育方针的时代要求。提高质量是高等教育的生命线,是高等教育改革发展的核心任务。马克思主义理论学科建设要把为思想政治理论课教育教学服务、为提高人才培养质量服务摆在首要的位置,用学科建设取得的成果服务于思想政治理论课建设,不断提高教育教学的实效性,增强教育教学的说服力、感染力和亲和力。

经过近些年的努力,思想政治理论课程在课程体系和教材体系建设方面已经取得了实质性进展,成效显著。因此当前思想政治理论课教育教学的着力点,应该在此基础上再接再厉,力争在以下三个方面再取得进一步的成效:一是要推动科学教学体系的建设,实现其由单一的教材体系向包括教材体系在内的教学体系和学生认知体系的转变。教材的内容要变成学生的认知和思想政治素质,中间既有一个教师如何运用教材而又不拘泥于教材创造性施教的过程,也有一个学生如何发挥主动性独立思考勇于创新

学习的过程。因此,如何采取科学的方式方法使这两个过程实现有机统一并收到成效,既涉及教师的马克思主义理论水平,也涉及教师的教学艺术,是我们必须探索解决的问题。二是要探索科学的人才培养模式,注重知行统一,实现由单一课堂教学向课堂教学、校园文化、社会实践"三位一体"教学模式的转变。究竟怎样才能使马克思主义基本原理入耳、入脑,并内化为大学生的基本素质使之终身受益,这不仅仅是如何讲好一门课的问题,还涉及人才培养的模式选择。近年来,不少学校在重视课堂教学的同时也重视校园文化和社会实践,并取得事半功倍的效果,这一经验值得肯定和推广。马克思主义本质上是实践的科学,因此课堂教学虽然重要,但大学生学习马克思主义决不应该只局限于课堂教学。我国和世界正在进行的实践是一个大课堂,因此应该充分利用社会教育资源,开展各种课外校外活动,利用多种渠道、多种机会组织学生深度参与我国改革开放和现代化实践,并了解世界的发展和变化,同时加强校园文化建设和学生社团组织指导,以加深学生对马克思主义的学习和理解。三是构建科学的质量评价体系,实现片面注重考试成绩向科学、多样的评价标准转变。对教育教学质量的评价标准是"指挥棒",有什么样的评价标准就会体现什么导向,相应地就会产生什么样的结果。我国长期实行的以书面考试成绩为主要甚至唯一尺度的评价标准虽然有其一定的合理性,但如果仅以此评价大学生马克思主义的理论水平或思想政治水平,其不合理性是显而易见的。因此,改革这样的评价标准已是当务之急,思想政治理论课应该率先做出榜样。改革的方向应该建立以知识、素质、能力为一体,由教师、学生、学校管理部门、社会等各方面参与的教育教学质量评价体系,并以此激励学生学习、运用马克思主义,使其成为合格的社会主义建设者和接班人。对于做好如上三个方面的工作,学科建设应该给出有力的支持。

3. 坚持为人民服务、为社会主义服务的方向,以需求和问题为导向,大力开展协同创新,努力提升科研质量,为实现全面建成小康社会的宏伟目标提供理论指导和支持

科学研究是马克思主义理论学科建设的重要内容。马克思主义理论学科的科学研究要以时代和实践发展的需求为导向,加强对时代特征和时代

发展进程中产生的重大问题、马克思主义创新发展过程中特别是中国特色社会主义事业建设中产生的重大问题、马克思主义理论学科建设中产生的重大问题、人才培养和教育教学中产生的重大问题，以及马克思主义经典理论阐释和传播中产生的重大问题等进行战略性、前瞻性、全局性的研究，并在研究中妥善处理基础理论研究、应用研究和政策研究之间的关系、中国化马克思主义与国外马克思主义之间的关系、继承与创新之间的关系等，为马克思主义时代化、中国化、大众化和中国特色社会主义建设做出应尽的贡献。

党的十八大确立了全面建成小康社会和全面深化改革的宏伟目标，实现这样的目标是亿万人民的开创性行动，而开创性行动需要开创性科学理论做指导。中国特色社会主义理论体系既坚持了科学社会主义基本原则，又根据时代条件具有鲜明的中国特色，是马克思主义中国化的伟大成果，是全面建成小康社会和全面深化改革的行动指南。但中国特色社会主义理论体系是开放的发展的理论体系，因此在坚持以中国特色社会主义理论体系为指导的同时，还要根据实践的发展不断丰富和发展中国特色社会主义理论体系，这是马克思主义理论学科的使命和责任。马克思主义理论学科要加强对全面建成小康社会和全面深化改革进程中产生的一系列重大问题的研究，致力于理论创新，为建成小康社会全面深化改革提供支持，为中国特色社会主义理论体系的坚持与发展做出贡献。

要实现理论创新，就必须积极投身于全面建成小康社会和全面深化改革的实践中去。全面建成小康社会和全面深化改革是全中国人民的伟大实践，在这一伟大实践历程中，我们一定要用好用足在中国大地上发生的得天独厚的实践机遇，改变局限于书本、书斋做学问和理论与实践结合不够的旧习，在从事教书育人工作的同时确保有专门的时间深入改革开放和现代化建设第一线调查研究，并将其形成制度，从而积极投身全面建成小康社会和全面深化改革的伟大实践，在实践中学和探索，将人民群众丰富的实践经验总结上升为科学理论，为全面建成小康社会和全面深化改革贡献才智。

要实现理论创新，就必须进一步解放思想，勇于探索。解放思想、实事求是、与时俱进、求真务实，是推动党和人民事业发展的强大思想武器，也是推动马克思主义理论学科建设的思想武器。过去建设小康社会、改革开放靠解放思想开辟道路，靠创新不断向前推进，今后全面建成小康社会和全面推进改革也必须要靠进一步解放思想和不断创新。实践发展永无止境，认识真理永无止境，解放思想和创新也永无止境。因此，我们要发扬"不唯书、不唯上、只为实"的科学精神，增强责任感，不僵化、不停滞，不为任何风险所惧、不为任何干扰所惑，牢牢把握时代发展要求，把人民共同愿望摆在首位，不懈探索和把握中国特色社会主义规律，勇于实践、勇于创新，为推进全面建成小康社会和全面深化改革做出贡献。

要实现理论创新，就必须在关系到全面建成小康社会和全面深化改革的重大理论问题上有所突破。要实现这一目标，就一定要以全面建成小康社会和全面深化改革进程中产生的重大课题为主攻方向，改革不合理的体制机制，主动开展学科之间、学校之间、学校与社会科研机构和政府相关部门之间的联合攻关，协同创新。在当前的形势下，我们特别要抓住全面建成小康社会和全面深化改革进程中群众最为关注的突出问题，努力出更多更高质量的成果，为党和政府的科学决策、民主决策提供咨询，不断推动社会主义精神文明和物质文明全面发展。要实现理论创新，必须坚持中国特色。全面建成小康社会和全面深化改革应该坚持中国特色不动摇，在这一过程中既不走僵化保守的老路，也不走改旗易帜的邪路，要坚定不移走中国特色社会主义道路。

4. 进一步加强队伍建设，为提高马克思主义理论学科质量提供人才保证

在不断改进思想政治理论课教育教学方式并提高教学质量的过程中，教师是关键。而对教师而言，首先要进一步提高自身的思想政治素质，试想如果教师对马克思主义都不信、不用的话，那么我们凭什么来要求学生去学好、用好马克思主义基本原理呢？所以教师队伍首先要加强自身政治思想建设，不断加强自身对马克思主义的学习和运用，努力提升自身思想政治素质，成为学生的榜样。

作为全国哲学社会科学的重要方面军，马克思主义理论学科队伍在改

革开放和现代化建设中，无论是在人才培养、科学研究，还是在社会服务、文化传承创新方面都做出了重要的贡献，但在产出成果的质量和对实践的指导作用等方面，当前学科队伍所做出的贡献与取得的成就与国家与人民的要求相比还有差距。今后在贯彻落实党的十八大精神、全面建成小康社会和全面深化改革进程中，马克思主义理论学科队伍还要进一步加强自身建设，坚定不移地坚持正确的方向，努力提高业务水平，加强师德和学风建设，真正做到政治强、业务精、作风硬，为全面建成小康社会和全面深化改革做出更大的贡献。

马克思主义理论学科要在服务
社会中发挥优势、繁荣发展[*]

(二〇一三年九月十三日)

  这次年会的主题是学习贯彻党的十八大精神和近期中央领导同志一系列讲话精神,特别是学习习近平总书记在全国宣传思想工作会议上的讲话精神和关于建设中国特色高水平新型智库的批示精神,把马克思主义理论学科的科学研究提高到更高水平。以下我以"马克思主义理论学科要在服务社会中发挥优势、繁荣发展"为主题,谈一些个人的看法。

  高校的主要职能包括人才培养、科学研究、传承文化、服务社会,其根本任务是培养人才。由于马克思主义理论学科被设置为独立的一级学科的时间相对较晚,加上其教学对象是各高校的全体学生,所以马克思主义理论学科首先要集中精力把教学工作搞好,增强教育教学的有效性,并提高教育教学的质量。与此同时,面对如火如荼的改革开放实践和现代化建设的现实需要,马克思主义理论学科也要发挥自身优势,加强科学研究,以高水平的成果服务社会,并在服务中实现自身的繁荣发展。

---

[*] 本文是 2013 年 9 月 13 日在教育部社会科学委员会马克思主义理论学部 2013 年年会上的讲话。

一、马克思主义理论学科要为全党全社会巩固马克思主义在意识形态领域的指导地位，巩固全党全国人民团结奋斗的共同思想基础做出贡献

马克思主义是指导我们一切思想的理论基础，是全党全国人民团结奋斗的共同思想基础。习近平总书记在全国宣传思想工作会议上讲话指出，在我国社会深刻变革和对外开放不断扩大的条件下，宣传思想工作发生了很大变化，但其根本任务没有变，也不能变，即巩固马克思主义在意识形态领域的指导地位，巩固全党全国人民奋斗的共同思想基础。实现这"两个巩固"，关键是要解决好全党全国人民对马克思主义和共产主义的信仰、对中国特色社会主义的信念问题。

实现"两个巩固"，坚定信仰信念，学习和掌握马克思主义基本原理是基础。习近平总书记指出，领导干部特别是高级干部要把系统掌握马克思主义基本理论作为看家本领，老老实实、原原本本学习马克思列宁主义、毛泽东思想特别是邓小平理论、"三个代表"重要思想、科学发展观。党校、干部学院、社会科学院、高校、理论学习中心组等都要把马克思主义作为必修课，成为马克思主义学习、研究、宣传的重要阵地。新干部、年轻干部尤其要抓好理论学习，通过坚持不懈学习，学会运用马克思主义立场、观点、方法观察和解决问题，坚定理想信念。

无论是实现"两个巩固"、坚定信仰信念，还是学习马克思主义基本原理，在其过程中马克思主义理论学科都大有作为。

二、马克思主义理论学科要在推动深入开展中国特色社会主义宣传教育，增强人民团结和民族凝聚力上做出贡献

习近平总书记指出，要深入开展中国特色社会主义宣传教育，把全国

各族人民团结和凝聚在中国特色社会主义伟大旗帜之下。要加强社会主义核心价值体系建设,积极培育和践行社会主义核心价值观,全面提高公民道德素质,培育知荣辱、讲正气、做奉献、促和谐的良好风尚。

宣传阐释中国特色,首先要说明每个国家和民族的历史传统、文化积淀、基本国情不同,因此其发展道路必然有着自己的特色;其次要说明中华文化积淀着中华民族最深沉的精神追求,是中华民族生生不息、发展壮大的丰厚滋养;再次要说明中华优秀传统文化是中华民族的突出优势,是我们最深厚的文化软实力;最后要说明中国特色社会主义植根于中华文化沃土、反映中国人民意愿、适应中国和时代发展进步要求,有着深厚历史渊源和广泛现实基础。中华民族创造了源远流长的中华文化,因此中华民族也一定能够创造出中华文化新的辉煌。独特的文化传统,独特的历史命运,独特的基本国情,注定了我们必然要走适合自己特点的发展道路。对我国传统文化和国外的文化产品,要坚持古为今用、洋为中用,去粗取精、去伪存真,经过科学的扬弃后使之为我所用。

总而言之,马克思主义理论学科在任何时候都要坚定不移地发挥马克思主义基本立场、基本观点、基本方法的优势,在任何时候都坚定不移地坚持正确的方向,在任何时候都要坚定不移地反对一切对中国特色社会主义的曲解和否定。

三、马克思主义理论学科要在围绕中心、服务大局中做出贡献

习近平总书记在讲话中强调,经济建设是党的中心工作,意识形态工作是党的一项极端重要的工作。党的十一届三中全会以来,我们党始终坚持以经济建设为中心,集中精力把经济建设搞上去、把人民生活搞上去,所以才有了我国经济总量跃居世界第二位、综合国力和人民生活水平都极大提高的伟大成就。今后,只要国内外大势没有发生根本变化,坚持以经济建设为中心就不能也不应该改变。这是坚持党的基本路线100年不动摇的

根本要求，也是解决当代中国一切问题的根本要求。

但是必须明确的是，说经济建设是中心工作，并不是说其他工作都不重要。社会主义在许多国家的发展历史表明，并不是物质条件好了，社会主义事业就一定会顺利成功。一些国家只注重物质文明建设，不重视精神文明建设，忽略精神力量引领社会、凝聚人心、推动发展的强大支撑作用，结果在精神上丧失支柱，最终也未能保住物质文明建设的成果。我国的实践也反复证明，只有物质文明建设和精神文明建设都搞好，国家物质力量和精神力量都增强，全国各族人民物质生活和精神生活都改善，即"两手都要硬"，中国特色社会主义事业才能顺利向前推进。从根本上说，中国特色社会主义建设，本来就包括了物质和精神两方面在内的"五位一体"建设。

因此，无论是对于经济建设，还是对于精神文明建设，马克思主义理论学科都应该而且能够发挥自身的强大理论作用，并做出贡献。

四、马克思主义理论学科要在为社会服务中实现自身的繁荣发展

任何学科都是在回应需要和满足需要的不断运动中发展的。党的十八大提出了全面建成小康社会和全面建成富强文明民主和谐的现代化国家，实现民族复兴中国梦的宏伟目标。在实现宏伟目标的进程中，会遇到这样那样的新情况、新问题，这就需要从理论与实践的结合上去回答、去解决。因此，马克思主义理论学科应该紧紧跟上实践的步伐，把这些新问题作为主攻方向，提出新思想，创出新理论，为实现宏伟目标贡献才智和力量，并在不断解决问题的过程中实现自己的价值。

马克思主义理论学科为社会做贡献，不是空喊口号，而是实实在在的行动。首先，在当前和今后相当长的时期内，马克思主义理论学科要发挥自身优势，产出更多更好的科研成果，为全面建成小康社会和建成富强文明民主和谐的现代化国家、实现民族复兴中国梦提供智力支持。在这一过程中，要发挥马克思主义理论学科的优势，积极适应全面建成小康社会和

全面建成富强文明民主和谐的现代化国家、实现民族复兴中国梦的重大需求，开展国家急需的战略性研究、涉及国计民生重大问题的公益性研究，充分发挥思想库和智囊团作用，努力为党和国家科学决策、民主决策做出积极贡献。

其次，要使马克思主义理论学科为全面建成小康社会和全面建成富强文明民主和谐的现代化国家、实现民族复兴中国梦做贡献，必须牢牢把握高等教育的根本任务，培养更多更好的人才，为党的十八大所提出的宏伟目标提供人力支持。全面建成小康社会和全面建成富强文明民主和谐的现代化国家、实现民族复兴中国梦，人才是核心。马克思主义理论学科要把培养高水平的人才作为一切工作的出发点和落脚点，坚持育人为本、德育为先、能力为重、全面发展，着力增强学生服务国家服务人民的社会责任感、勇于探索的创新精神以及善于解决问题的实践能力，努力培养德智体美全面发展的社会主义建设者和接班人。在这一过程中，要注重进一步更新教育观念，把促进人的全面发展和适应社会需要作为衡量人才培养水平的根本标准，造就信念执着、品德优良、知识丰富、本领过硬的高素质人才。

再次，要使马克思主义理论学科为全面建成小康社会和全面建成富强文明民主和谐的现代化国家、实现民族复兴中国梦做贡献，更要充分发挥教育对社会发展的引领作用，大力推进文化传承创新，为全面建成小康社会提供精神文明支持。文化是民族的血脉，是人民的精神家园。全面建成更高水平的小康社会，必须推动社会主义文化大发展大繁荣，提高国家文化软实力，发挥文化引领风尚、教育人民、服务社会、推动发展的作用。因此，马克思主义理论学科要坚持走中国特色社会主义文化发展道路，坚持为人民服务、为社会主义服务的方向，积极发挥文化育人作用，为推进马克思主义中国化、时代化、大众化，加强社会主义核心价值体系建设，全面提高公民道德素质，丰富人民精神文化生活，增强国家文化整体实力和竞争力做出贡献。

最后，要使马克思主义理论学科为全面建成小康社会和全面建成富强文明民主和谐的现代化国家、实现民族复兴中国梦做贡献，就要深化教育体制改革，创造更加有利于马克思主义理论学科繁荣发展的体制机制和社会氛围。为此，要进一步克服原有体制机制的弊端，积极开展同科研机构、企业的深度合作，开展协同创新，在关键领域取得实质性成果。在这一过程中，要更好地发挥政府作用，制定国家重大需求指南，给出协同创新的明确导向。与此同时，要重视发挥评审专家的作用，适时向有关高校反馈专家评审意见，以引导申报创新基地的整改的方向。此外，还需要学者、领导，高校、社会多方结合，进一步营造哲学社会科学与自然科学同等重要、同样对待的良好氛围。

关于制定马克思主义理论学科
"十二五"科研规划的几点意见[*]

(二〇一〇年十二月二十七日)

今天我们举行马克思主义理论学部第二次会议,会议的主题是研究学部"十二五"规划制定的有关问题。以下我围绕这一主题谈一下看法,供大家讨论。

一、关于马克思主义理论科学研究的地位 及其与学科建设、人才培养的关系

这次会议要研究的学部"十二五"规划制定问题,主要涉及科学研究规划方面,所以有必要特别讲一讲关于科研的问题。

在今年颁布的《国家中长期教育改革和发展规划纲要(2010—2020年)》(以下简称《纲要》)中,对高等教育任务的阐述是"培养高级专门人才、发展科学技术文化、促进社会主义现代化建设"。《纲要》同时还提出要"牢固确立人才培养在高校工作中的中心地位","提升科学研究水平","大力开展自然科学、技术科学、哲学社会科学研究",积极参与马

---

[*] 本文是 2010 年 12 月 27 日在教育部社会科学委员会马克思主义理论学部第二次会议上的讲话。

克思主义理论研究和建设工程,深入实施高校哲学社会科学繁荣计划,"加快创建世界一流大学和高水平大学的步伐,培养一批拔尖创新人才,形成一批世界一流学科,产生一批国际领先的原创性成果,为提升我国综合国力贡献力量"。

从《纲要》提出的要求,并根据我国高校长期发展的实践,我认为必须明确以下三个观点:

第一,人才培养、科学研究、学科建设是高校的三项最重要的工作,其中人才培养处于中心地位,科学研究和学科建设对于人才培养、发展科学技术文化、促进现代化建设重大任务的完成也都非常重要,不可或缺。人才培养、科学研究、学科建设都要围绕提高质量这一核心任务开展。

第二,科学研究对于人才培养和学科建设具有重要的支撑作用,没有高质量的科学研究就不可能有高质量的人才培养和学科水平。

第三,科学研究首先要为人才培养服务,其次为发展科技文化服务,最后为现代化建设服务。

马克思主义理论教育教学是高等教育的重要组成部分,所以上述关于学科建设、科学研究、人才培养的一般认识同样是适用于马克思主义理论学科的。但同时还需要明确的是,马克思主义是我们党的指导思想的理论基础,中国特色社会主义理论体系是当代中国的马克思主义,是我国现代化建设事业的指导思想,而高校马克思主义理论教育教学又担负着培养人的道德思想素质和马克思主义理论专业建设的双重任务。因此,为完成这样的任务,马克思主义理论学科的科学研究就必须着力在以下三个方面下功夫,并做出贡献:

一是加强学科基础理论研究,为构建科学的马克思主义理论学科体系及方法论体系做出贡献。要着力加深并拓宽学科的理论基础,对马克思主义理论学科的方向性、规律性和整体性进行研究,跟踪马克思主义理论学科的建设进程,深入调查研究,对马克思主义理论学科建设过程中产生的重大理论和实际问题进行研究,为马克思主义理论学科建设提供理论支撑。

二是加强人才培养和教学研究,为马克思主义理论武装大学生、研究生头脑做出贡献。要着力加深对马克思主义理论体系、教材体系、教学体系的相关理论及其相互联系的研究，对人才培养和教学中产生的重大理论问题和实际问题进行研究，为思想政治理论课建设提供学理支撑。

三是加强党的思想理论建设研究和中国特色社会主义理论研究，为改革开放和现代化建设，为马克思主义中国化、时代化、大众化做出贡献。要着力对马克思主义理论研究的前沿问题和发展趋势进行研究，对改革开放和现代化建设中提出的重大课题进行马克思主义的战略性研究，为中国特色社会主义理论体系的发展和完善做出贡献。

要实现这样的目标，就要认真落实《纲要》所提出的"坚持服务国家目标与鼓励自由探索相结合，加强基础研究"，"以重大实际问题为主攻方向，加强应用研究"，"创新组织模式，培育跨学科、跨领域的科研与教学相结合的团队，促进科研与教学互动"，"加强高校重点科研创新基地与科技创新平台建设。完善以创新和质量为导向的科研评价机制"。

二、关于制定"十二五"规划的指导思想和要求

关于制定"十二五"规划的指导思想和要求，教育部社科司专门发了文件。根据文件精神，有几点需要强调：

一是必须明确指导思想，要坚持以马克思主义为指导，贯彻落实科学发展观，充分发挥高校哲学社会科学的思想库和智囊团作用。

二是必须围绕中国特色社会主义经济建设、政治建设、文化建设、社会建设、生态文明建设，以及党的建设、军事外交等领域的重大理论和现实问题，瞄准国家重大需求，打破学科壁垒，突出问题导向，以研究和回答改革开放和现代化建设中所产生的具有战略性、前瞻性和全局性的重大问题为目标，进一步凝练学术研究方向，研究确定"十二五"期间高校哲学社会科学重大研究领域和重点选题。

三是战略规划要遵循哲学社会科学研究规律，坚持服务国家目标与鼓励自由探索相结合、强化基础研究与加强应用研究相结合、扎根本土与创

造国际一流相结合，积极鼓励学术创新，重视哲学社会科学对于综合国力建设和社会可持续发展的重要长远价值。

战略规划研究工作要坚持"引领发展、顶层设计、突出重点、整合资源"的原则，根据国家有关国民经济和社会发展的重大战略和《纲要》的要求，发挥高校已有研究基础和优势，有效整合各种资源，上下结合，内外结合，广集众智，协作凝聚，形成具有宏观指导意义和学术格局部署价值的高校哲学社会科学发展指导纲要。

关于马克思主义理论学科科学研究的几个重大问题[*]

——在教育部社会科学委员会马克思主义理论学部第二次全体会议上的总结讲话

（二〇一〇年十二月二十八日）

这两天，我们学部在"十二五"规划即将开局的重要时刻，从四面八方聚集在一起，共同谋划马克思主义理论学科科学研究战略规划的制定工作，这是一件很有意义的大事。整体而言，这次会议开得很成功、很圆满。

在对这两天以来学部委员们发言和讨论的精华进行总结的基础之上，结合自己的体会，我想谈三个问题。

一、要以需求和问题为导向，选取马克思主义发展进程中的重大理论和实践问题进行战略性、前瞻性、全局性的研究

这个问题实际上是我们制定马克思主义理论学科科学研究战略规划的

---

[*] 本文是在教育部社会科学委员会马克思主义理论学部第二次全体会议上的总结讲话。

方向问题。所谓"需求",主要是指时代发展的需求、中国特色社会主义事业发展的需求、人民的需求(或者说是历史的需求)。所谓"问题",主要是指马克思主义发展进程中产生的重大理论问题和实践问题。今后五年甚至更长一段时间内,我们马克思主义理论学科都要以上述需求和问题为导向,进行战略性、前瞻性、全局性的科学研究,这是一个根本的方向性的问题。

我认为,加强对马克思主义发展进程中重大理论问题和实践问题的研究,主要涉及以下五个大的方面:

1. 加强对时代特征和时代发展进程中所产生的重大问题的研究

这一点就是要求我们把自身所处的时代搞清楚,特别是搞清楚时代特征是什么、在这样一种时代特征下时代发展提出了什么要求、马克思主义应该如何适应时代的要求。回顾马克思主义的发展史,可以看出马克思主义在不同的时代有不同的发展。马克思主义创始人所处的时代,是资本主义从产生、发展、上升到基本成熟的阶段,特别是1825年英国爆发第一次资本主义经济危机后,资本主义的基本矛盾也充分暴露出来。以1848年《共产党宣言》的发表为标志,在资本主义发展、成熟阶段产生的马克思主义,显然带有鲜明的时代特征;而列宁所处的时代,是帝国主义和无产阶级革命的时代,资本主义已经由自由竞争阶段发展到垄断阶段。在这一时代条件下,列宁最大的理论贡献就是提出了帝国主义论,提出了"帝国主义是无产阶级社会革命的前夜"这一论断,从而发展了马克思主义关于无产阶级革命的理论,解决了马克思主义在帝国主义和无产阶级革命时代如何发展的问题,并使之发展到了列宁主义阶段;毛泽东所处的时代,有很长一段时间与列宁所处时代的特征是一样的,在具有划时代意义的中华人民共和国成立以后,才有了新的特征;邓小平所处的时代,以及我们当前深入进行改革开放和社会主义现代化建设的时代,与马克思、列宁和毛泽东所处的时代究竟有何不同,当前理论界的看法并不一致。人们讲得比较多的是认为和平与发展是当今时代的主题,而在1985年3月4日,邓小平讲的是和平和发展是当代世界的"两大问题",指出"现在世界上真正大的问题,带全球性的战略问题,一个是和平问题,一个是经济问题或者说发展问题"①。到了1992年，邓小平在南方谈话中仍然认为："世界和平与发展这两大问题，至今一个也没有解决。"② 在这里，邓小平讲的是"问题"而不是"主题"。"主题"与"问题"既有联系又有所区别——"主题"就是尚未解决的主要问题，因而时代主题就是某一时代条件下需要集中解决的主要问题。我们目前所处的时代是要集中力量解决和平与发展问题的时代，在这两大问题解决之前，还不能够说我们所处的时代已实现了和平与发展。

自从第二次世界大战结束以后，资本主义出现了新的变化，社会主义也发生了很大变化，我们当前面临的问题和所处的时代都与以前任何一个时代截然不同。以经济全球化为例。作为一股时代潮流，经济全球化确实势不可挡，但它同时又是一把双刃剑，这样一种时代条件对马克思主义构成了哪些挑战，对继承、发展和创新马克思主义提出了什么新问题，这些都是我们马克思主义理论学科今后应该加强研究的。

我们所处的时代是什么，这个时代的发展需要什么样的理论，马克思主义的发展如何适应时代发展的需求，这些不仅是我们马克思主义理论学科必须关注的问题，也是党中央和全国人民都十分关注的问题。例如这次世界性金融危机的发生令许多人都感到意外和突然。虽然可以用马克思所指出的资本主义的基本矛盾仍未改变来解释，但第二次世界大战结束以后，资本主义持续繁荣了很长一个时期，为什么会在现在的时代条件下发生这样大的世界性危机，它将来的发展趋势是什么，是危机过后继续调整，还是意味着资本主义已经走向了灭亡？我们理论界在这场危机发生以前几乎都没有预测到危机的发生，这反映了我们理论研究的滞后。现在为了应对金融危机，我们提出要与资本主义同舟共济，这是马克思主义经典作家过去没有讲过的、涉及两种社会基本制度之间的关系这一重大理论和实践问题，因此需要进一步深入研究和解答。

---

① 邓小平. 和平和发展是当代世界的两大问题//邓小平. 邓小平文选：第3卷. 北京：人民出版社，1993：105.

② 邓小平. 在武昌、深圳、珠海、上海等地的谈话要点//邓小平. 邓小平文选：第3卷. 北京：人民出版社，1993：383.

总之，马克思主义一定要回答时代提出的问题，我们马克思主义理论学科的科学研究也一定要关注时代的发展、时代的特征，并回答时代提出的一系列重大理论和实践问题。

2. 加强对中国特色社会主义事业发展中产生的重大问题的研究

对改革开放和社会主义现代化建设中产生的重大问题展开研究，这是教育部社会科学司非常关注的问题，因为这一点目前是我们高校社会科学战线的一个弱项。教育部系统以外的专家学者，有些人曾经在中央领导人身边工作过，有些人正在党政机关的决策咨询部门工作，他们了解的实际情况全面，掌握的各方面信息也多，因而提出的研究报告、政策建议也就很多。相比较而言，我们教育部系统内的专家学者发出的"声音"就显得比较弱了。导致这一现状的原因虽然既有客观原因也有主观原因，但主要是由于主观上思想观念落后于时代和人民的需要，并错误地认为科学研究应当与政府政策保持一定的距离。哲学社会科学是人们认识和改造世界的重要工具，是推动历史发展和社会进步的重要力量。当前，我国正处在社会深刻变革的重要历史时期，时代对哲学社会科学提出了许多新的时代课题。高校哲学社会科学工作者在学科建设、科学研究、人才培养三个方面，都要助力国家和社会的发展，否则就会愧对时代的要求，愧对党和人民的期盼。

在中国特色社会主义事业发展进程中，出现了很多新的重大理论和实践问题，它们要求马克思主义理论学科给予研究和回答。比如贫富分化、收入分配差距过大、经济社会发展不平衡等问题，还有一些全人类面临的新问题，如环境、气候、人口、资源等问题，以及低碳经济等新事物、新概念。对于这些在改革开放和社会主义现代化建设进程中出现的新事物、新命题、新概念、新课题，我们马克思主义理论工作者应该给予高度关注，发出自己的声音，服务社会，服务人民。只有如此，我们马克思主义理论学科才会受到普遍重视，地位才会得到提高。

3. 加强对马克思主义理论学科基础理论相关重大问题的研究

过去很长的一段时期内，我国理论界是将马克思主义分为几个组成部分由多个学科来进行研究的。把马克思主义理论作为一个独立的一级学科，从总体上加强建设则起步较晚——在国务院学位委员会与教育部所联合发布的《授予博士、硕士学位和培养研究生的学科、专业目录》上，马克思主义理论一级学科及所属六个二级学科是 2005 年底起才开始陆续增设的，这就导致了目前学科建设缺乏经验、学科体系尚待进一步完善的局面出现。因此，目前还有很多基础性的工作需要做。

当前，要特别加强马克思主义理论学科的基础理论研究，为构建科学的马克思主义理论学科体系及方法论体系做出贡献。具体而言，一是要着力加深并拓宽学科的理论基础，开展马克思主义理论学科的方向性、规律性和整体性研究；二是要进行深入的调查研究，跟踪马克思主义理论学科的建设进程，对学科建设进程中产生的重大理论和实际问题进行研究，为马克思主义理论学科建设提供理论支撑。

4. 加强对高层次人才培养和教育教学中产生的重大问题的研究

高等学校的根本任务就是培养高层次人才，这是高校区别于社会科学院等科研院所的重要特征之一。今年中央分别制定了科技、教育、人才三大中长期发展规划纲要，说明对科教兴国、人才培养非常重视。人才培养靠什么？靠的就是教育。高层次人才的培养，靠的就是高等学校。没有一流的科学研究及一流的学科建设做支撑，就办不成一流的高等学校，也就培养不出一流的高层次人才。因此，对于高等学校而言，人才培养、科学研究、学科建设是三项最重要的工作。其中，人才培养处于中心地位，而科学研究对人才培养和学科建设具有重要的支撑作用，没有高质量的科学研究，就不可能有高质量的人才培养和学科水平。

马克思主义理论教育教学是高等教育的重要组成部分，担负着大学生思想政治素质培养和马克思主义理论专业建设的双重任务。2005 年国务院学位委员会与教育部增设马克思主义理论一级学科的出发点最主要还是着眼于人才培养，即通过学科建设和科学研究来推进党的思想理论建设，并巩固马克思主义在高等学校教育教学中的指导地位，从而加强高校思想政治理论课建设、培养思想政治教育工作队伍。因此，开展马克思主义理论科学研究的主要任务，总的来说就是要为中国特色社会主义事业发展服务，在高校就是要直接为人才培养和学科建设服务。现在各个高校、各位教师在大学生思想政治理论课教学中存在的差异，主要就在于教学有无科学研究的支撑。可以说,科研的水平对教学的水平具有重要影响。

马克思主义理论的科学研究直接为人才培养和教育教学服务,不只是高校的问题,也是一个重大的现实政治问题,因为它直接关系到社会主义大学"培养什么人""如何培养人"的重大课题。对此,党中央和国务院高度重视,2004年专门下发了《关于进一步加强和改进大学生思想政治教育的意见》,强调大学生是十分宝贵的人才资源,是民族的希望,是祖国的未来。加强和改进大学生思想政治教育,提高他们的思想政治素质,把他们培养成中国特色社会主义事业的建设者和接班人,对于全面实施科教兴国和人才强国战略,确保我国在激烈的国际竞争中始终立于不败之地,确保实现全面建设小康社会、加快推进社会主义现代化的宏伟目标,确保中国特色社会主义事业兴旺发达、后继有人,具有重大而深远的战略意义。

因此,一定要高度重视马克思主义理论的科学研究对于人才培养、教育教学和学科建设的重要支撑作用。在科学研究中,要着力加深对马克思主义理论体系、教材体系、教学体系的相关理论及其相互联系的研究,要对人才培养和教育教学中所产生的重大理论问题和实际问题进行研究,为高校思想政治理论课程建设提供学理支撑,为用马克思主义理论武装大学生、研究生头脑做出贡献。

5. 加强马克思主义理论阐释和传播中的重大问题的研究

2004年,李长春同志在中央实施马克思主义理论研究和建设工程工作会议上提出:要深入和准确阐述马克思主义经典著作中的基本观点,帮助人们分清哪些是必须长期坚持的马克思主义基本原理,哪些是需要结合新的实际加以丰富发展的理论判断,哪些是必须破除的对马克思主义的教条式的理解,哪些是必须澄清的附加在马克思主义名下的错误观点[①],这就是前文中所提到的"四个分清"。"四个分清"要求的提出非常重要,它指明了我们马克思主义理论学科的一项重大责任,即加强对马克思主义经典文献的文本研究,把真正的原原本本的科学准确的马克思主义展现在世人面前。

2009年12月,十卷本《马克思恩格斯文集》和五卷本《列宁专题文

[①] 中央实施马克思主义理论研究和建设工程工作会议召开. 人民网,2004-04-29.

集》正式出版,这两部文集是中央编译局的专家历时六年精心编选并重新校译的,是马克思主义理论研究和建设工程的重点项目。[①] 中央之所以投入这样大的力量,就是为了适应建设马克思主义学习型政党和学习型社会的需要,为党员群众和专家学者进行马克思主义理论的学习研究提供一个规模更适中、译文更准确、资料更详备的新的经典文本。这两部文集最大的特点,就是从原文直接编译从而将原有译文全部重新校订,因而更加科学、准确、严谨。

马克思主义博大精深,著作可谓是浩如烟海。在马列经典著作的翻译、阐释和传播过程中,就存在着对马克思主义本来意义的理解是否准确的问题。比如我们经常引用的跨越资本主义"卡夫丁峡谷"的问题,这是马克思晚年提出的一个重要设想,认为在一定的历史条件下,俄国可以在农村公社的基础上不通过资本主义制度的"卡夫丁峡谷"而进入社会主义。[②] 现在通过原始文本的研究,有学者指出在翻译上存在着一些问题。还有前一段时间对《共产党宣言》中究竟是"扬弃"私有制还是"消灭"私有制的讨论,经过与原文以及各个中外文版本进行比较校译之后,中央编译局的同志最后确定过去译为"消灭"私有制是非常准确的,其反映了马克思和恩格斯的原意。对马列经典著作的一些翻译问题提出不同意见,有助于使译文更加科学、准确和严谨。但也确实有些人是出于某种政治目的,有意识地制造理论混乱。因此我们有责任在马克思主义理论阐释和传播过程中,对其中产生的重大问题进行研究,从而做出自己的贡献。

总之,以需求和问题为导向,对马克思主义发展进程中产生的重大理论问题和实践问题进行战略性、前瞻性、全局性的研究,是我们马克思主义理论学科在今后五年甚至更长一段时间的重要任务。在这个方面,我们这个学科还是很有优势的,这集中体现为两点:

一是有马克思主义世界观方法论的优势。我们以"马克思主义理论研究和建设工程"教材的编写为例。中央组织实施马克思主义理论研究和建

---

① 《马克思恩格斯文集》和《列宁专题文集》出版. 国务院新闻办公室网,2010-12-08.

② 马克思. 给维·伊·查苏利奇的复信草稿//马克思,恩格斯. 马克思恩格斯全集:第19卷. 北京:人民出版社,1963:451.

设工程，一项重要任务就是组织编写哲学社会科学重点骨干课程的专业基础教材，从而推动构建充分反映马克思主义中国化最新成果的哲学社会科学教材体系。目前中央主持编写了43种重点教材，教育部主持编写了96种重点教材。每次审议修改教材编写提纲时都是几易其稿，最多的一本教材编写提纲甚至审议修改了11次之多。在审议提纲过程中，我们发现有几本教材的提纲初稿根本不是马克思主义的，有的甚至与马克思主义相违背，这反映出当前我国哲学社会科学工作者队伍马克思主义理论的水平整体而言还不是很高的现状。因此相比较而言，在我国哲学社会科学工作者队伍中，我们马克思主义理论学科教学科研队伍的马克思主义理论水平还是很高的，这就使我们在运用马克思主义科学的世界观和方法论方面比其他学科的人员有着较大的优势。

二是有生活在中国当代实践环境中的优势。我们都亲身经历了改革开放和社会主义现代化建设的伟大实践，亲身经历了由传统的计划经济到社会主义市场经济的社会转型，对于改革开放和社会主义现代化建设走过的道路、取得的经验、出现的问题、未来的发展，都比西方学者看得更全面、更深刻。理论的发展创新来源于实践，马克思主义在当代的发展创新，很有可能就出现在我们中国，来源于我们的实践。

因此，马克思主义理论学科的科学研究一定要利用好这些优势，立足时代发展，以问题和需求为导向，为党、国家和人民多做贡献，决不能关起门来在书斋里做学问。

二、要在学科建设和科学研究中正确认识并妥善处理好几个重要关系

1. 马克思主义理论学科与其他学科的关系以及本学科内部的关系

作为科学的世界观和方法论，马克思主义是反映客观世界特别是人类社会本质和规律的科学真理，能够为一切学科提供理论指导（主要是世界观方法论层次上的指导）。因此，马克思主义可以说是哲学社会科学皇冠

上一颗最为璀璨的明珠。我们在学科建设和科学研究中，要充分体现这一马克思主义理论学科区别于其他哲学社会科学的显著特点和优势。

从整体上研究马克思主义，是近年来特别是马克思主义理论被设置为一级学科后出现的新特点。过去学界偏重于对马克思主义各组成部分的研究，整体性研究不够。而作为一个科学的理论体系，马克思主义既应该从哲学、政治经济学、科学社会主义等方面进行分门别类的研究，又应该进行整体性研究，以完整地把握马克思主义的科学体系。2005年设置的马克思主义理论一级学科，就是一门从整体上研究马克思主义基本原理和科学体系的学科。这次马克思主义理论学科战略规划的制定，虽然还是要以马克思主义理论一级学科及所属六个二级学科为范围，但设计重点选题时要按照教育部"打破学科壁垒，突出问题导向"的要求，从现实问题出发，不必受二级学科范围的限制，六个二级学科之间可以有交叉，具体的技术问题可在将来统稿时再处理。

2. 马克思主义理论学科基础理论研究、应用理论研究和政策对策研究的关系

社会的发展并不都是永远直线向前的，高校应该对社会发展起到重要的引领作用。而这个引领作用的发挥，主要靠开展科学性的研究。

在科学研究方面，我们要认清高校的优势和劣势。高校哲学社会科学工作者的优势在于基础理论研究和应用理论研究，与社会科学院系统和党政机关政策研究部门相比，政策对策研究并不是我们的优势。因此，我们应当扬长避短，充分发挥自己的优势。但与此同时，由于目前许多研究都是以问题和需要为导向的，因而我们在科学研究中也应当注意协调好基础理论研究、应用理论研究和政策对策研究三者之间的关系。

3. 马克思主义理论科学研究中的党性、阶级性与学术性的关系

所谓"党性"，是一个政党固有的本性和特性，是阶级性最高、最集中的表现。在政治活动中，每一个政党都要求其党员不断增强党性，以使党的政治目标得以实现。我们强调坚持党性，就是要在科学研究的政治原则和方向问题上与党中央的精神保持高度一致。

至于阶级性的问题，理论界这些年讲得少了。从现实存在来看，在社

会主义初级阶段，剥削阶级作为一个阶级虽然在整体上被消灭了，但并不意味着没有了阶级，阶级依然存在，而且现在讲得比较多的"阶层"，就是阶级内部的分层。从理论特征来讲，自诞生之日起，马克思主义就公开表明自己的阶级性，因此，马克思主义理论研究的阶级性不容否定。

关于学术性，就是要进一步解放思想。只要是以科学的态度对待马克思主义，任何学术问题都可以讨论。但这里面也有一个要正确地理解马克思主义的问题。列宁当年在批判第二国际错误思潮时曾指出："马克思主义在理论上的胜利，逼得它的敌人装扮成马克思主义者"①，"披着清除了革命性的'马克思主义'的外衣来贯彻自己的观点和愿望"②。在当前意识形态领域的斗争越来越复杂尖锐的情况下，我们更应该时刻保持理论上的清醒。

如何做到以科学的态度马克思主义？我的主张是"不僵化""不西化"，最好是"中国化"。"不僵化"，就是不能讲过头，讲过头了就成了僵化，真理再多向前走一步就是谬误；"不西化"，对我们马克思主义理论队伍来说不是一个问题，但对全国哲学社会科学队伍来说，则是一个重要问题；最好是"中国化"，就是坚持马克思列宁主义基本原理与中国具体实际相结合，赋予马克思主义鲜明的中国特色，努力建设有中国特色、中国气派、中国风格的马克思主义理论体系。在当代中国，坚持中国特色社会主义理论体系，就是坚持马克思主义。

4. 中国化马克思主义与国外马克思主义的关系

现在理论界对"西方马克思主义"这一提法有异议，有人认为"西马非马"。但不管西方马克思主义是否真正发展了马克思主义，我们都应该予以重视和研究，并将其批判地为我所用。我们马克思主义理论一级学科内设有"国外马克思主义"这个二级学科，而这个学科研究的对象就比西方马克思主义更加广泛了。

马克思主义本身是一个开放的科学体系，因此在坚持马克思主义的基本理论的同时也要吸取人类优秀文明成果。从马克思主义发展史看，马克

---

① 列宁. 马克思学说的历史命运//列宁. 列宁专题文集·论马克思主义. 北京：人民出版社，2009：63.

② 列宁. 第二国际的破产//列宁. 列宁选集：第2卷. 北京：人民出版社，1995：469.

思主义理论本身就是人类优秀文明成果之集大成者。人类优秀文明成果是全人类共同创造、共同享有的，所以要将一切人类优秀文明成果吸收过来，为我所用。

5. 马克思主义经典著作研究与当代创新发展的关系

这一对关系也就是前面讲的继承与发展马克思主义的问题。继承是基础，发展是根本，没有继承就不可能很好地发展。继承，就是要继承马克思主义的基本原理和基本方法而不是个别的结论。这就要求我们做到"四个分清"。发展，就是要适应时代和实践发展的要求，不断研究总结时代和实践发展中出现的新现象、新问题、新经验并将其上升为理论，以丰富和发展马克思主义。在今天，处理好继承和创新的关系，就要把坚持以马克思主义基本原理为指导同坚持以中国化的马克思主义为指导结合起来。

三、要明确马克思主义理论学部肩负的历史使命，更好地履行委员职责、发挥重要作用

由于马克思主义理论被设为一级学科的时间还不长，其学科建设、科学研究，还相对滞后于社会发展和人才培养的需要。因而我们这一届学部的重要任务就是要改变这一现状。为此，学部当前和今后一段时间工作的着力点，主要就是搞好学科建设和科学研究，为社会发展和人才培养服务。

作为教育部社会科学委员会马克思主义理论学部的委员，我们肩负着历史使命，也承担着重要责任。这主要体现在三个方面：

第一，我们从事的工作具有开创性。本届委员会是教育部设立的第二届社会科学委员会，但由于马克思主义理论是一个新增设的一级学科，因此对于社科委的马克思主义理论学部来讲是首届委员会，因而我们的工作是开创性的。

第二，我们思考的问题具有全局性。在马克思主义理论学部成立以前，学科建设、科学研究和教育教学三个方面之间各自为战，互不搭界。

学部成立以后，就把学科建设、科学研究和教育教学这三方面结合起来了。学部委员们往往同时又是国务院学位委学科评议组成员或教育部高校教学指导委员会成员，因此考虑问题应该把这三个方面统筹起来考虑。

第三，我们提出的建议具有指导性。过去中央和各部委领导人的理论水平都很高，像毛泽东、胡乔木、艾思奇等，他们提出的政策措施都建立在直接的调查研究和深入的理论思考基础之上。随着社会的发展、问题的增多和专业的细化，现在中央和各部委主管的事务都很多，因此没有更多的时间和精力直接从事调查研究和理论思考，所以专家组的工作就很重要，这也是科学执政的体现。我们学部的工作就是去调研、咨询、督促、检查，并提出具有指导性的政策建议，这就要求我们一定要把握好大方向，并且丝毫不能懈怠。

总之，我们学部的责任重大，压力也很大。作为个人来说，过去我长期从事马克思主义政治经济学研究和教学工作，因而在马克思主义理论一级学科这个领域还是一个"新兵"，而在座的委员们很多都为这个学科付出了大半生的精力。现在大家共同组成一个学部，一定要把这项事业做好。

今天我们聚在一起研讨"十二五"期间马克思主义理论学科战略规划制定工作，明年规划制定好以后，可以围绕一些重要选题，并扩大参加范围，每年召开若干高水平的理论研讨会，也可以组织一些本学科教学科研骨干的培训。总而言之，要通过多种方式扩大学部的影响，发挥委员的作用，使马克思主义理论学科为社会的发展和人才的培养做出更多、更大的贡献。

参考文献

1. 邓小平. 和平和发展是当代世界的两大问题//邓小平. 邓小平文选：第3卷. 北京：人民出版社，1993.
2. 邓小平. 在武昌、深圳、珠海、上海等地的谈话要点//邓小平. 邓小平文选：第3卷. 北京：人民出版社，1993.
3. 中央实施马克思主义理论研究和建设工程工作会议召开. 人民网，

2004-04-29.

4.《马克思恩格斯文集》和《列宁专题文集》出版. 国务院新闻办公室网，2010-12-08.

5. 马克思. 给维. 伊·查苏利奇的复信草稿//马克思，恩格斯. 马克思恩格斯全集：第19卷. 北京：人民出版社，1963.

6. 列宁. 马克思学说的历史命运//列宁. 列宁专题文集·论马克思主义. 北京：人民出版社，2009.

7. 列宁. 第二国际的破产//列宁选集：第2卷. 北京：人民出版社，1995.

坚持以发展的马克思主义为指导
致力哲学社会科学理论创新

(二〇一一年六月)

今天,教育部隆重举行了高校哲学社会科学研究优秀成果颁奖大会,这一盛举体现了党和国家对哲学社会科学的重视和支持。借此机会,结合自己多年来从事经济学理论和马克思主义基本理论研究的实际,我想谈谈对"哲学社会科学研究必须坚持以发展的马克思主义为指导并致力创新"这一观点的认识和体会。

哲学社会科学担负着服务社会、传承文明、弘扬传统、资政育人的神圣使命。在改革开放和现代化建设蓬勃发展的当今中国,一方面,时代和实践的发展为哲学社会科学的繁荣提供了广阔的舞台和难得的机遇;另一方面思想和知识来源的多元化已成为社会进步的表现和不可逆转的潮流。在这样的背景下,要保持哲学社会科学研究的正确方向和不竭动力,必须坚持以马克思主义为指导,致力于理论创新。马克思主义是人类文明的结晶,是我们认识世界、改造世界的强大理论武器,是确保社会主义现代化建设沿着正确方向发展的根本保证。正因为如此,我们要坚持以马克思主义指导不动摇。这里,我们说的马克思主义不是僵化了的马克思主义,不是被教条式理解了的马克思主义,更不是被后人进行了错误理解、附加了错误观点的马克思主义,而是不断发展和创新并为实践反复证明的科学的马克思主义。在当代中国,经过几十年探索、集十几亿人民智慧而形成的中国特色社会主义理论体系，是马克思主义的最新理论成果，是中国化、时代化了的马克思主义，坚持以中国特色社会主义理论体系为指导，就是真正坚持马克思主义。

首先，要在哲学社会科学研究中坚持以发展的马克思主义为指导，就必须要坚持为社会主义服务、为人民服务的方向。为社会主义服务、为人民服务，是哲学社会科学工作者一项神圣的社会责任。而为社会主义服务、为人民服务，最根本的就是要把最广大人民群众的根本利益作为哲学社会科学理论研究和创新的出发点和落脚点。哲学社会科学工作者无疑应该尊重事实、尊重规律、尊重科学，力求客观公正，但由于人们所处的社会地位不同，而社会存在往往决定人们的思想，所以同是哲学社会科学工作者，面对同样的客观事实，亦有可能得出不同的甚至完全相反的结论。在当前我国正处于经济社会体制和发展方式转型、社会各阶层利益关系发生急剧变动的阶段，工人、农民等广大人民群众仍是社会的主人和主体，因此哲学社会科学工作者要特别注意多研究那些与他们利益休戚相关的问题。"想民众所想，急民众所急"应该成为哲学社会科学工作者的共同责任，在任何时候、任何问题上都不能动摇。集中精力搞现代化建设，加快发展，是实现人民利益的根本途径，所以哲学社会科学要围绕现代化建设这个中心，紧密联系实际，选取改革开放和现代化建设实践中产生的重大问题进行全局性、战略性、前瞻性研究，并能够在国家最急迫需要解决的关键问题上提出真知灼见和有用成果，这也是哲学社会科学工作者的神圣使命。在这方面，高校的哲学社会科学队伍做出了努力，取得了许多高水平的成果，但与时代和实践的要求比现有的成果尚不能满足，因而需要做出更大的努力。

其次，要在哲学社会科学研究中坚持以发展的马克思主义为指导，就必须要坚持科学的世界观和方法论。以马克思主义为指导，不是要以马克思的个别结论为指导，而是要以马克思主义的基本原理为指导，从根本上说就是要以马克思主义的世界观和方法论为指导。哲学社会科学的各个学科无疑都有自身的研究对象、自身的规律，所以必须采用符合各自发展规律的具体研究方法，而从事各个具体学科研究的哲学社会科学工作者也必须发挥各自的主动性和创造性。但是在各个学科之间也存在着共同的一般性的规律，哲学社会科学工作者也存在着共同的价值追求，所以在运用特殊的具体的方法的同时，哲学社会科学工作应该自觉运用更高层次的世界观和方法论指导进行更深入的研究。这个更高层次的世界观和方法论，就是马克思主义的辩证唯物主义和历史唯物主义。辩证唯物主义和历史唯物主义从根本上揭示了自然、社会和人类思维的一般规律，与人类认识世界和改造世界的实践紧密联系，为人类提供了伟大的认识工具，是我们探索哲学社会科学规律、揭示客观真理的锐利武器。过去，我们自觉运用辩证唯物主义和历史唯物主义，取得了丰硕的成果；今后，我们更应该继续运用辩证唯物主义和历史唯物主义，争取取得更多更高水平的成果。

　　最后，要在哲学社会科学研究中坚持以发展的马克思主义为指导，就必须要坚持解放思想、实事求是，与时俱进，致力创新。坚持一切从实际出发，理论联系实际，实事求是，在实践中检验真理和发展真理，是马克思主义的重要理论品质。哲学社会科学工作者要深入研究并身体力行地实践马克思主义与时俱进的理论品质，把自身思想认识从那些不合时宜的观念、做法和体制的束缚中解放出来，从对马克思主义的错误教条式的理解中解放出来，从主观主义和形而上学的桎梏中解放出来。尽可能地深入改革开放和现代化建设的实践，贴近实际、贴近生活、贴近群众，发现和研究新情况新问题，吸取新营养。实践没有止境，认识和创新也没有止境，要不断总结实践新经验，立足当代又继承民族优秀文化传统，立足中国又充分吸收世界文化优秀成果，准确把握当今世界的发展趋势，实现哲学社会科学理论的创新。历史的经验表明，一个经济社会急剧变革的时代往往伴随着百家争鸣和哲学社会科学的大繁荣大发展。我们赶上了这样千载难逢的好时代。在过去，我们解放思想，深入实际，致力创新，取得了巨大成绩，但也存在深入实践不够、思想解放不够等不足。今天的大会应该成为一个新起点，今后我们应进一步解放思想，积极投身现代化建设实践，出更多更高水平的成果，为繁荣和发展我国的哲学社会科学，推动经济社会的发展做出更大的贡献。

高校要为马克思主义理论创新与大众化多做贡献

(二〇一二年三月)

对于我们这样一个把马克思主义作为指导思想、实行社会主义制度的国家而言,实现马克思主义理论创新和大众化,从长远说关乎整个国家的前途、命运和兴衰,从当前说则关乎改革开放和现代化建设事业能否顺利进行、取得成功。高校是科技第一生产力和人才第一资源的重要结合点,那么,高校要不要为马克思主义创新和大众化做贡献,如果要的话,应如何做贡献?本文拟就这些问题谈谈几点认识。

一、推动马克思主义理论创新与大众化是高校神圣职责

理论创新是马克思主义永葆生机活力的灵魂,马克思主义的生命力就在于理论创新。而马克思主义大众化既是马克思主义理论创新的重要源泉,又是马克思主义创新的重要目的和要求,因为只有为广大人民群众所理解、所掌握,马克思主义才能转化为认识世界、改造世界,建设中国特色社会主义的现实力量。基于这样的认识,努力实现马克思主义理论创新和大众化理所当然就是全党、全国人民的重要使命,当然也是高等学校义不容辞的神圣责任。

高校要为马克思主义理论创新与大众化多做贡献

《中共中央关于深化文化体制改革 推动社会主义文化大发展大繁荣若干重大问题的决定》指出，要坚持马克思主义指导地位："马克思主义深刻揭示了人类社会发展规律，坚定维护和发展最广大人民根本利益，是指引人民推动社会进步、创造美好生活的科学理论。要毫不动摇地坚持马克思主义基本原理，紧密结合中国实际、时代特征、人民愿望，用发展着的马克思主义指导新的实践。"[1] 胡锦涛同志在庆祝清华大学建校100周年大会上的讲话中对高校提出了明确的要求，他指出："不断提高质量，是高等教育的生命线，必须始终贯穿高等学校人才培养、科学研究、社会服务、文化传承创新各项工作之中"，"必须适应实现经济社会又好又快发展、促进人的全面发展、推动社会和谐进步的要求，坚持走内涵式发展道路，借鉴国际先进理念和经验，全面提高高等教育质量，不断为社会主义现代化建设提供强有力的人才保证和智力支撑"[2]。按照这些要求和指示，拥有雄厚科研基础和庞大人才力量的高等学校，理应通过人才培养、科学研究、社会服务、文化传承创新等方式，为马克思主义理论创新和大众化做出有益贡献。

为了进一步明确这样的认识，就需要讨论一个问题，即高校在拥有办学自主权、强调学术自由、重视学术价值的同时，还要不要服务民众、服务社会。有一种看法认为，强调高校办学自主和重视学术价值就可以弱化甚至可以不必强调高校服务国家服务社会的社会责任和功能。这种观点把高校的学术功能和价值与服务国家服务社会的社会功能对立起来，甚至以前者否定后者，是不正确的，其后果是很可能误导高校的办学方向，使高校走向脱离社会脱离民众的歧途。

高校办学的根本任务是培养人，而培养人的根本目的是服务民众，服务社会，引领社会前进。不仅中国如此，世界其他国家概莫能外。只是在实行社会主义制度、致力于中国特色社会主义建设的当代中国，高校服务的是中国特色社会主义事业的建设而不是其他，这一点不仅与西方发达国家有所不同，与新中国其他历史时期也有区别。

---

[1] 中共中央关于深化文化体制改革 推动社会主义文化大发展大繁荣若干重大问题的决定. 新华网，2011-10-25.

[2] 胡锦涛. 在庆祝清华大学建校100周年大会上的讲话. 新华网，2011-04-24.

肯定高校要服务于国家服务社会服务民众，那么为马克思主义理论创新和大众化做贡献就是高校的应该努力做到和做好的。

二、突出问题导向，实现马克思主义理论创新与大众化

一般而言，凡科学创新都需要以问题导向。所谓"问题导向"，就是要善于发现问题、提出问题，并能运用科学的方法分析问题解决问题。发现问题、提出问题、分析问题、解决问题的过程就是创新的过程，问题解决了，创新实现了，科学就前进了。

此外，问题导向又表现为两个方面：一个方面是"实践导向"，即科技、经济、社会实践发展提出了问题，亟须解决；另一个方面是"文本导向"，即在研究继承人类已有成果的过程中发现了问题，亟须解决。对于创新而言，这两种导向都重要，后者更强调继承前人成果，前者更强调发展和创新，继承是基础，发展是根本。

对于马克思主义理论创新，强调实践导向就是强调实践发展对于理论创新的决定地位。强调实践的观点是马克思主义认识论的首要的和基本的观点。按照马克思主义的认识论，实践产生认识的需要，为认识提供了可能，使认识得到产生和发展，是检验认识的真理性的唯一标准。正因为实践如此重要，所以在马克思主义理论创新过程中，必须尊重实践，坚持理论从实践中产生，为实践服务，随实践发展，并接受实践检验。在当代中国，亿万群众建设中国特色社会主义是最丰富的实践，中国特色社会主义道路将在人民的创造性实践中不断拓展，中国特色社会主义制度将在深化改革、扩大开放实践中不断完善。中国特色社会主义建设的伟大实践必将为理论创新开辟广阔前景。在这样的历史条件下，坚持马克思主义理论创新，就必须要及时回答实践提出的新课题，为实践提供科学指导。

对于马克思主义理论创新，强调文本导向就是倡导扎扎实实地学习马克思主义经典著作。马克思主义经典著作包含着经典作家所汲取的人类所探索的丰富思想成果，蕴含和集中体现着马克思主义基本原理，是马克思

主义理论的本源和基础。只有认真学习马克思主义经典著作，才能够继承马克思主义并在继承的基础上有所前进有所创新。学习马克思主义经典著作，必须要深入理解马克思主义的精神实质和思想精髓，必须要专心致志地读、原原本本地读，必须要努力掌握贯穿经典著作中的马克思主义立场、观点、方法，必须要学懂学通马克思主义基本原理并在此基础上做到"四个分清"。

学习马克思主义经典著作，不仅要学习马克思主义创始人马克思和恩格斯撰写的经典著作，也要学习马克思主义继承者列宁、毛泽东等人撰写的经典著作。习近平同志指出："领导干部要把学习马克思、恩格斯、列宁和毛泽东同志的重要著作与学习《邓小平文选》、《江泽民文选》和党的十六大以来以胡锦涛同志为总书记的党中央提出的科学发展观等重大战略思想紧密结合起来，深刻理解中国特色社会主义理论体系的重大理论意义和实践意义，深刻认识科学发展观是马克思主义关于发展的世界观和方法论的集中体现，着力转变不适应不符合科学发展要求的思想观念，着力解决影响和制约科学发展的突出问题，进一步形成贯彻落实科学发展观的正确政策导向、舆论导向、用人导向和体制机制，进一步形成促进科学发展的强大合力。"[①]

无论是强调实践的重要性还是强调学习经典著作的重要性，其目的都不仅仅是为了马克思主义理论创新，更重要的是要将发展了的马克思主义理论——在今天也就是中国特色社会主义理论体系——付诸实践，并以之指导亿万群众的行动。而这个过程也就是马克思主义理论大众化的过程。马克思主义理论大众化，包括互相联系的三个方面的重要内容：一是马克思主义理论是广大人民群众实践经验的科学反映；二是马克思主义理论要反映广大人民群众的根本利益要求；三是马克思主义理论要能够为广大人民群众所掌握，变成人民群众认识世界改造世界的巨大物质力量。继承马克思主义的精髓，随着时代和实践的发展不断创新和发展马克思主义理论，再用发展了的马克思主义理论武装群众，把马克思主义变成行动的指

---

① 习近平：认真学习马克思主义经典著作 推进中国特色社会主义事业. 中国共产党新闻网，2011-05-14.

南和建设中国特色社会主义的物质力量,是马克思主义理论创新和大众化的基本路径,是高校在推动马克思主义理论创新和大众化过程中所必须遵循的基本原则。

三、发挥高校优势,推动马克思主义理论创新与大众化

高校是马克思主义理论创新的生力军。新中国成立60多年,特别是改革开放30多年来,我国建成了世界上规模最大的高等教育体系,培养了数以亿计的高层次专门人才和高技能人才,取得了一批具有世界先进水平的科研成果。有资料显示,仅哲学社会科学领域,高校从事教学和理论研究的教师就占全国该领域队伍的80%以上,在历年国家哲学社会科学规划研究的课题中,高校教师承担的课题和取得的成果更是占到了85%以上。尤其是近些年来,随着马克思主义理论研究与建设工程的实施,高校建设了一批水平较高的马克思主义理论学科,建成了一批思想政治理论课程,出版了一批哲学社会科学教材,汇聚了一大批长期从事马克思主义理论教学和科研的高水平人才,形成了一支思想作风正、马克思主义理论水平高的队伍。所有这些都是高校马克思主义理论创新与大众化的优势。因此,高校应该发挥这些优势,为马克思主义理论创新和大众化做出优异贡献。

首先,要积极组织高校理论工作者深入我国和世界的实践,在实践中创新马克思主义理论,推动马克思主义理论大众化。实践发展永无止境,认识真理永无止境,理论创新永无止境。中国特色社会主义建设的实践是不断前进的,因此指导这种实践的理论也要不断前进。所以对高校而言,只有组织高校理论工作者深入我国和世界的实践中,及时总结人民创造的新鲜经验,准确把握世界发展大势,准确把握社会主义初级阶段基本国情,深入研究我国发展的阶段性特征,注重选择在我国改革开放和现代化建设和时代发展实践中提出的重大课题进行全局性、战略性、前瞻性研究,做出新的理论概括,创造新理论,才能丰富和发展马克思主义,永葆

科学理论的旺盛生命力，为中国特色社会主义建设提供理论支持。

其次，要认真组织教师和学生深入学习研究马克思主义经典著作，并使之成为全社会学习的榜样。高校对马克思主义理论经典著作的学习，不仅可以通过思想政治理论课和相关的专业课等课堂教学进行，而且可以发挥各类组织的作用采取多种形式进行课外学习。要发挥教师学生的作用，利用多种媒体和多种形式，谈体会、做解读，从而推动全社会对马克思主义经典著作进行学习。此外，高校还要发挥外语专业人员优势，为尚未出中文版的经典著作的编译做贡献。

再次，要积极参与、深入推进马克思主义理论研究和建设工程，加强重点学科体系和教材体系建设，推动中国特色社会主义理论体系"进教材、进课堂、进头脑"，加强和改进学校思想政治教育教学工作，培养更多综合素质高的人才，出更多高水平的成果，为马克思主义理论创新和大众化做更大的贡献。

最后，要积极参与实施中国特色社会主义理论体系普及计划，为马克思主义理论的普及做贡献。要以人民大众喜闻乐见的形式和语言把马克思主义理论传播给人民大众，与广大人民群众一起学习马克思主义经典著作，并使其系统掌握马克思主义立场、观点、方法，使科学的理论为大众所掌握；要毫不动摇地坚持马克思主义基本原理，紧密结合中国实际、时代特征、人民愿望，用发展了的马克思主义指导新的实践；要不断学习人民创造的成功经验并将其上升为理论，不断赋予当代中国马克思主义鲜明的实践特色、民族特色、时代特色。

参考文献

1. 中共中央关于深化文化体制改革推动社会主义文化大发展大繁荣若干重大问题的决定. 新华网，2011-10-25.

2. 习近平：认真学习马克思主义经典著作　推进中国特色社会主义事业. 中国共产党新闻网，2011-05-14.

中国哲学社会科学理论体系和话语体系建设发展的几个问题

（二〇一四年六月六日）

一、要不要建设和发展中国哲学社会科学理论体系和话语体系

回答"要不要建设和发展中国哲学社会科学的理论体系和话语体系"这一问题，首先需要界定两个相互联系的概念：一个是"中国哲学社会科学理论体系"，一个是"中国哲学社会科学话语体系"。所谓"中国哲学社会科学理论体系"，即建立在中国国情基础上、符合中国实际的哲学社会科学范畴和理论的体系；所谓"中国哲学社会科学话语体系"，即中国哲学社会科学理论体系的语言和文字的表达体系。很显然，理论体系是内容，表达体系是形式，建设和发展中国哲学社会科学理论体系和话语体系是内容和形式的统一。

要不要建设和发展中国哲学社会科学的理论体系和话语体系，本来是答案非常明确的问题，但实际上却存在争议。有一种主张认为，既然中国要对外开放走向世界，所以哲学社会科学理论体系和话语体系就不存在中国不中国的问题。以经济学为例，有人就主张世界上只有一种经济学，即西方现代经济学，而不必建设什么"中国特色经济学"。这种主张从理论

上说是把西方现代经济学的特殊性作为一般性进而否定中国特色经济学的特殊性,从思想上说是试图以西方发达国家的主流经济学代替中国特色经济学。

事实上,中国哲学社会科学理论体系和话语体系已经是一种客观存在,不是要不要建设和发展的问题,而是如何建设和发展得更科学更完善的问题。中华民族五千年生生不息,创造和传承了优秀中华文化传统,它们不仅成为中华民族的宝贵财富,也对世界文明做出了贡献。而自中国共产党成立以来,将马克思主义与中国实际相结合产生的毛泽东思想和中国特色社会主义理论体系,是中国哲学社会科学理论体系和话语体系的集中代表和体现。哲学社会科学工作者的责任是要适应时代发展的潮流,抓住中国改革开放和现代化建设的机遇,以更大的理论自信和自觉,进一步繁荣和发展哲学社会科学,为建设、发展、完善中国哲学社会科学理论体系和话语体系做出新贡献。

二、坚持中国哲学社会科学理论体系和话语体系建设发展的正确方向

关于中国哲学社会科学理论体系和话语体系建设发展的方向,从根本上说是要弄清楚中国哲学社会科学究竟是要亦步亦趋照搬西方发达国家的哲学社会科学理论,还是要坚持从中国的实际出发,发扬中华民族的优秀文化传统,把马克思主义基本原理与中国具体实际相结合,同时吸收人类文明一切有益成果,有所创新,有所前进。

坚持中国哲学社会科学理论体系和话语体系建设发展的正确方向,就要坚持以下四点:

一是坚持"实践第一"的观点,从中国的实际出发。科学的理论来源于实践,并受实践的检验,且随实践的发展不断发展。中国哲学社会科学理论体系和话语体系的建设发展,必须坚持从我国经济政治文化社会的实际出发,紧紧围绕改革开放和现代化建设,反映和解释我国生动活泼的丰

富实践，为中国特色社会主义建设事业提供理论支持和服务，并在实践中不断发展和完善。我国正在进行的现代化建设事业，是史无前例的实践，伟大的实践会产生伟大的理论，因此，只要坚持实践第一的观点，在实践中创新，中国哲学社会科学理论体系和话语体系的建设就一定会取得新的突破。

二是继承和发扬中华民族优秀文化传统。中华民族具有 5 000 多年连绵不断的文明，创造了博大精深的中华文化，为人类文明进步做出了不可磨灭的贡献。中华文化积淀着中华民族最深沉的精神追求，是中华民族生生不息、发展壮大的丰厚滋养。因此，中国哲学社会科学理论体系和话语体系的建设发展必须根植中华文化沃土，继承中华文化的优秀传统，发挥中华优秀传统文化的突出优势，反映广大中国人民的共同意愿，适应中国和时代发展进步要求。过去中华民族创造了源远流长的中华文化，今天我们也一定能够建设和发展好中国哲学社会科学理论体系和话语体系，创造出中华文化新的辉煌。

三是借鉴和吸取世界人类文明成果。从一般性和特殊性关系的角度来看，中国哲学社会科学理论体系和话语体系既具有中国特色、中国风格、中国气派的特殊性，也具有人类文明的一般性。经过长期的探索和积淀，世界各国哲学社会科学虽然仍具有适应于各自国情的特殊性，但也包含有人类文明的一般性。因此借鉴和吸取世界人类科学的有益成分，对于建设和发展中国哲学社会科学理论体系和话语体系是有益的。以西方经济学为例，西方经济学对于社会化大生产和市场经济分析所采取的一些方法和得出的理论包含有科学的成分，而借鉴和吸取这些科学的成分，对于我国发展社会主义市场经济、完善社会主义市场经济体制、丰富和发展中国经济学理论是有益的。但必须明确的是，西方经济学以资本主义私有制为前提，其基本假定并不符合我国国情，所以只能经过分析和检验，取其精华，弃其糟粕，而决不可照抄照搬，更不可把它作为指导我国经济建设实践的根本理论。

四是坚持马克思主义的指导地位。马克思主义是认识世界、改造世界的强大思想武器，是人类文明的结晶，毛泽东思想和中国特色社会主义理论体系是中国化了的马克思主义。建设中国哲学社会科学理论体系和话语体系，必须坚持以马克思主义为指导，因为马克思主义是被世界历史发展进程，特别是我国革命、建设和改革实践反复证明了的科学真理，只有坚持以马克思主义为指导，中国特色社会主义事业才能沿着正确方向前进。建设和发展中国哲学社会科学话语体系，无疑要贯彻"百花齐放、百家争鸣"的方针，但贯彻这一方针是为了更好地巩固马克思主义的指导地位，而不是以贯彻"百花齐放、百家争鸣"方针为借口搞指导思想的多元化，更不是以贯彻"百花齐放、百家争鸣"方针为借口用西方哲学社会科学话语体系代替或否定中国哲学社会科学话语体系。

三、把握中国哲学社会科学理论体系和话语体系建设发展的根本目的

建设和发展中国哲学社会科学理论体系和话语体系是手段而非目的，其目的是要通过中国哲学社会科学理论体系和话语体系的建设发展，一方面，促进哲学社会科学的繁荣，更好地为人民服务，为现代化建设服务；另一方面，促进中国走向世界，让世界更好地了解中国，增强中国在世界舞台的话语权，为世界的和平发展做出更大的贡献。

要实现更好地为人民服务、为现代化建设服务的目的，就要求哲学社会科学工作者的工作要反映人民群众的根本利益，把国家的急需摆在首位。作为上层建筑的重要内容和推动历史发展及社会进步的重要力量，哲学社会科学要适应我国全面建成小康社会及建成富强民主文明和谐社会主义现代化国家、实现民族复兴的新要求，研究和揭示中国特色社会主义道路、制度、理论体系的本质要求、发展规律，研究中国特色社会主义经济建设、政治建设、文化建设、社会建设和生态文明建设"五位一体"建设的要求，为改革开放和现代化建设提供理论支持和指导。

要促进中国走向世界，增强中国在世界舞台的话语权，就要求哲学社会科学工作者适应和平与发展成为时代两大主题和经济全球化、世界多

极化、文化多样化深入发展，科技进步日新月异的世界发展潮流，研究和揭示经济全球化条件下人类经济社会发展的特点、规律和趋势，为促进我国的开放和世界经济的发展做出应有的贡献。要面向世界，具有宽广的胸怀和广阔的视野，善于学习和吸取世界各国人民创造的优秀成果，并善于采用世界各国易于理解和接受的表达方式，传递中国哲学社会科学的成果。当然，增强中国在世界舞台的话语权，为世界的和平发展做出更大的贡献，最根本的还在于把中国的事情办好，增强中国的综合国力，这是基础。所以，哲学社会工作者在以自己创造性的劳动推动哲学社会科学理论体系和话语体系的建设发展的同时，还要坚持以自己的劳动推动经济的发展、社会的进步和综合国力的提高，这是哲学社会科学工作者的历史使命和神圣责任。

第三篇　马克思主义理论教材建设和教学改革

在马克思主义理论研究和建设工程中加强教材建设[*]

(二〇〇八年四月)

在新的形势下实施马克思主义理论研究和建设工程,是关系到党和国家事业发展的战略任务,是党中央加强党的理论建设的重大举措。而编写大学生思想政治理论课教材,是实施马克思主义理论研究和建设工程的重要组成部分,是党中央加强大学生思想政治教育、高瞻远瞩着眼未来的重大决策。下面以《马克思主义基本原理概论》教材为例,我向大家简要汇报一下该教材的编写情况。

自 2005 年 3 月以来,在党中央的亲切关怀和中宣部、教育部的直接领导下,在专家们的指导和全国高校思想政治理论课教师以及广大同学的广泛支持下,《马克思主义基本原理概论》教材编写组全体成员以对党和人民高度负责的精神,积极投入并先后完成了教材的初版编写和再版修订工作。目前,与教材配套的学生学习指导书和教师教学参考书已经出版,多媒体课件的制作和网上资源库的建设已告一段落,全国高校思想政治理论课教师的第一轮培训工作业已进行。经过这段时间对教材使用情况的跟踪

---

[*] 本文是作者在 2008 年 4 月 23 日马克思主义理论研究和建设工程工作会议上的发言。

与调查，可以看出到目前为止，教材的总体使用效果是好的。作为本教材首席专家召集人，我有幸参与了教材建设的全过程，并在这一过程中受益匪浅。

一、要从中国特色社会主义事业发展全局的高度，深刻认识加强马克思主义基本原理研究和教材编写的重要意义，增强编好教材的责任感，把教材编写过程作为接受马克思主义再教育的过程

马克思主义以科学的世界观和方法论揭示了人类历史发展规律，是我们认识世界、改造世界的强大理论武器。自诞生之日起，中国共产党就把马克思主义作为自己的指导思想，坚持把马克思主义基本原理同中国实际相结合，在长期的实践中形成了毛泽东思想和中国特色社会主义理论体系，并以之指导中国革命、建设和改革，进而取得了举世瞩目的伟大成就。历史证明，只有坚持马克思主义基本原理同中国实际相结合，并不断在实践的基础上推进理论创新，用发展了的马克思主义指导实践，才能保持马克思主义的强大生命力，才能保证我们党和国家的事业不断取得胜利。在新世纪新阶段，伴随实践的发展，一系列重大理论和实际问题应运而生，这些问题迫切需要马克思主义做出进一步的理论回答。为适应新时期新阶段的要求，实施马克思主义理论研究和建设工程，我们编写了高质量的《马克思主义基本原理概论》教材。这部教材的编写既反映了中国特色社会主义事业发展的客观需求，也体现了当代中国共产党人对马克思主义发展所做出的理论贡献。

本着对党和人民高度负责的精神，编写组成员认真学习党中央的一系列文件，在吃透精神、领会实质的基础上深入研讨。大家表示，要以对社会主义事业高度负责的使命感和责任感对待撰写的每一句话、每一个字。从教材大纲的编写到初稿的撰写、修改，再到党的十七大之后对教材的

修订，全体编写组成员通力合作，付出了艰辛的努力，使教材编写工作取得了重要的进展。在此期间，有的编写组成员因劳累过度身体不适而不得不住院治疗，但在住院期间仍继续书稿的撰写和修改工作；有的编写组成员虽然年事已高，但仍积极承担初稿的撰写及修改工作；有的编写组成员在家庭遇到特殊困难的情况下，仍克服困难为初稿撰写提供了多方面的指导。大家只有一个信念，就是为马克思主义的发展和创新做出贡献，并将其作为自身光荣而神圣的责任。

二、结合时代和实践的发展，深入研究马克思主义基本原理，努力对马克思主义做出准确又符合时代要求的阐发，把教材编写过程作为马克思主义再学习和推动马克思主义发展创新的过程

坚持一切从实际出发，理论联系实际，实事求是，在实践中检验和发展真理，是马克思主义最重要的理论品质，也是马克思主义始终保持蓬勃生命力的关键所在。世界在不断变化，我国改革开放和现代化建设在不断发展，因此马克思主义也必须不断发展和创新。建设中国特色社会主义的伟大事业呼唤着马克思主义理论的创新，也为马克思主义发挥指导作用创造了广阔的舞台。编写组成员发扬马克思主义最重要的理论品质，一方面认真刻苦钻研马克思主义经典著作，从总体上把握马克思主义基本原理；另一方面又紧密结合改革开放和现代化建设的实践，对当代马克思主义中国化的最新成果——中国特色社会主义理论体系——从基本原理的层次上加以理解和凝练并将其编入教材，从而极大地丰富和发展了马克思主义。对于马克思主义理论，编写组成员下苦功夫加深领会，避免了生搬硬套、断章取义、片面理解的情况出现，并力图做出准确而又符合时代要求的新阐发。为了实现这一目标，编写组邀请了一批著名专家就不同版本的马克思主义经典著作的学习和引用、马克思主义研究的最新理论进展等问题进行了专题研讨，同时还就一些理论难点采取了登门请教的方式，征询了一

些专家的意见。实际上，教材编写的过程，也是编写组成员对马克思主义进一步深入学习的过程，是向时代、向实践、向广大人民群众和专家学习的过程。

三、在教材编写过程中，努力提高编写组成员自身的马克思主义理论水平，把教材的编写过程作为加强马克思主义理论队伍建设的过程

实施马克思主义理论研究和建设工程，编写高水平的大学生思想政治理论课教材，关键在于建设一支政治强、业务精、作风正的马克思主义理论队伍。编写组成员把教材的编写看作学习掌握马克思主义基本原理的难得机遇，把认真学习马克思主义经典著作和当代中国化马克思主义——中国特色社会主义理论体系——这一任务摆在首位，把教材编写的过程转变为学习和掌握马克思主义基本原理的过程。编写组成员认真学习、刻苦钻研马克思主义，不仅以马克思主义指导自己的理论研究和教材编写工作，而且以马克思主义为指导，坚定立场，树立科学的世界观方法论，在建设中国特色社会主义的进程中树立了为实现共产主义而奋斗的远大理想。

《马克思主义基本原理概论》编写组是一个老中青结合的队伍。其中，老专家们坚定的马克思主义信仰、精深的马克思主义理论功底，成为中青年学习的榜样。青年同志们反映，参加这个编写组好比重新进了一次学校，对自己做人做事做学问影响很大。大家表示一定要自觉地把马克思主义的立场、观点和方法贯穿到自己的教学和学术活动中，严谨治学、潜心研究，以"甘守寒窗苦"的心态和"十年磨一剑"的精神努力创造出符合时代要求、经得起历史检验的马克思主义精品力作。虽然编写组组成时间不长，但由于大家的共同努力，已经形成了求真务实、科学严谨的良好风气，成为了一个和谐奋进、忘我工作的集体。

行百里者半九十。《马克思主义基本原理概论》的编写，只是为加强

对大学生进行马克思主义教育奠定了基础，但对于如何提高全国教师队伍的水平，用好教材，努力提高大学生思想政治理论课的有效性等问题，还要做大量的工作。今后我们将进一步做好工作，为马克思主义理论研究和建设工程、为马克思主义的发展和创新做出新的贡献。

《马克思主义基本原理概论》编写体会和对讲授该课的建议[*]

（二〇〇七年五月）

马克思主义是我们立党、立国的根本指导思想，是全党全国人民团结奋斗的共同思想基础。高等学校思想政治理论课承担着对大学生进行系统的马克思主义理论教育的任务，在这一过程中，《马克思主义基本原理概论》是重要的课程之一。自 2005 年至今，在中宣部、教育部的直接领导下，在诸位马克思主义理论研究和建设工程的专家顾问、奋斗在教学一线的老师们和广大同学们的支持下，《马克思主义基本原理概论》已于 2007 年 7 月 1 日正式出版发行。作为该教材的首席专家召集人，我主持参与了《马克思主义基本原理概论》的编写，在编写过程中我个人有一些体会，值此《〈马克思主义基本原理概论〉教师参考书》出版之际，我把这些体会写出来，供大家在讲授该课时参考。

一、教材编写和课程教学的指导思想、基本要求

按照《中共中央国务院关于进一步加强和改进大学生思想政治教育的

---

[*] 本文是在全国思想政治理论课教师培训班上的讲稿。

意见》和《中共中央宣传部教育部关于进一步加强和改进高等学校思想政治理论课的意见》的精神，高等学校思想政治理论课包括4门必修课和其他选修课，是一个有机的课程体系。对于课程体系中的各门课程教材编写和课程教学的指导思想和基本要求，文件中有共同的规定，这就是坚持用发展着的马克思主义武装大学生，始终保持教育教学的正确方向；坚持理论联系实际、贴近实际、贴近生活、贴近学生，坚持开拓创新，不断改进教育教学的内容、形式和方法，力争在几年内使高等学校思想政治理论课教学状况有明显改善。

为了贯彻落实中央精神，在编写《马克思主义基本原理概论》过程中，首先，我们坚持以马克思列宁主义、毛泽东思想、邓小平理论、"三个代表"重要思想为指导思想，全面贯彻落实科学发展观，力求准确地阐释马克思主义基本理论、基本观点、基本方法。其次，我们力求站在21世纪的历史高度，使教材能够反映时代和实践的发展要求，并结合时代和实践的发展深入研究马克思主义基本原理。时代和实践的发展是无止境的，理论的创新也不应停滞不前。教材不仅要反映中国人民，尤其是当代中国人民的伟大实践，还要反映世界各国人民的实践。只有充分反映了实践经验，教材才能具有鲜明的现实感；但由于所处的时代不同，人们对问题的理解也不尽相同，因而只有充分反映时代特点教材才会有鲜明的时代感。最后，我们要全面、准确地理解马克思主义基本原理。马克思主义基本原理是马克思主义经典作家根据其所处时代的历史条件做出的科学判断，因而时代的不断发展要求我们既要把经典作家的论断放到当时的历史环境中来认识，同时又要紧密结合今天的实践对马克思主义加深领会，防止生搬硬套、断章取义、片面理解。要根据发展的实践，对马克思主义原理努力做出准确而又符合时代要求的新阐释，努力做到"四个分清"。

二、明确教材的主要内容，从总体上把握马克思主义，并妥善安排教材的体系结构

关于《马克思主义基本原理概论》的基本内容，《〈中共中央宣传部

教育部关于进一步加强和改进高等学校思想政治理论课的意见〉实施方案》中提出,要着重讲授马克思主义的世界观和方法论,帮助学生从整体上把握马克思主义,正确认识人类社会发展的基本规律。短短的一句话包括了三个重大问题:(1)什么是马克思主义,怎样从总体上把握马克思主义;(2)如何突出马克思主义的世界观和方法论;(3)如何正确认识人类社会发展规律。弄清楚这三个问题,就可以基本上把握《马克思主义基本原理概论》的内容。关于什么是马克思主义,《马克思主义基本原理概论》在"绪论"中已经有了明确的阐述,在此不做赘述。这里着重回答什么是马克思主义基本原理。用最简洁的话来讲,马克思主义基本原理是马克思主义的基本立场、基本理论基本观点和基本方法的总称。其中,基本立场和基本方法具有根本的意义,基本理论和基本观点是在基本立场的基础上运用基本方法得出的,当然,基本立场、基本方法本身也包含有部分基本理论和基本观点,其本身也是通过这些基本理论和基本观点体现的。

这里需要特别指出的是,科学理解什么是马克思主义基本原理的关键,在于要把马克思主义作为一个完整严谨的理论体系并从整体上把握马克思主义。毋庸讳言,在过去比较长的一段时期内,在一定程度上我们比较看中马克思主义三个组成部分的论述,这当然也是必要的,但在这一过程中我们对马克思主义的整体性重视不够,这不能不说是一个偏颇。

《马克思主义基本原理概论》对马克思主义基本原理整体性的理解,比较集中地体现在"绪论"的第三部分"对于马克思主义革命性与科学性的统一"的论述中。在这一部分我们把马克思主义的基本内容概括为四个方面:(1)辩证唯物主义和历史唯物主义是马克思主义最根本的世界观和方法论;(2)马克思主义政党的一切理论和奋斗都应致力于实现最广大人民的根本利益,这是马克思主义最鲜明的政治立场;(3)坚持一切从实际出发,理论联系实际,实事求是,与时俱进,在实践中检验真理和发展真理,这是马克思主义最重要的理论品质;(4)实现物质财富极大丰富、人民精神境界极大提高、每个人自由而全面发展的共产主义社会,这是马克思主义最崇高的社会理想。对马克思主义基本原理这四个方面的概括,是教材编写组组系统学习胡锦涛总书记《在"三个代表"重要思想理论研讨会上的讲话》

的体会，是对胡锦涛总书记讲话精神的体现，我们认为这是当代中国共产党人对马克思主义基本原理主要内容的整体性具有创新性的理解和把握。

基于上述认识，《马克思主义基本原理概论》在对马克思主义基本原理的内容安排时，就在注意既突出马克思主义哲学、政治经济学和科学社会主义三个组成部分的同时又不局限于三个组成部分，特别注意不把马克思主义哲学、政治经济学和科学社会主义内容简单相加，而是从总体上阐述马克思主义的最基本的原理和方法。同时，教材编写组尊重马克思主义学科规律和教学规律，同时结合教学计划的学时要求，在内容和逻辑的安排上突出重点，并使之合乎马克思主义理论体系的内在逻辑。具体而言，教材在突出了马克思主义辩证唯物主义和历史唯物主义的世界观和方法论的同时，也突出了马克思主义以科学的世界观和方法论所揭示的人类社会发展的一般规律，并运用这一规律深刻剖析了资本主义的本质和社会主义必将代替资本主义的历史必然性。此外，教材不刻意追求面面俱到，但对于马克思主义的基本立场、基本方法、基本理论和基本观点，如唯物的观点、辩证的观点、实践的观点、实事求是的观点、生产力是最革命的因素的观点、生产关系一定要适应生产力发展要求、上层建筑一定要适应经济基础要求的观点、人民群众的观点、阶级的观点、资本主义一定为社会主义所代替的观点、共产主义社会是最崇高理想的观点，等等，都力求讲述清楚，进而使教材内容既重点突出，又基本上反映了马克思主义基本原理的完整性和科学性。

与内容相比，体系结构的安排是第二位的，但一个比较科学的体系结构安排有利于对马克思主义基本原理的阐述，也有利于同学们对马克思主义基本原理的学习。

《马克思主义基本原理概论》除"绪论"外共设七章。"绪论"开宗明义，首先回答什么是马克思主义；接下来写马克思主义是时代的产物，是马克思和恩格斯在革命实践过程中形成的和对人类文明成果的继承和创新的结果，马克思主义是在实践中产生的，并在实践中不断丰富和发展；再接下来写马克思主义的丰富内容；最后写为什么要学习马克思主义和如何学习马克思主义。建议在教学过程中，要让同学认真学习"绪论"，它有利于同学从总体上把握马克思主义。

正文七章，前三章集中讲马克思主义最根本的世界观和方法论，其中既有哲学的辩证唯物主义和历史唯物主义，也有科学的认识论，还有马克思主义一切从最广大人民群众根本利益出发的根本立场、马克思主义政治经济学的历史观和生产力决定生产关系的最基本原理，以及马克思主义所揭示的人类社会发展的基本规律和科学社会主义的基本原理。后四章是对马克思主义最基本的世界观和方法论的进一步展开和应用。在分析资本主义社会中，马克思和恩格斯在进一步丰富了辩证唯物主义和历史唯物主义的同时又发现了剩余价值学说，揭开了资本家阶级剥削雇佣工人的秘密，揭示了资本主义社会为共产主义（初级阶段是社会主义）社会所代替的必然性，从而为工人阶级认识世界改造世界提供了锐利的思想武器。需要说明的是，后四章除马克思和恩格斯的学说外，还包括了列宁、斯大林以及中国共产党对马克思主义的丰富和发展，考虑到对于中国化马克思主义还有其他课程专门讲授，所以本教材更多的是讲马克思和恩格斯及列宁的重要思想。还需要特别说明的是，最后一章在全书中具有重要作用，学习这一章的目的是要使同学掌握马克思主义经典作家预见未来社会的科学立场和方法，深刻认识共产主义社会实现的历史必然性和长期性，树立和坚定共产主义远大理想，提高积极投身于中国特色社会主义建设事业的自觉性。因此，在讲授这一章时，要特别注意与今天的实践结合起来，与大学生的人生价值结合起来，向学生说明共产主义既是最崇高的社会理想，又是始于足下的实际行动。当代大学生应该科学地把握历史发展的规律，树立建设中国特色社会主义的共同理想和最终实现共产主义的远大理想，积极投身于建设中国特色社会主义事业的伟大实践，从自我做起，从现在做起，在追求崇高理想的过程中实现自己的人生价值。

三、确定教材的主题和主线，坚持从实际出发，理论联系实际

一旦把从总体上把握马克思主义的认识问题解决了，那么教材的主题

《马克思主义基本原理概论》编写体会和对讲授该课的建议

和贯穿教材的主线也就相应明确了。《马克思主义基本原理概论》教材紧紧围绕什么是马克思主义,为什么要始终坚持马克思主义,怎样坚持和发展马克思主义这一主题,以阐述马克思主义世界观和方法论为重点,以人类社会发展的基本规律为主线,全面阐述了马克思主义的基本原理,并培养学生树立为实现物质财富极大丰富、人民精神境界极大提高、人类自由而全面发展的共产主义社会而奋斗的远大理想和坚定信念。

《马克思主义基本原理概论》教材坚持实事求是,与时俱进,既根据马克思主义创立时的时代背景,又根据发展了的实践的要求集中阐述马克思主义最基本的原理、基本观点和基本方法。理论联系实际,在有针对性地回答马克思主义在当代所遇到的及学生所关注的重大问题的过程中,阐述了马克思主义的基本原理。

这里有必要特别谈谈关于联系实际的问题。我们处在一个伟大的时代,这样的时代与马克思和恩格斯所处的时代相比发生已经发生了很大的变化。和平、发展、合作成为当今时代的潮流,经济全球化深入发展,科技进步日新月异;但与此同时,国际环境复杂多变,影响和平与发展的不稳定不确定因素增多,世界发展不平衡状况加剧。目前,虽然我国改革开放和现代化建设取得了巨大成就,经济社会发展进入新的阶段,但在前进的道路上还面临不少困难和问题。在这样的背景下,在学习马克思主义基本原理的过程中,老师和同学都会面临许许多多的实际问题,这些问题既有宏观层面带有根本性的,也有大量具体的表象层次的。作为一本授课时数有限、讲授马克思主义基本原理的思想政治理论课教材,如何联系实际需要精心设计。经过认真研究,《马克思主义基本原理概论》在理论联系实际的选择上,不追求全面回答同学和老师所关心的大量具体的表象层次的实际问题,而是力图站到21世纪的历史高度,从根本的层次上回应三个重大课题:当代资本主义发生了许多变化,其本质变没变,马克思主义揭示的资本主义必然为社会主义代替的人类社会发展的基本趋势变没变;社会主义在发展中遇到挫折,其前途还光明不光明;马克思主义历经150多年的考验,还灵不灵。我们认为,这三个课题如果能通过学习本课程得到比较好的回答,那么大量的具体的问题就可以让同学运用所学到的马克思主义基本原理自己去思考，去解决。

四、对一些理论难题的认识和处理

在《马克思主义基本原理概论》编写过程中，我们遇到了许多需要研究和弄清的重大问题。以下列举的只是其中几例。

1. 如何认识实践在马克思主义世界观方法论中的地位及其与世界物质性的关系

这是哲学界争议比较大的问题。为了能准确地讲清马克思主义的基本观点，教材编写组一方面认真学习马克思主义经典著作，一方面向著名哲学家们请教，最后形成了本教材的提法。编写组认为，不管从历史上讲还是从逻辑上讲，都是先有物质世界后有实践，实践是物质世界长期发展的产物，是物质世界的一部分。未知物质世界与已知物质世界之间的区别只是未知与已知，它们都是客观存在的，它们的存在都是不以人的实践与意识为转移的，我们对未知世界只是不知其情状，但其存在并不是未知的，而且正是在实践基础上未知世界才得以不断转化为已知世界的。因此，我们只能说我们对世界的认识依赖于实践，已知世界的有些变化是实践造成的，但不能说已知世界的存在依存于实践。

世界的真正统一性在于它的物质性。物质是世界的本原，社会运动也是物质运动的一种特殊形式。人的实践活动依赖于客观世界，客观世界的规律性对于人的实践活动而言是基础性的、决定性的。我们通过实践改造世界，就是认识和利用客观规律让自然物作用于自然物的过程。人们要取得实践的成功和胜利，就必须正确认识客观实际中的发展规律，并按照客观规律办事。所以，世界的物质统一性是马克思主义哲学的基石，一切从实际出发是唯物主义一元论的根本要求。

2. 如何认识当代资本主义的新变化

从1640年英国资产阶级革命取得胜利算起，资本主义已有360多年的历史。其间，资本主义内部的发展有上升，有危机，甚至曾经濒临崩溃。

但第二次世界大战之后，随着新的技术革命的酝酿和发生，资本主义似乎又出现了新的生机，这是马克思主义经典作家没有看到的现象。因此，如何认识资本主义的新变化，这是需要同学们关注的热点问题，也是马克思主义必须做出回答的重大问题。作为一本专门讲授马克思主义基本原理的教材，我们没有回避这样的问题，而是在讲清楚马克思主义经典作家在分析资本主义的基础上所得出的劳动价值论、剩余价值理论、资本主义积累理论、危机理论等基本理论的基础上，运用马克思主义的基本原理，对当代资本主义的新变化做了实事求是的梳理分析。这些梳理和分析包括三个主要方面的内容：

一是客观地梳理了资本主义变化的表现并将其归纳为五个方面，即生产资料所有制的变化、劳资关系和分配关系的变化、社会阶级和阶层结构的变化、经济调节机制及经济危机形态的变化和国家政治的变化。二是实事求是地分析了当代资本主义变化的原因。包括：科学技术革命和生产力的发展，工人阶级争取自身权力和利益斗争的推动，社会主义制度初步显示的优越性，对资本主义产生的影响，主张改良主义的政党对资本主义制度的改革，等等。三是明确地指出了当代资本主义变化的实质，认为当代资本主义发生的变化，从根本上说是人类社会发展一般规律和资本主义基本经济规律共同作用的结果。在当代资本主义条件下，随着科学技术的不断进步和生产社会化程度的不断提高，对那些不适应科学技术进步和生产社会化要求的旧的生产关系的变革和调整势在必行，适应生产社会化要求的新的生产关系必然将不断出现和发展。这种在人类社会发展一般规律和资本主义基本矛盾推动下的资本主义生产关系自我扬弃和自我否定的过程，就是资本主义生产方式为适应生产力发展要求而做出的自我调节，这个过程在客观上为资本主义向更高级的社会制度——社会主义制度——过渡做了准备。当然必须明确的是，当代资本主义发生的变化是在资本主义制度基本框架内的变化，其并不意味着资本主义生产关系的根本性质发生了变化。只要生产资料私有制和雇佣劳动关系还存在，只要剩余价值的基本规律还发生作用，资本主义生产关系的根本性质就不会发生变化。那种把资本主义的部分变化夸大为资本主义质的根本变化的认识是片面的、不科学的。同样，那种完全否定当代资本主义新变化的意义，且否认当代资本主义已经在许多方面不同于传统的资本主义的观点也是不可取的。正确认识当代资本主义的新变化，有助于我们在深刻认识资本主义本质的同时，实事求是地分析和借鉴资本主义发展过程中出现的符合社会化大生产要求的积极因素，并使之为我所用，以进一步发展和完善社会主义制度。

以上这些认识并不是本书离开马克思主义基本原理的创新，而只是对马克思主义基本观点的阐释。马克思指出："无论哪一个社会形态，在它所能容纳的全部生产力发挥出来以前，是决不会灭亡的；而新的更高的生产关系，在它的物质存在条件在旧社会的胎胞里成熟以前，是决不会出现的。"①

3. 如何认识无产阶级革命和社会主义发展道路

对于无产阶级革命道路，国内外有两种不同认识：一种认识强调暴力革命，另一种认识强调和平过渡。过去我们比较多的是强调暴力革命。

《马克思主义基本原理概论》力求全面理解马克思主义对此的基本观点，认为从理论上讲无产阶级革命有暴力与和平两种形式，其中暴力革命是主要的基本的形式。这是因为"一切革命的根本问题是国家政权问题"②，在资产阶级占统治地位的社会里，资产阶级掌握着国家政权以维护本阶级的利益，它是不会自愿让出政权的。因此在资产阶级的暴力镇压之下，无产阶级要想实现自己的革命任务就不得不经过暴力革命。正如马克思所说："暴力是每一个孕育着新社会的旧社会的助产婆"③，对于无产阶级这一人类历史上最彻底的革命来说更是如此。在强调暴力革命的同时，根据马克思主义的相关论述，本教材也并不完全排除和平过渡到社会主义的可能性。在19世纪70年代，马克思曾经认为英、美有可能用和平方式实现社会主义。在俄国二月革命后出现了两个政权并存的局面时，列宁也曾经认为革命有和平发展的可能。但是，实践的发展正如列宁所说，

---

① 马克思.《政治经济学批判》序言//马克思，恩格斯：马克思恩格斯选集：第2卷. 北京：人民出版社，1995：33.

② 列宁. 论两个政权//列宁. 列宁选集：第3卷. 北京：人民出版社，1995：19.

③ 马克思. 资本论//马克思，恩格斯. 马克思恩格斯全集：第44卷. 北京：人民出版社，2001：861.

《马克思主义基本原理概论》编写体会和对讲授该课的建议

马克思谈的是例外的情况,是作为"设想"讲的,虽然和平过渡是"革命史上极为罕见的机会"①,但是时至今日,还没有任何国家和平过渡到社会主义的历史事实。所以,如果轻易否认马克思列宁主义关于暴力革命的原则,让无产阶级完全放下武器,无论在理论上和实践上看都是缺乏根据和有害的。当然,各国人民的革命究竟采取什么形式,只能由该国的无产阶级政党和人民根据马克思主义基本原理同本国实际情况结合的原则做出决定。

对于社会主义建设和发展的道路,《马克思主义基本原理概论》很重视列宁关于"一切民族都将走向社会主义,这是不可避免的,但是一切民族的走法却不会完全一样,在民主的这种或那种形式上,在无产阶级专政的这种或那种形态上,在社会生活各方面的社会主义改造的速度上,每个民族都会有自己的特点"②的论述,并根据社会主义建设和发展的实践,强调社会主义建设和发展道路的多样性与各国选择道路的自主性。教材编写组认为,社会主义在发展过程中,由于各国国情特殊性——经济、政治、思想文化的差异性,生产力的发展水平不同,无产阶级政党自身成熟程度的不同,阶级基础与群众基础的构成状况的不同,革命传统不同,以及历史和现实的、国内和国际的各种因素的交互作用——的影响,社会主义的发展道路必然呈现出多样性的特点,因此坚持社会主义发展道路的多样性是一个客观真理。但是在认识这一真理的过程中,却付出了沉重的代价。实践证明,坚持社会主义不等于坚持某种单一的社会主义模式,改革或抛弃某种社会主义模式不等于改掉或抛弃社会主义,某种社会主义模式的失败也不等于整个社会主义事业的失败。在当代世界社会主义的发展中,多样化的趋势日益突出。这种多样化的趋势既是科学社会主义与本国实际相结合的产物,又是时代发展的必然要求,它从世界历史的走向方面反映了社会主义的生机和活力。既然社会主义发展道路具有多样性,那么努力探索适合本国国情的社会主义的发展道路,就是无产阶级执政党必须

---

① 列宁. 革命的任务//列宁. 列宁选集:第3卷,北京:人民出版社,1995:230.
② 列宁. 论面目全非的马克思主义和"帝国主义经济主义"//列宁. 列宁选集:第2卷,北京:人民出版社,1995:777.

领导全国人民为之奋斗的神圣使命和光荣任务。

五、对使用教材的两点建议

1. 加强教师队伍建设，努力提高教师队伍的水平

教材是教学之本，而教师则是能否使用好教材、能否提高教学质量的关键。实事求是地说，使用《马克思主义基本原理概论》教材对于现在从事思想政治理论课的教师而言，存在着比较大的困难。这种困难表现为目前教师的知识结构不甚适应教学的要求，其根源则在于我国长时期来对马克思主义整体性研究存在欠缺和对马克思主义学科存在的整体性建设不足等问题。

在过去比较长时期内，我们没有独立的马克思主义学科，而是分别在哲学、经济学、科学社会主义学科内设马克思主义哲学、政治经济学和科学社会主义。这种学科设置的结果虽然使得对马克思主义的分支学科研究在一定程度上得到了加强，但对马克思主义的整体研究则受到削弱。与此同时，这种体系培养出的人才的知识结构往往只能胜任马克思主义哲学、政治经济学或科学社会主义某个组成部分教学的需要，而现在的教材不仅要求教师要具有马克思主义某个组成部分的专门知识，而且要求教师要能够从总体上把握马克思主义。为了实现这一目标，就要从两个方面入手：第一，加快马克思主义学科建设和人才培养。国家已将马克思主义设置为一级学科，这是具有重大意义的举措，因此要采取一切有效措施，在人力、财力等方面给予支持，切实建设好这个学科。在学科建设过程中，要加强对马克思主义的整体性研究，并把培养高水平人才摆到首要位置。具体而言，可以先从现有的思想政治理论课和相关的专业课教师中选拔优秀的优先进行培养，以造就一批骨干充实思想政治理论课教师队伍，提升教学队伍的水平。第二，加强培训，倡导加强在职学习。新一轮大学生思想政治理论课的改革和新教材的使用，对教师而言无疑是一种严峻挑战。为应对这场挑战，教育主管部门有责任提供条件加强对教师的培训，教师则

应该加强紧迫感，努力学习，在学习中教学，在教学中学习。与此同时，应该开展一场新的马克思主义学习运动，在学习中提高马克思主义水平和教学水平。

2. 妥善处理课时少和内容多的矛盾

按照新的思想政治理论课改革方案，《马克思主义基本原理概论》是一门3个学分、大致54学时的课程。显而易见，这样的学时数与要讲授的丰富内容形成明显的矛盾。其实，早在教材编写过程中，这样的矛盾已经出现——马克思主义丰富的内容要在26万字的教材里写清楚，已经是高度压缩和凝练了，而在应对捉襟见肘的课时安排时，这种高度压缩却又变成长篇大论了。那么如何解决这样的矛盾？根本的出路是要从思想政治理论课的要求、特点出发，按照"要而不繁"的原则进行教学方法的改革。

思想政治理论课的根本要求是对大学生进行思想政治教育，与其他专业课相比其最大的特点是突出思想政治理论教育而不局限于知识的传授。从这样的根本要求和特点出发，讲授《马克思主义基本原理概论》的重点是讲授马克思主义的基本立场、基本方法、基本理论、基本观点，而对于基本立场、基本方法、基本理论、基本观点所涉及的许多概念、许多人物、许多历史事件以及有关的专业知识等，可以主要通过指导学生利用多种手段去自主学习和掌握，这样就可以把课堂有限的时间集中突出讲授重点。例如，在讲资本主义制度下剩余价值的分配时，最重要的观点是雇佣工人创造的剩余价值被资本家阶级瓜分了，至于由此涉及的地租、利息、利润等概念和知识，可以让同学自学。而即使是对于马克思主义的基本立场、基本方法、基本理论、基本观点的讲授，也不一定完全依赖或局限于课堂教学，例如可以通过有计划地组织同学开展一些校园文化活动、社会实践来增强学生对马克思主义基本立场、基本方法、基本理论、基本观点的学习和理解，这种把思想政治理论课的课堂教学与校园文化、社会实践结合起来的做法，不仅会使得教学效果更好，而且可以大大地缓解课时少与内容多的矛盾。

此外，我建议，尽管学时少，我们还是要求同学读一点马克思主义经典作家的原著，而教材可以作为参考。最后的最后，我衷心祝愿广大从事思想政治理论课的老师们在使用《马克思主义基本原理概论》教材教学过程中，取得预期效果！

参考文献

1. 马克思.《政治经济学批判》序言//马克思，恩格斯. 马克思恩格斯选集：第2卷. 北京：人民出版社，1995.

2. 列宁. 论两个政权//列宁. 列宁选集：第3卷. 北京：人民出版社，1995.

3. 马克思. 资本论//马克思，恩格斯. 马克思恩格斯全集：第44卷. 北京：人民出版社，2001.

4. 列宁. 革命的任务//列宁. 列宁选集：第3卷. 北京：人民出版社，1995.

5. 列宁. 论面目全非的马克思主义和"帝国主义经济主义"//列宁. 列宁选集：第2卷. 北京：人民出版社，1995.

《马克思主义基本原理概论》修订中的一些理论认识和对使用该教材的建议[*]

(二〇〇八年五月)

2007年底,在中宣部、教育部的直接领导下,《马克思主义基本原理概论》(以下简称《概论》)编写组对已经出版使用的《概论》教材进行了修订。之所以要对《概论》进行修订,最主要是考虑到党的十七大对我国改革开放和现代化建设的最新实践进行了总结和概括,实现了对马克思主义的重大理论创新和发展。而把这些最新成果及时地吸取和反映到大学生思想政治理论课教材中,对于大学生的教育和成长具有重要意义。此外,在教材的使用过程中,教材编写组收到了来自各方的意见和建议,其中不乏具有建设性的内容。因此及时地吸取这些意见和建议,有利于进一步提升教材的水平。

一、重大的认识突破

中国共产党人和广大人民群众的理论创新与马克思主义基本原理是什

---

[*] 本文最早发表于《思想教育理论导刊》2008年第5期,选入本书时有删改。

么关系？马克思主义基本原理是否也可以发展和创新？这是《概论》教材修订过程中首先需要明确的重大理论问题和认识问题。

在中国共产党的历史上，经过反复的实践探索，曾有两次重大的思想解放，并实现了对马克思主义在思想认识上的重大突破。一次是通过对长期的革命战争和新中国建立初期社会主义革命和建设实践的总结，认识到了马克思主义基本原理必须与中国实际相结合，并由此实现了对马克思主义思想认识的第一次飞跃，形成了中国化马克思主义的一大伟大理论成果——毛泽东思想。另一次是通过对长期的社会主义革命和社会主义建设实践，特别是对改革开放实践的总结，进一步认识到了马克思主义基本原理必须与中国实际相结合的重要性，由此实现了对马克思主义认识的又一次飞跃，并产生了中国化马克思主义的又一大伟大成果——中国特色社会主义理论体系。从毛泽东思想到中国特色社会主义理论体系，其共同的精髓是解放思想、实事求是、与时俱进。有了解放思想、实事求是、与时俱进，才有了马克思主义的不断丰富发展和马克思主义经久不衰的旺盛生命力。

有人问，马克思主义要与时俱进并不断丰富和发展的内容，是指马克思主义的个别结论还是指马克思主义基本原理？在过去比较长的一段时期内，讲马克思主义要与时俱进，不断丰富和发展，主要指前者；而今天，马克思主义要与时俱进，不断丰富和发展，不仅是指前者，而且也指后者。由前一种认识到后一种认识，标志着我国对于马克思主义认识的重大思想飞跃和突破。

马克思主义基本原理要与时俱进，不断丰富和发展，首先是一个实践问题。社会主义的实践提出了一系列新问题需要我们去解决，例如社会主义的本质究竟是什么，社会主义发展究竟要经过什么样的阶段，在这样的阶段中要实行什么样的基本经济制度和分配制度，如何实现社会主义经济与社会的科学发展，等等。这些问题都涉及马克思主义的基本原理，如果不能适时地得到解决，社会主义的完善和发展就会受到阻碍。在实践的基础上总结经验，将马克思和恩格斯生前没有认识到或没有完全解决的重大问题上升到基本原理的高度进行总结和凝练，是时代赋予马克思主义继承

《马克思主义基本原理概论》修订中的一些理论认识和对使用该教材的建议

者的责任,也是马克思主义作为开放的发展的理论体系的本质要求。过去,我们往往拘泥于对马克思主义个别结论的丰富和发展,认为马克思主义基本原理本身似乎就不需要丰富和发展,其重要原因在于除了实践尚未发展到今天的程度之外,还在于思想还不够解放,认识还需要进一步深化。今天,我们认识到马克思主义基本原理也需要不断丰富和发展,而中国共产党人和广大人民群众的理论创新就是对马克思主义的丰富和发展,这是一个重大的理论和认识的突破。

上述认识反映到《概论》教材的编写和修订中,集中表现在两个方面:一是提出了马克思主义可以从狭义和广义理解的观点。从广义上理解的马克思主义就包括后人继承和发展了的马克思主义,在中国就是毛泽东思想和包括邓小平理论、"三个代表"重要思想和科学发展观在内的中国特色社会主义理论体系。二是在修订版的《概论》教材中,把中国特色社会主义伟大旗帜、中国特色社会主义道路、中国特色社会主义理论体系等内容从马克思主义基本原理的层面上予以了阐述。这是该教科书从出版到修订过程中在理论认识上的重大进展。

二、增加和修改的重要内容

基于以上的认识,《概论》修订版除了对文字表述做了多处修改外,在内容方面最重要的修改有:

1. 在人类社会发展规律和科学社会主义基本原理的层面上增加了中国特色社会主义道路的内容

马克思和恩格斯在剖析资本主义基本矛盾的基础上,发现了历史唯物主义,并运用历史唯物主义揭示了人类社会发展规律和资本主义被取代的必然性。列宁、斯大林、毛泽东等马克思主义的继承者在实践中,对社会主义道路进行了艰苦的探索,积累了宝贵的经验,为后人的进一步探索奠定了基础,但社会主义究竟如何发展,则是有待实践进一步解决的重大课题。

我国的改革开放实践极大地丰富了马克思主义关于社会主义道路的学说。党的十七大报告在总结我国改革开放伟大实践的基础上，指出："改革开放以来我们取得一切成绩和进步的根本原因，归结起来就是：开辟了中国特色社会主义道路，形成了中国特色社会主义理论体系。高举中国特色社会主义伟大旗帜，最根本的就是要坚持这条道路和这个理论体系。中国特色社会主义道路，就是在中国共产党领导下，立足基本国情，以经济建设为中心，坚持四项基本原则，坚持改革开放，解放和发展社会生产力，巩固和完善社会主义制度，建设社会主义市场经济、社会主义民主政治、社会主义先进文化、社会主义和谐社会，建设富强民主文明和谐的社会主义现代化国家。中国特色社会主义道路之所以完全正确、之所以能够引领中国发展进步，关键在于我们既坚持了科学社会主义的基本原则，又根据我国实际和时代特征赋予其鲜明的中国特色。在当代中国，坚持中国特色社会主义道路，就是真正坚持社会主义。"[1]

《概论》教材修订版吸收了党的十七大的成果，从人类社会发展规律和科学社会主义基本原理的层次上增加了中国特色社会主义道路的内容，具体如下：

在"绪论"中，增加了"中国特色社会主义道路"的相关阐述。中国特色社会主义道路，就是在中国共产党领导下，立足基本国情，以经济建设为中心，坚持四项基本原则，坚持改革开放，解放和发展社会生产力，巩固和完善社会主义制度，建设社会主义市场经济、社会主义民主政治、社会主义先进文化、社会主义和谐社会，建设富强民主文明和谐的社会主义现代化国家。在当代中国，坚持中国特色社会主义道路，就是真正坚持社会主义。

在第三章第一节"社会基本矛盾及其运动规律"中，在论述经济基础与上层建筑的矛盾运动时，增加了"要坚持中国特色社会主义政治发展道路，积极稳妥地推进上层建筑领域的改革和发展，加快建设社会主义法治

---

[1] 胡锦涛. 高举中国特色社会主义伟大旗帜　为夺取全面建设小康社会新胜利而奋斗：在中国共产党第十七次全国代表大会上的报告. 人民日报，2007-10-25（1）.

《马克思主义基本原理概论》修订中的一些理论认识和对使用该教材的建议

国家,推进社会主义民主政治制度化、规范化、程序化,推进社会主义政治制度自我完善和发展,使人民群众不断获得切实的经济、政治、文化利益"的表述。

在第三章第二节"社会历史发展的动力"中,在论述改革在社会发展中的作用时,增加了"事实雄辩地证明,改革开放是决定当代中国命运的关键抉择,是发展中国特色社会主义、实现中华民族伟大复兴的必由之路;只有社会主义才能救中国,只有改革开放才能发展中国、发展社会主义、发展马克思主义"的表述。

在第六章第二节"社会历史发展的动力"中,在论述改革在社会发展中的作用时,增加了"社会主义建设与改革是联系在一起的,改革必须坚持马克思主义政党的领导。改革是利益关系的重大调整,充满着各种挑战和风险,只有坚持马克思主义政党在思想上政治上和组织上的坚强领导,才能坚定改革的社会主义正确方向,有领导有步骤地向前推进改革事业,不断克服前进道路上的各种困难和障碍,达到社会主义自我发展和完善的目的"的表述。

2. 在世界观方法论和社会主义事业指导思想层面上增加了中国特色理论体系的内容

社会主义事业的健康发展需要科学的指导思想。指导我们思想的理论基础是马克思主义,马克思主义是开放的、发展的、与时俱进的理论。在当代中国,中国特色社会主义理论体系就是最现实的马克思主义。

党的十七大报告指出:"中国特色社会主义理论体系,就是包括邓小平理论、'三个代表'重要思想以及科学发展观等重大战略思想在内的科学理论体系。这个理论体系,坚持和发展了马克思列宁主义、毛泽东思想,凝结了几代中国共产党人带领人民不懈探索实践的智慧和心血,是马克思主义中国化最新成果,是党最可宝贵的政治和精神财富,是全国各族人民团结奋斗的共同思想基础。中国特色社会主义理论体系是不断发展的开放的理论体系。《共产党宣言》发表以来近一百六十年的实践证明,马克思主义只有与本国国情相结合、与时代发展同进步、与人民群众共命运,才能焕发出强大的生命力、创造力、感召力。在当代中国,坚持中国特色社会主义理论体系，就是真正坚持马克思主义。"①

《概论》教材修订版吸收了十七大的成果，增加了以下内容：

在"绪论"中，增加了"中国共产党从成立之日起就把马克思列宁主义确立为自己的指导思想，并在长期奋斗中坚持把马克思主义基本原理同中国具体实际相结合，发展了马克思主义，先后产生了毛泽东思想和中国特色社会主义理论体系。中国特色社会主义理论体系，就是包括邓小平理论、'三个代表'重要思想以及科学发展观等重大战略思想在内的科学理论体系。马克思主义中国化的这些重大理论成果，都是……推进这一伟大事业的指导思想"的表述。同时，增加了"科学发展观是对党的三代中央领导集体关于发展的重要思想的继承和发展，凝结着几代中国共产党人的心血，集中了亿万人民的智慧，汲取了世界各国在发展问题上的经验教训，并站在历史和时代的高度进一步指明了中国现代化建设的发展道路、发展模式和发展战略，是马克思主义的世界观和方法论在发展问题上的集中体现，是同马克思列宁主义、毛泽东思想、邓小平理论和'三个代表'重要思想既一脉相承又与时俱进的科学理论，是我国经济社会发展的重要指导方针，是发展中国特色社会主义必须坚持和贯彻的重大战略思想"的表述。

在第一章中，增加了"我们对建设中国特色社会主义的规律的认识也经历了长期实践和艰苦探索过程。中国特色社会主义理论体系的建立，凝结了几代中国共产党人带领人民不懈探索实践的智慧和心血"的表述。

3. 在社会主义本质和基本特征层面上增加了关于以人为本、构建和谐社会的思想

对于社会主义本质和基本特征，马克思主义创始人和其后的继承者都有论述，这些论述在《概论》教材初版中已有比较充分地反映。但是对社会主义本质和基本特征的认识是一个随着实践发展而不断深化的过程，党的十七大总结了近些年对于这一问题认识的最新进展，做出了新的理论概括。

---

① 胡锦涛. 高举中国特色社会主义伟大旗帜 为夺取全面建设小康社会新胜利而奋斗：在中国共产党第十七次全国代表大会上的报告. 人民日报，2007-10-25 (1).

《马克思主义基本原理概论》修订中的一些理论认识和对使用该教材的建议

《概论》教材修订版吸收了党的十七大的成果,在第六章集中增加了如下内容:

在第六章第一节论述"社会主义民主是新型的民主"时,增加了"人民民主是社会主义的生命"的表述。在同一章第二节论述"在实践中深化对社会主义本质的认识"时,增加了"推动科学发展,促进社会和谐,实现人的全面发展,是社会主义的本质属性和要求"的表述。同时"对社会主义基本特征的认识"增加了"第六条,坚持以人为本,建设和谐社会。以人为本,构建社会主义和谐社会,是贯穿社会主义事业全过程的长期历史任务,是在发展的基础上正确处理各种社会矛盾的历史过程和社会结果。社会主义和谐社会,是共产党人领导全体人民共同建设、共同享有的社会,是民主法制、公平正义、诚信友爱、充满活力、安定有序、人与自然和谐相处的社会。社会和谐是社会主义的本质属性"这一表述。

4. 在认识论和历史唯物主义经济基础与上层建筑相互关系的层面上增加了坚持提倡先进文化,坚持用社会主义核心价值体系引领社会思潮的必要性和重要性

党的十七大对坚持提倡先进文化,坚持用社会主义核心价值体系引领社会思潮的必要性、重要性做了深刻论述,丰富和发展了马克思主义关于经济基础和上层建筑相互关系的原理。

《概论》教材修订版吸收了十七大的成果,增加了相关的内容:

在第二章论述"真理与价值的辩证统一"时,增加了"在当前我国社会主义建设条件下,建设社会主义核心价值体系是推动社会主义文化发展和繁荣,促进社会进步的重要工作。社会主义核心价值体系是社会主义意识形态的本质体现。加强社会主义核心价值体系建设,就要巩固马克思主义的指导地位,坚持不懈地用马克思主义中国化最新成果教育人民,用中国特色社会主义共同理想凝聚力量,用以爱国主义为核心的民族精神和以改革创新为核心的时代精神鼓舞斗志,用社会主义荣辱观引领风尚,从而巩固人民群众团结奋斗的共同思想基础,推动中国特色社会主义建设事业的全面发展"的表述。在第三章论述"社会存在与社会意识关系"时,增加了"坚持社会主义先进文化前进方向,兴起文化建设新高潮,激发全民

族创造活力,提高国家文化软实力,发展和建设中国特色社会主义文化"的表述。

5. 对资本主义历史地位的论述进行了修改,使表述更加清晰。

资本主义社会同历史上有过的一切其他社会经济制度一样,其产生、发展以至最终为另一种更高级的社会经济制度所代替都是由人类社会发展的一般规律决定的。同此前的其他社会经济制度相比,资本主义制度空前地提高了社会生产力,但因它自身固有的生产资料的私人占有与生产社会化的矛盾,决定了它最终将为社会主义所代替。

资本主义历史地位既包括资本主义的历史进步性,也包括其历史局限性,对此在《概论》教材初版中已有论述。但初版在表述时,将资本主义的这两个方面分别放在"资本主义历史地位"和"资本主义为社会主义所代替的历史必然性"两个标题下予以分析,这样做不太方便于教师和学生在教学过程中对资本主义历史地位的把握。所以在《概论》教材修订版中,在分析了资本主义历史进步性之后,增加了对其局限性的分析,即增加了"然而,资本主义的历史进步性并不能掩盖其自身的局限性。同一切以私有制为基础的生产方式一样,资本主义生产资料的私人占有对生产社会化的进一步发展造成了严重障碍,这一矛盾是资本主义生产方式固有的,正是这一矛盾决定了资本主义的经济、政治、文化和社会等各个领域以及全球范围内的冲突、动荡和危机。资本主义的这种局限性在资本主义生产方式范围内是不可能根本消除的,它决定了资本主义生产方式的历史过渡性"的表述。有了这样的修改,相应地,对"资本主义为社会主义所代替的历史必然性"的内容也做了调整。

三、关于讲授该课的建议

1. 从总体上把握马克思主义

讲授《概论》课程的目的之一,就是要通过教学使大学生从总体上把握马克思主义。如何从总体上把握马克思主义、把握马克思主义整体性,

《马克思主义基本原理概论》修订中的一些理论认识和对使用该教材的建议

可以从四个角度入手：一是从马克思主义的形成过程研究和把握其整体性；二是从马克思主义各个组成部分的内在联系和马克思主义基本著作的内容研究和把握其整体性；三是从马克思主义的革命性与科学性统一研究和把握其整体性；四是从马克思主义的创新性和实践性研究和把握其整体性。

在明确了对马克思主义整体性理解的四个角度之后，有一个问题需要做一些说明，就是马克思主义的三个组成部分与马克思主义整体性之间的关系。

在《反杜林论》中，恩格斯针对杜林的反马克思主义观点，系统地论述了马克思主义哲学、政治经济学、科学社会主义，对于保卫马克思主义世界观，维护科学社会主义纲领，推动德国工人运动和整个共产主义运动的发展，起了十分重要的作用。[1] 1913年，为纪念马克思逝世三十周年，列宁写了《马克思主义的三个来源和三个组成部分》一文，该文简明地叙述了马克思继承并进一步发展了十九世纪初期那些哲学家、经济学家和历史学家的优秀成果，创立了马克思主义，并对马克思主义的伟大指导意义给予了充分的肯定。[2] 恩格斯和列宁的这两篇经典著作，后来被人们作为马克思主义分为三个组成部分的主要依据，更有甚者，有人据此认为对马克思主义只从三个组成部分入手进行把握就可以了，而不必在整体把握上下功夫。在很长一段时期内，这种看法对我国理论界产生了很不利的影响，以致我国长期以来在学科建设和理论研究方面都没有整体性的马克思主义学科设置，并且在一定程度上忽视对马克思主义整体性的研究。

实际上，马克思主义经典作家从来都认为马克思主义是严整的理论体系，并反对把马克思主义的各个组成部分割裂开来。即使在《反杜林论》和《马克思主义的三个来源和三个组成部分》中也是如此。在《反杜林论》中，恩格斯在系统阐述马克思主义哲学、政治经济学、科学社会主义

---

[1] 恩格斯. 反杜林论//马克思, 恩格斯. 马克思恩格斯选集：第3卷，北京：人民出版社，1995：377-711.

[2] 列宁. 马克思主义的三个来源和三个组成部分//列宁. 列宁全集：第23卷，北京：人民出版社，1990：69-76.

的同时，也深刻阐述了它们之间的内在联系，认为马克思主义哲学、政治经济学是科学社会主义的理论基础，科学社会主义是前两者的落脚点和归宿。在《马克思主义的三个来源和三个组成部分》中，列宁一开始就指出马克思学说之所以具有无限力量，就是因为它正确、完备而严密，它给人们提供了决不同任何迷信、任何反动势力、任何为资产阶级压迫所做的辩护相妥协的完整的世界观，是人类在19世纪所创造的优秀成果——德意志古典哲学、英国的古典政治经济学和法国的空想社会主义的当然继承者。所以，从《反杜林论》和《马克思主义的三个来源和三个组成部分》中，不能得出"要对马克思主义进行研究，只用研究其三个组成部分而不必从整体上对其进行把握"的结论。显然，这样的结论是后人对马克思主义的一种错误的、至少是不准确的理解。

当然，本文强调要加强对马克思主义整体性的研究和把握，并不是要否定或排斥对马克思主义丰富内容进行分门别类的研究的做法。相反，本文认为，加强对马克思主义整体性的研究和把握与对马克思主义丰富内容进行分门别类研究是相辅相成、相得益彰的——分门别类研究越深入，越有利于对马克思主义理论整体性的研究和把握；对马克思主义整体性的研究和把握越准确，越有利于对马克思主义分类研究的深入和全面。过去我们对马克思主义哲学、政治经济学、科学社会主义等分门别类地进行研究，取得了重大进展，对继承和发展马克思主义起到了极大的促进作用，今后在加强研究马克思主义整体性的同时，这种分门别类的研究还要继续，但显然不能拘泥于此，马克思主义是内容丰富的宏伟理论大厦，我们还要进一步在更多的领域、更多的学科开展对马克思主义的研究。这样，既有分门别类的研究，又有对马克思主义整体性的研究，对马克思主义的研究一定会更加深入，马克思主义一定会发出更加灿烂的真理光芒。

2. 突出思想政治理论课的特点

我做过一些调查，在使用《概论》教材的过程中，教师遇到的比较集中的问题之一是课时不够。但多少课时就够呢，如何解决内容多和课时不够的矛盾呢？

大家知道，在改革开放的大潮中，教育改革也不断深化，而教育改革

《马克思主义基本原理概论》修订中的一些理论认识和对使用该教材的建议

的重要内容之一,就是在进行教学内容改革的同时适当地缩减曾经不断膨胀的大学生课堂教学的课时,以更多地给同学自主学习的时间,一般文科2 400学时左右,理工科2 700学时左右。这样,大学生在校学习的总课时是有限的,所以在有限的总课时中,希望增加思想政治理论课课时的要求实际上是不太可能得到满足的。那么如何解决这对矛盾呢?

我认为问题的症结不在于课时够不够,而是如何从思想政治理论课的目的要求出发突出该课的特点,在有限的时间内达到预期的目的。教师教学有一个基本功是要具备的,就是要善于在给定的时间内处理讲课内容的简繁,以期达到授课的目的和要求。思想政治理论课的根本要求,是对大学生进行思想政治教育,与其他专业课相比,思想政治理论课最大的特点是突出思想政治理论教育而不局限于知识的传授。从这样的根本要求和特点出发,讲授《概论》课程的重点是讲授马克思主义的基本立场、基本方法、基本理论、基本观点,而对于由此所涉及的许多概念、许多人物、许多历史事件以及有关的专业知识等,可以通过指导学生利用多种方式自主学习和掌握,这样就可以把课堂有限的时间集中突出讲授重点。但必须看到的是,目前这种看法尚未为广大老师所普遍接受,当然也可能是虽然接受了但实行起来有困难的缘故。此外,在参与一段课程专题评审活动时,我发现比较普遍的问题是各位老师讲知识点非常详细,但从总体上对思想政治教育的强调和把握则相对薄弱,这大概是课时不足的原因所在。所以我再次呼吁大家要从思想政治理论课的特点出发,认真地进行讲课方法的研究,做到详略得当,进而优化课堂教学效果。

我还建议,为了突出思想政治理论课的特点,考试内容和方法也要改革,不要采取单一的课堂闭卷考试方式,可以采取多种方式,考试内容最好也不要单纯引导学生去死背硬记,而多从学生实际出发,注重理论联系实际的内容,这样可以给大学生以比较好的导向。例如,第四章"资本主义制度的产生和本质"讲了资本主义的上层建筑和意识形态,如果让学生把全部内容背下来是不合理也不太可能的,但如果让同学联系西方一些媒体对"3.14"西藏事情的歪曲报道和西方有些国家对北京奥运的恶劣态度去谈对西方政治和意识形态虚伪性的认识,我想学生会非常感兴趣,而且会谈得很好，这就有利于达到思想政治理论课的目的。

总之，思想政治理论课方法的改革，关系到该课的有效性，而且也是创新空间很大、目前刚刚破题的大课题。

参考文献

1. 胡锦涛. 高举中国特色社会主义伟大旗帜　为夺取全面建设小康社会新胜利而奋斗：在中国共产党第十七次全国代表大会上的报告. 人民日报，2007-10-25（1）.

2. 恩格斯. 反杜林论//马克思，恩格斯. 马克思恩格斯选集：第3卷，北京：人民出版社，1995.

3. 列宁. 马克思主义的三个来源和三个组成部分//列宁. 列宁全集：第23卷，北京：人民出版社，1990.

关于《马克思主义基本原理概论（2008年修订版）》修订中的几个问题[*]

（二〇〇九年六月四日）

按照中央马克思主义理论研究和建设工程办公室和教育部的部署，《马克思主义基本原理概论》教材编写组于2009年3月2日至4月3日对教材进行了修订。这次修订总的指导思想是：深入贯彻党的十七大精神和十七届三中全会精神；充分反映胡锦涛同志在纪念党的十一届三中全会召开30周年大会上的讲话精神，特别是充分反映改革开放30年来马克思主义中国化所取得的理论成果和宝贵经验；认真吸收高校广大师生对教材提出的意见和修改建议；力求使教材在原有的基础上水平有更进一步的提高。

一、修订的主要内容

这次修订涉及的内容大致分为三类：

第一，深入贯彻党的十七大精神、十七届三中全会精神和胡锦涛同志在纪念党的十一届三中全会召开30周年大会上的讲话精神，将马克思主义

---

[*] 本文最初发表在《思想理论教育导刊》2009年第6期，选入本书时有删改。

中国化的最新成果从马克思主义基本原理的层次纳入教材中。

在这方面，教材突出强调了三点：一是中国特色社会主义理论体系是马克思主义中国化的最新成果；二是科学发展观是中国特色社会主义理论体系的最新成果；三是中国改革开放三十年取得的宝贵经验是对马克思主义的丰富和发展。而这三点紧紧围绕的主题，是什么是马克思主义和怎样对待马克思主义，进一步明确的观点是在当代中国坚持中国特色社会主义理论体系就是真正坚持马克思主义。

基于这样的认识，教材做了多处具体内容的修改，例如将原文第11页第二段第7行"中国特色社会主义理论体系，就是包括邓小平理论、'三个代表'重要思想以及科学发展观等重大战略思想在内的科学理论体系"改为"中国特色社会主义理论体系是马克思主义中国化的最新成果，是包括邓小平理论、'三个代表'重要思想以及科学发展观等重大战略思想在内的科学理论体系"。

又如，在原文第12页第7至8行在"科学发展观……是发展中国特色社会主义必须坚持和贯彻的重大战略思想"之后，增加一句"是中国特色社会主义理论体系的最新成果"，并在段中增加"我国改革开放以来党的全部理论和实践，归结起来就是创造性地探索和回答了什么是马克思主义、怎样对待马克思主义，什么是社会主义、怎样建设社会主义，建设什么样的党、怎样建设党，实现什么样的发展、怎样发展等重大理论和实际问题。历史经验归结到一点，就是把马克思主义基本原理同中国具体实际相结合，走自己的路，建设中国特色社会主义"。

再如，将党的十七大报告和胡锦涛同志在纪念党的十一届三中全会召开30周年大会上的讲话中关于我国改革开放经验的"十个结合"的论述，体现在了教材第213~214页关于"社会主义在自我发展和完善中走向辉煌"的论述中。

第二，对经济社会发展进程中提出的重大问题从马克思主义基本原理的层次进行了更加深入的阐释。这类问题有的是实践早就提出但教材论述得不够的，有的是最近几年出现且近一两年更加突出的，前者最突出的是意识形态中的宗教问题，后者最突出的是由美国次贷危机引发的全球性金融危机。在编写之初，教材编写组就有一个重要指导思想，即对于时代和实践发展提出的、当代大学生关心的重大问题，要理论联系实际，给予其符合马克思主义基本原理的解释。所以对于这两个问题，在这次教材修订中都给予了关注和阐述。

第三，根据教材使用过程中一些专家学者尤其是一线教师、课题组成员和学生对教材提出的问题，进行了内容上和文字上的修改，以使教材表述更加准确，理论阐述更加深入。

例如，第3页第3段第3行讲对马克思主义的继承发展时，原文为"也包括经列宁对其继承和发展"，现改为"也包括经列宁等对其继承和发展"，加了一个"等"字，这主要是考虑到在苏联对马克思主义的继承和发展历程中，列宁是代表，但又不只是列宁一个人。这样改可能更符合历史事实。

再如，原文第118页第三章第三节第二目"（一）社会历史发展是无数个人合力作用的结果"，从原有的内容看并未很好地说明这个命题，从前后文逻辑关系看，这个标题也不甚合适，所以，这次将其改为"（一）普通个人与历史人物"。与之相类似的修改大致有十余处。

二、关于宗教问题和金融危机问题的具体说明

1. 关于宗教问题

按照马克思主义基本原理的论述，社会存在与社会意识的关系问题是社会历史观的基本问题。对于这一问题，在《马克思主义基本原理概论（2008年修订版）》第三章第一节第一目中做了比较深入的阐述，但限于篇幅，对于社会意识包括的政治法律思想、道德、艺术、宗教等具体形式没有展开论述。在这次修订中，考虑到在我国当前条件下社会意识面临的新形势新问题，特别是考虑到社会意识中宗教问题的复杂性和社会关注度，以及目前宗教问题对青年学生已经产生了影响的现状，所以对这一方面增加或加强了三个方面的内容阐述：一是对政治法律思想、道德、艺术、宗

教等社会意识形式的内涵做了补充叙述；二是提出"在社会主义条件下，特别是改革开放以来，我国社会主义意识形态建设不断加强，但也面临着一些新情况和新问题。适应新形势，我们必须以高度的历史使命感和责任感，高度重视我国意识形态领域里的新变化，加强社会主义核心价值体系建设，巩固马克思主义在意识形态领域里的指导地位"的观点；三是对作为社会意识形式之一的宗教问题进行了较为深入的分析，其目的就是使大学生熟悉马克思主义宗教观，并以此作为对自己行动的指导。

与此同时，教材的修订过程也是教材编写组学习的过程。根据对经典著作的学习，我们认为，马克思主义经典作家关于宗教的主要思想至少可以概括为：（1）运用辩证唯物主义和历史唯物主义的方法论，科学地揭示了宗教的本质。认为应该到宗教的每个发展阶段的现成物质世界中去寻找宗教的本质。作为一种社会意识形式，宗教是现实社会、现实生活曲折、复杂的反映，是一种颠倒的世界观。（2）正确地说明了宗教产生的根源和发展规律。宗教产生的根源与信仰其的人所处的社会环境有关，并与人对自我和自然的认识相关。在原始时代，社会生产力水平极为低下，当人们无法抗拒自然力量和无法解释自然现象时，便产生了对那些似乎支配着自然界和人们命运的神秘力量的信仰、敬畏和崇拜，宗教因之得以产生。进入阶级社会以后，人们除了受自然力量的压迫外，又增加了社会的阶级压迫，而且阶级压迫给人们带来的痛苦比自然灾害更加深重，当人们还不理解其社会根源时，人们的祸福命运由神操纵的观念就更加加强了，希望来世生活幸福，幻想未来的"天堂"，宗教由此得到了发展。只有当谋事在人，成事也在人的时候，在宗教中反映出来的最后的异己力量才会消失，宗教也才会消失。（3）指出了宗教的社会作用。经典作家基于对存在于剥削、压迫社会中的宗教的分析，指出了宗教的作用具有积极和消极两重性：其积极作用主要表现为宗教的内容以人为本源，反映出人类本质的永恒本性；在有的社会中起到一定的凝聚作用；在历史上曾被作为一些社会变革或反抗运动的旗帜和武器；在资产阶级上升阶段曾被作为反对封建阶级的工具并发挥了积极的作用。其消极作用主要表现在为在阶级社会中对受苦人们起着麻醉作用；在封建社会和资本主义社会中都曾被统治阶级作

关于《马克思主义基本原理概论(2008年修订版)》修订中的几个问题

为维护其统治的精神手段;也曾被用作殖民主义扩张和帝国主义侵略的工具;对科学进步起阻碍作用。(4)阐明了宗教与民族、宗教与文化、宗教与政治、宗教与政权、宗教与政党的关系。

根据马克思主义宗教观的基本思想,特别是中国特色社会主义理论体系中关于宗教问题的基本观点,结合我国宗教问题的实际状况,在这次修订中,我们增加了有关宗教的一些内容。具体修改是:

在原文第26页增加了关于无神论的论述:"人们在面对思维和存在、意识和物质、精神和自然界之间的关系问题时,在历史上又形成了有神论与无神论的观念,反映了哲学思想中唯物论与唯心论的对立。有神论以不同的方式承认超自然、超社会力量的存在,认为神是世界的主宰,神支配和决定着人类命运;无神论以不同方式肯定物质世界的客观性和规律性,否认超越物质世界的神的存在和作用。人类实践和科学技术的发展充分证明了有神论的虚幻性。"

在原文第86页增加了对宗教的论述:"宗教是统治人们的自然力量和社会力量在人的头脑中虚幻的颠倒的反映。宗教本质上是一种'颠倒的世界观',是由对神灵的信仰和崇拜来支配人们命运的一种意识形式。从其产生根源看,宗教是自然压迫和社会压迫的产物。由于生产力水平极端低下和缺乏科学知识,以及人们对自然现象的无知和恐惧,从而产生了各种形式的宗教观念。阶级压迫给劳动人民带来苦难而人们又不能科学地解释这些社会现象,是宗教产生的又一重要根源。宗教最初是被压迫者对现实苦难的叹息和抗议,而后被统治阶级所利用,成为统治被统治者的思想工具。从历史和现实看,宗教将会长期存在并发挥作用;宗教与一定社会的经济、政治、文化问题交织在一起,对社会发展和稳定产生重大影响。我们必须积极引导宗教与社会主义社会相适应;宗教常常与现实的国际斗争和冲突相交织,是国际关系和世界政治中的一个重要因素,我们必须高度警惕和抵制境外敌对势力利用宗教进行渗透。要正确贯彻党和国家的宗教政策,加强思想政治工作,努力进行马克思主义宗教观的教育,进行辩证唯物主义和历史唯物主义科学世界观的教育,提高全民族的思想道德素质和科学文化素质。"

这段话文字虽短，但包含了四层意思：(1) 从马克思主义的世界观和方法论的角度来认识宗教，可以看出宗教的本质是一种"颠倒的世界观"，是由对神灵的信仰和崇拜来支配人们命运的一种意识形态。(2) 宗教产生的根源是自然压迫和社会压迫。(3) 宗教将会长期存在并发挥作用，并与一定社会的经济、政治、文化问题交织在一起，对社会发展和稳定产生重大影响。(4) 在社会主义条件下，我们必须积极引导宗教与社会主义社会相适应。

2. 关于金融危机问题

2006年，美国次贷危机爆发，并由此引发世界性金融危机。这场危机目前尚在蔓延，但从已经造成的后果看，其严重程度不亚于1929—1933年那次遍及资本主义世界的大危机。

这次危机的原因是什么？国内外观点各异，莫衷一是。比较一致的看法是，美国针对需求不足而长期实行的扩张性的低利率政策是危机的直接原因，但为什么会需求不足，为什么会长期实行低利率政策？对这些问题的回答却大相径庭。美联储前主席格林斯潘在2008年10月23日接受美国国会质询时，面对贝尔斯登的倒闭、雷曼兄弟的破产和7000亿美元也补不回来的银行坏账时，格林斯潘幡然醒悟，原来自己笃信了40年的银行自我约束理论是错误的。他说："我以为以追求自我利益最大化为目标的组织，尤其是银行之类，最善于保护它们的股东的权利和公司股份，但是我错了。"[1] 但同时又将责任推给了别人。他表示，楼市泡沫不是美联储一手造成的。1971年至2002年美联储利率与按揭利率步伐一致，到2002年至2005年期间却出现偏差。他认为是90年代初发展中国家经济采取出口主导市场策略，中国及其他新兴经济急速增长，导致全球储蓄过多，从而推低了长期利率水平。这一言论与美国前财政部长鲍尔森如出一辙，鲍尔森2009年初称，中国等新兴市场国家的高储蓄率造成全球经济失衡是导致金融危机的原因，而美联储现任主席伯南克则干脆把美国房地产泡沫归咎于外国人尤其是中国人的高额储蓄。[2]

---

[1] 格林斯潘的悔悟. 21世纪经济报道，2008-10-25.
[2] 谬论改变不了事实. 新华网，2009-01-07.

关于《马克思主义基本原理概论（2008年修订版）》修订中的几个问题

对于格林斯潘和鲍尔森、伯南克等人的论调，我国当时反击称，这次危机的导火线是美国的次级房贷，而导致美国信贷消费过度扩张的直接因素就是其国内长期的低利率政策。[①] 有我国学者认为，美国的经济政策、金融监管和金融市场的多重失误，才是造成危机的根本原因。[②] 而澳大利亚总理陆克文则指出，当前的金融危机都是新自由主义惹的祸。

这样的争论当然还会继续下去。但对《马克思主义基本原理概论》教材编写组而言，这就遇到了一个问题，即对于这场在新的历史条件下发生的重大危机，要不要在教科书中反映，如果反映的话应如何反映，这是这次修订时必须回答的问题。

经过慎重考虑，我们认为，作为对大学生进行马克思主义基本原理教育负有重要使命的教科书，不对目前发生的世界性的金融危机做出解释是不合适的，但这种解释不应该是浅层次的，而应该从马克思主义基本原理的角度入手，做出实事求是的解释。

基于这样的认识，教材编写组经过认真的研究，认为这次起源于最发达资本主义国家的金融危机，其原因是多重的：首先是政策方面的原因，即美国长期实行的低利率货币政策和赤字财政政策以及大规模减税政策。其次是体制方面的原因，即美国金融机构在公司治理和风险管理方面存在严重缺陷，这些机构漠视风险控制，追求短期利益，缺乏制衡机制，而与此同时，金融创新过度导致金融风险扩大化，加上金融监管体系存在重大的缺陷，缺乏有效监管，导致了金融机构风险与收益不匹配，风险不仅没有分散掉，反而被放大许多。最后是理论指导方面的原因，即新自由主义在理论上把市场经济的作用无限扩大而对政府的适度干预予以否定，由此影响了经济决策。

所有这些无疑都是引致美国金融危机的原因，但教材编写组认为这些并不是最为根本的原因，最根本的原因还是在于美国长期存在的生产无限扩大与社会购买能力的需求不足之间的矛盾。由于需求不足，所以才实行扩张的货币政策和财政政策，所以才热衷于虚拟资本的膨胀而忽视与实体

[①] 谬论改变不了事实. 新华网，2009-01-07.
[②] 张建华. 对金融危机的进一步思考. 金融发展研究，2008（9）：3-6.

资本的协调，才使金融危机有了现实爆发的可能。而为什么美国这样发达的国家会长期存在社会购买能力需求不足的问题？其根本原因还是在于资本主义这种制度所固有的生产社会化和生产资料私人占有的固有矛盾。历史发展了几百年，资本主义制度有辉煌，有危机。而第二次世界大战后的新变化似乎使人们看到资本主义制度已经摆脱了其固有矛盾的羁绊，但全球金融危机的发生，又使人们进一步认识到马克思主义所揭示的资本主义基本矛盾的真理性。

在这些认识的基础上，本次对教材的修订，突出了两点：一是在教科书第178页增加了对金融危机影响的论述，将"金融危机对整个经济危机的影响加强"改为："金融危机频繁发生，对整个经济的影响加强。2008年以来，由美国次贷危机引发的金融危机愈演愈烈，迅速从局部发展到全球，从发达国家传导到新兴市场国家，从金融领域扩散到实体经济领域。这场国际金融危机，波及范围之广、影响程度之深、冲击强度之大，为20世纪30年代以来所罕见。它已经并正在对资本主义生产方式和全球经济产生深刻影响。"二是在教科书第181页增加了对金融危机根源的论述，指出："从根本上产生于资本主义基本矛盾的金融危机和经济危机依然是资本主义不可克服的痼疾。"这样就不仅把这次金融危机的发生和影响纳入教科书的视野，而且把它发生的根本原因归结于马克思主义揭示的资本主义的基本矛盾，这进一步地说明第二次世界大战后尽管资本主义发生了许多变化，但马克思主义揭示的资本主义本质没有变，资本主义发展的基本趋势没有变。

至于这次金融危机对我国经济的影响和我们应该采取的应对措施，我们认为本教材不宜具体地分析，而应由其他的专业课教材去研究，所以这次修订并未增加这方面的文字。

三、关于本书的主题和拟努力实现的创新

在使用本教材的过程中，有同志提出，希望能就这本教材的主题和教

关于《马克思主义基本原理概论(2008年修订版)》修订中的几个问题

材有哪些创新做一些说明,以便老师教学和学生学习时更好地把握。

关于这本教材的主题,在教材第一次出版后我曾撰文做过说明,指出《马克思主义基本原理概论》教材紧紧围绕什么是马克思主义、为什么要始终坚持马克思主义、怎样坚持和发展马克思主义这一主题,以阐述马克思主义世界观和方法论为重点,以人类社会发展的基本规律为主线,全面阐述了马克思主义的基本原理,培养学生树立为实现物质财富极大丰富、人民精神境界极大提高、人类自由而全面发展的共产主义社会而奋斗的远大理想和坚定信念。现在教材第二次修订已经完成,我愿意再进一步谈谈看法,与大家交流。

胡锦涛同志在纪念党的十一届三中全会召开30周年大会上的讲话中曾讲过一段话,这段话在教材修订时已经引入教材,前面已经引了一遍,这里我想再引一次。这段话是:"30年来,我们党的全部理论和实践,归结起来就是创造性地探索和回答了什么是马克思主义、怎样对待马克思主义,什么是社会主义、怎样建设社会主义,建设什么样的党、怎样建设党,实现什么样的发展、怎样发展等重大理论和实际问题。"[1] 胡锦涛同志讲的我国改革开放以来党的全部理论和实践回答的这四个重大理论和实际问题,特别是什么是马克思主义和怎样对待马克思主义,实际上就是《马克思主义基本原理概论》教材所要阐述的主题。

围绕什么是马克思主义和怎样对待马克思主义,与原有的同类教材相比,《马克思主义基本原理概论》力图在如下几个方面有所前进,有所创新。

1. 以发展的观点回答什么是马克思主义

在过去相当长的一段时间内,对于什么是马克思主义有多种表述,教材对这些表述做了概括、肯定和吸收,并指出从不同的角度可以对什么是马克思主义做出不同的回答。本教材对马克思主义进行了狭义和广义的区分,指出:从狭义上说,马克思主义即马克思恩格斯创立的基本理论、基本观点和学说的体系;从广义上说,马克思主义不仅指马克思恩格斯创立

---

[1] 胡锦涛. 在纪念党的十一届三中全会召开30周年大会上的讲话. 新华网,2008-12-18.

的基本理论、基本观点和学说的体系，也包括后人对它的发展，即发展了的马克思主义。

在此基础之上教材进一步指出，作为中国共产党和社会主义事业指导思想的马克思主义，是广义上的马克思主义。它既包括由马克思恩格斯创立的马克思主义的基本理论、基本观点、基本方法，也包括经列宁等继承和发展，推进到新的阶段，并由毛泽东、邓小平、江泽民等为主要代表的中国共产党人将其与中国具体实际相结合，进一步丰富和发展了的马克思主义，即中国化的马克思主义。

对于马克思主义广义的理解，应该说是一种前进。其意义不仅说明马克思主义是开放的发展的理论体系，从而否定了把马克思主义看成是封闭僵化体系的错误观点，而且把中国化的马克思主义纳入马克思主义的理论体系。在这次修改中，更加明确了在当代中国，坚持中国特色社会主义理论体系就是真正坚持马克思主义。随着历史的发展，这一认识还会为越来越多的人所深刻理解和认可。

2. 从整体上理解什么是马克思主义

在过去相当长的一段时间内，对于马克思主义的理解基本上习惯于"三个组成部分"，这固然不错且理由充分，因为恩格斯的《反杜林论》和列宁的《马克思主义三个来源和三个组成部分》都可以用以证明上述的观点。但是本教材没有停留于此，而是在肯定马克思主义三个主要组成部分的同时吸收了马克思主义中国化的最新成果，从新的角度对马克思主义做了整体性的概括。教材认为马克思主义是彻底而严整的科学理论体系，它的内容涵盖了政治、经济、文化、军事、历史、社会生活、人类发展等诸多领域和各个方面，是极其丰富的。教材同时指出，辩证唯物主义与历史唯物主义是马克思主义最根本的理论特征；致力于实现最广大人民的根本利益是马克思主义最鲜明的政治立场；坚持一切从实际出发，理论联系实际，实事求是，在实践中检验真理和发展真理是马克思主义最重要的理论品质；实现物质财富极大丰富、人民精神境界极大提高、每个人自由而全面发展的共产主义社会，是马克思主义最崇高的社会理想。

这样的概括，既尊重前人"三个组成部分"的理解，又不拘泥于"三个组成部分"的理解,而是拓展了对马克思主义从整体上理解的新视野,无论是从理论与实践的结合上对马克思主义的继承和发展,还是对马克思主义学科的建设,都具有重要意义。

3. 以科学的态度对待马克思主义

如何对待马克思主义,过去是、现在是、将来还是关系我们党和国家前途命运的大问题。在这个问题上我们以前是有教训的:在历史特定时期,有人否定马克思主义对中国的指导意义,有人教条主义地理解和对待马克思主义,有人片面地断章取义地对待马克思主义,这些行为结果都给中国的革命和建设带来不好的后果。当然我们党坚持把马克思主义作为指导思想的理论基础时,更多的时候是坚持把马克思主义基本原理与中国的实际相结合,创造性地发展了马克思主义,并先后形成了中国化马克思主义的两大成果:毛泽东思想和中国特色社会主义理论体系。由是可见,正反两个方面使我们积累了必须正确对待马克思主义的经验教训。本书吸取这些经验教训,指出必须坚持马克思主义不动摇,这是就马克思主义的基本原理、基本观点和方法而言的。随着时代的发展和历史条件的变化,马克思主义创始人针对特定历史条件的一些具体论述可能不再适用,而新的实践又会提出新的问题,这就需要我们在坚持马克思主义基本原理的基础上去丰富和发展马克思主义,并以之来解决新问题。在我国社会主义实践的过程中,坚持与发展是统一的:只有坚持,才能发展;只有发展,才能更好地坚持。否认马克思主义的科学性,丢掉"老祖宗",是错误的、有害的,教条式地对待马克思主义,也是错误的、有害的。我们一定要适应实践的发展,以实践来检验一切,用发展着的马克思主义指导新的实践。"我们必须坚持解放思想、实事求是、与时俱进,从理论和实践的结合上不断研究新情况、解决新问题,做到自觉地把思想认识从那些不合时宜的观念、做法和体制的束缚中解放出来,从对马克思主义的错误的和教条式的理解中解放出来,从主观主义和形而上学的桎梏中解放出来,不断有所发现、有所创造、有所前进。"[①] 这是对马克思主义发展史基本经验的总

[①] 胡锦涛. 在"三个代表"重要思想理论研讨会上的讲话. 新华网,2003-07-01.

结，也是对我们学习马克思主义基本原理所提出的根本要求。

4. 吸收理论界的最新成果，力求全面准确地阐述并丰富和发展马克思主义

由马克思恩格斯创立的马克思主义，是经典作家160多年前根据当时历史条件做出的科学结论。时代的发展要求我们既要把经典作家的论断放到当时的历史环境中来认识，同时又要紧密结合今天发展了的实践做出准确而又符合时代要求的新阐释，努力做到"四个分清"。

根据这样的要求，教材既力求全面准确地阐述马克思主义，又尽可能地吸收理论界的最新成果，丰富和发展马克思主义理论。例如，在关于如何认识实践在马克思主义世界观方法论中的地位及其与世界物质性的关系这一点上，教材在继承马克思主义的基本观点的同时充分吸取了理论界讨论的最新成果，认为不管从历史上还是从逻辑上讲，都是先有物质世界，后有实践，实践是物质世界长期发展的产物，而且是物质世界的一部分，而不是相反。我们只能说我们对世界的认识依赖于实践，已知世界的有些变化是实践造成的，不能说已知世界的存在依存于实践。

在关于"如何认识当代资本主义的新变化"这一点上，教材在充分阐明马克思主义经典作家在分析资本主义的基础上所得出的基本理论的同时，运用马克思主义的基本原理客观地梳理了资本主义变化的表现，实事求是地分析了当代资本主义变化的原因，明确地指出了当代资本主义变化的实质。认为当代资本主义发生的变化从根本上说是人类社会发展一般规律和资本主义基本经济规律共同作用的结果，它是在资本主义制度基本框架内的变化，并不意味着资本主义生产关系的根本性质发生了变化。

在"如何认识无产阶级革命和社会主义发展道路"这一点上，教材不停留在过去我们比较多地强调暴力革命的观点，而是力求全面理解马克思主义对此的基本观点，认为从理论上说，无产阶级革命有暴力的与和平的两种形式，但是时至今日，还没有任何国家和平过渡到社会主义的历史事实。所以如果轻易否认马克思列宁主义关于暴力革命的原则、让无产阶

级完全放下武器，无论在理论上和实践上都是缺乏根据和有害的。当然，各国人民的革命究竟采取什么形式，只能由该国无产阶级政党和人民根据马克思主义基本原理同本国实际情况结合的原则做出决定。对于社会主义建设和发展的道路问题，教材根据社会主义建设和发展的实践，强调社会主义建设和发展道路的多样性与各国选择道路的自主性，认为社会主义在发展过程中，由于各国国情的特殊性——经济、政治、思想文化的差异性，生产力的发展水平不同，无产阶级政党自身成熟程度的不同，阶级基础与群众基础的构成状况的不同，革命传统不同以及历史和现实的、国内和国际的各种因素的交互作用——的影响，社会主义的发展道路必然呈现出多样性的特点，坚持社会主义发展道路的多样性是一个客观真理。同时指出，实践证明，坚持社会主义，不等于坚持某种单一的社会主义模式；改革或抛弃某种社会主义模式，不等于改掉或抛弃社会主义；某种社会主义模式的失败，也不等于整个社会主义事业的失败。在当代世界社会主义的发展中，多样化的趋势日益突出，这种多样化的趋势既是科学社会主义与本国实际相结合的产物，又是时代发展的必然要求，它从世界历史的发展趋势方面反映了社会主义的生机和活力。既然社会主义发展道路具有多样性，那么努力探索适合本国国情的社会主义的发展道路，就是无产阶级执政党必须领导全国人民为之奋斗的神圣使命和光荣任务。

上述这四个方面是教材编写组希望通过努力能够有所前进的，但限于水平，是否达到了预期的目标，还要通过广大思想政治理论课教师和同学的教学实践去检验。即便真正做到了有所创新，也是我们的党我们的国家我们的人民创新实践的结果，教材编写组只是将这些创新成果反映到教科书中而已。

参考文献

1. 格林斯潘的悔悟. 21世纪经济报道，2008-10-25.
2. 谬论改变不了事实. 新华网，2009-01-07.
3. 张建华. 对金融危机的进一步思考. 金融发展研究，2008（9）.

4. 胡锦涛. 在纪念党的十一届三中全会三十周年大会上的讲话. 新华网，2008-12-18.

5. 胡锦涛. 在"三个代表"重要思想理论研讨会上的讲话. 新华网，2003-07-01.

关于《马克思主义基本原理概论（2010年修订版）》修订的主要内容和讲授该课的一些建议

（二〇一三年五月）

党的十八大以后，在中宣部和教育部的领导下，教材编写组在认真学习十八大精神，多方反复听取教材使用过程中的意见和修改建议的基础上，对《马克思主义基本原理概论（2010年修订版）》（以下简称《概论》）进行了修订，以下对修订的主要内容做一些说明，并对今后讲课要突出的重点提出一些建议。

一、这次修订总的原则和主要内容

这次教材修订总的原则是：第一，深入贯彻党的十八大精神，从基本原理的高度充分体现马克思主义中国化最新进展；第二，进一步突出马克思主义世界观和方法论，引导学生从整体上学习理解马克思主义，把握人类社会发展规律；第三，充分吸取教师、学生的意见和建议，进一步增强教材的时代感和教学适用性、可读性。

这次修订，除了一些力求使教材表述更加精炼、准确的文字性修改外，涉及的内容主要有两个重要方面：

1. 对马克思主义基本原理进行了尝试性的概括

在 2007 年第一版和之前的几次修订中,《概论》在"绪论"部分开宗明义对什么是马克思主义进行了回答,而对于教材给出的回答,总体上大家是认可的。在教材使用过程中,不少师生包括社会各界读者提出的建议是,希望在此基础上,能对什么是马克思主义基本原理,马克思主义基本原理包括哪些主要内容做出进一步的回答,这既有利于教材使用者精当地学习和把握马克思主义的精髓,又与教材的名称相吻合。

根据大家的建议,这次教材修订,教材编写组尝试性地对什么是马克思主义基本原理、马克思主义基本原理包括哪些主要内容做了回答,增加了以下几段文字:

> 马克思主义基本原理,是马克思主义理论体系中最基本、最核心的内容,是马克思主义的基本立场、基本观点和基本方法的集中概括。它体现马克思主义的根本性质和整体特征,体现马克思主义科学性和革命性的统一。相对于特定历史条件下所做的个别理论判断和具体结论,基本原理具有长期普遍和根本的指导意义。
>
> 可以从基本立场、基本观点和基本方法三个方面去把握马克思主义的基本原理。马克思主义的基本立场,是马克思主义观察、分析和解决问题的根本立足点和出发点。这就是始终站在人民大众的立场上,一切为了人民,一切相信人民,一切依靠人民,诚心诚意为人民谋利益。马克思主义的基本观点,是关于自然、社会和人类思维规律的科学认识,是对人类思想成果和社会实践经验的科学总结。这些基本观点主要包括:关于客观世界的本质和规律的观点,关于人的实践和认识活动的本质和规律的观点,关于社会形态和社会基本矛盾运动规律的观点,关于人民群众的历史主体作用的观点,关于人的全面发展和社会全面进步的观点,关于商品经济和社会化大生产一般规律的观点,关于劳动价值论、剩余价值论和资本主义生产方式本质的观点,关于社会主义必然代替资本主义的观点,关于社会主义革命和无产阶级专政的观点,关于无产阶级政党建设的观点,关于社会主义本质特征和建设规律的观点,关于共产主义社会基本特征的观点,等

关于《马克思主义基本原理概论（2010年修订版）》修订的主要内容和讲授该课的一些建议

等。马克思主义的基本方法，是指导我们正确认识和改造世界的根本的思想方法和工作方法，主要包括建立在辩证唯物主义和历史唯物主义根本世界观和方法论基础上的实事求是的方法、辩证分析的方法、群众路线的方法，等等。

马克思主义基本原理是一个有着内在联系的完备而严密的科学理论体系。马克思主义的哲学、政治经济学和科学社会主义三个基本组成部分是有机统一的。马克思主义哲学是世界观和方法论基础，马克思主义政治经济学是运用哲学对资本主义的理论剖析，为马克思主义提供了科学论证，而科学社会主义则是马克思主义的结论和归宿。在马克思主义科学体系中，处于核心地位的是科学社会主义。因为无产阶级和人类的解放，社会主义事业的发展和共产主义远大理想，集中体现了马克思主义的目的、任务和使命。

学习、掌握和坚持马克思主义基本原理，是发展马克思主义的基础。我们说"老祖宗"不能丢，很重要的就是马克思主义基本原理不能丢。推进理论创新，必须坚持马克思主义基本原理不动摇。

对于马克思主义基本原理的上述概括，一是吸收了最近时期中央的一些重要文件、党和国家领导人的重要讲话精神；二是汲取了理论界专家学者的研究成果；三是吸收了一线教师的教学体会和建议，当然也有教材编写组在进一步学习马克思主义经典著作基础上的集体研究和理解。这样的概括是初步的，我们希望大家能够继续提出意见，以便进一步斟酌和完善。

2. 贯彻党的十八大精神，从基本原理的高度充分体现马克思主义中国化最新进展

中国共产党第十八次全国代表大会，是在我国进入全面建成小康社会决定性阶段召开的一次十分重要的大会。大会深刻总结了党中央领导全国各族人民推进中国特色社会主义事业的成就和经验，提出了一系列新思想、新观点、新论断，丰富发展了马克思主义。因此，为了深入学习和贯彻党的十八大精神，"概论"课程教育教学要从马克思主义基本原理的高度，将党的十八大对马克思主义的最新发展引入课堂教学之中，帮助学生

从理论与实践的结合上理解和把握十八大对马克思主义的丰富和发展。这次教材修订,从马克思主义基本原理和理论联系实际两个角度对贯彻党的十八大精神做出了努力,这里仅做扼要的概括:

第一,关于科学发展观是党必须长期坚持的指导思想和马克思主义的与时俱进的内容。党的十八大深刻论述了科学发展观的重大意义,确立了科学发展观的历史地位,实现了马克思主义指导思想的与时俱进。贯彻十八大精神,首先要充分体现科学发展观开辟了当代中国马克思主义发展的新境界,是我们必须长期坚持的指导思想。作为马克思主义世界观和方法论在发展问题上的集中体现,科学发展观既是科学的思想理论,又是有效的思想方法和工作方法。科学发展观关于发展是第一要务的思想,关于以人为本的思想,关于全面协调可持续发展的思想,都具有方法论的指导意义,特别是作为科学发展观的根本方法,统筹兼顾更集中而具体地体现着科学发展观的方法论意义。在《概论》教材的修订过程中,我们高度重视这一方法的理论研究,在第一章第二节中从唯物辩证法的高度做出了深入的阐释。

第二,关于中国特色社会主义理论的丰富与对科学社会主义基本原理的发展的内容。中国特色社会主义是马克思主义科学社会主义基本原理与中国实际相结合的产物。党的十八大报告中关于中国特色社会主义理论的阐述十分丰富,如从中国特色社会主义道路、中国特色社会主义理论和中国特色社会主义制度的结合中把握中国特色社会主义,提出了建设中国特色社会主义的"五位一体"总布局,即经济建设、政治建设、文化建设、社会建设、生态文明建设;提出了夺取中国特色社会主义新胜利的八项基本要求,即必须坚持人民主体地位,必须坚持解放和发展社会生产力,必须坚持推进改革开放,必须坚持维护社会公平正义,必须坚持走共同富裕道路,必须坚持促进社会和谐,必须坚持和平发展,必须坚持党的领导,等等。修订后的《概论》教材在相关章节增加了中国特色社会主义的最新内容,不仅深化了对马克思主义中国化及其理论成果的认识,而且也深化了对马克思主义科学社会主义基本原理的理解。

第三,关于改革开放与科学发展的内容。改革是社会前进的重要动

关于《马克思主义基本原理概论（2010年修订版）》修订的主要内容和讲授该课的一些建议

力，这是马克思主义的基本原理。改革开放是坚持和发展中国特色社会主义的必由之路。党的十八大报告对当今时代的主题进行了深刻分析，对我国基本国情做了清醒的判断，在此基础上，提出了确保到2020年实现全面建成小康社会、到新中国成立一百年时建成现代化国家的宏伟目标。此外，党的十八指出，必须以更大的政治勇气和智慧，不失时机深化重要领域改革，坚决破除一切妨碍科学发展的思想观念和体制机制弊端，构建系统完备、科学规范、运行有效的制度体系，使各方面制度更加成熟更加定型。同时，党的十八大认为，在当代中国，坚持发展是硬道理的本质要求就是坚持科学发展。以科学发展为主题，以加快转变经济发展方式为主线，是关系我国发展全局的战略抉择，要实施创新驱动发展战略，走中国特色自主创新道路，把推动发展的立足点转到提高质量和效益上来。这些分析判断和决策体现了马克思主义关于实事求是和一切从实际出发的基本观点，丰富发展了马克思主义关于改革是社会前进动力、发展是硬道理的基本观点。在《概论》修订过程中，在第三章充实、加深了对这些观点的阐释。

第四，关于建设中国特色社会主义文化强国的内容。党的十八大对文化建设有一系列理论述，丰富发展了马克思主义文化观。如关于文化及其在社会发展中的重要作用，关于走中国特色文化发展道路，建设社会主义文化强国，建设社会主义文化强国的原则和目标，关于加强社会主义核心价值体系建设，培育和践行社会主义核心价值观。党的十八大对加强社会主义核心价值体系建设做了充分阐述，强调社会主义核心价值体系是兴国之魂，决定着中国特色社会主义发展方向，并做出了一系列战略部署。这些论述内容十分丰富，并涉及了马克思主义基本原理及其运用的许多方面，修订后的《概论》对这些内容做了较多的补充。

第五，关于人民主体地位和社会建设的内容。党的十八大报告从始至终贯彻了"以人民为本"的精神，创新性阐释了马克思主义关于人民群众创造历史和社会建设发展的成就成果应由人民共享等唯物史观的基本观点。党的十八大报告指出，必须坚持人民主体地位。中国特色社会主义是亿万人民自己的事业。要发挥人民主人翁精神，坚持依法治国这个党领导人民治理国家的基本方略,最广泛地动员和组织人民依法管理国家事务和社会事务、管理经济和文化事业、积极投身社会主义现代化建设,更好保障人民权益,更好保证人民当家作主。此外,在党的十八大报告中,还从六个方面阐述了在改善民生和创新管理中加强社会建设这一观点:努力办好人民满意的教育,推动实现更高质量的就业,千方百计增加居民收入,统筹推进城乡社会保障体系建设,提高人民健康水平,加强和创新社会管理。这些思想观点深刻体现了唯物史观关于社会发展和人的发展的基本原理,修订后的《概论》对这些内容做了较多的补充。

第六,关于马克思主义执政党建设的内容。我们党是中国特色社会主义事业的领导核心,党的建设的状况决定着我们事业的成败。党的十八大对新形势下党的建设做了全面的论述和部署,丰富发展了马克思主义执政党建设的理论:关于全面提高党的建设科学化水平,党的十八大强调党的建设的科学化,提出全面提高党的建设科学化水平;关于马克思主义执政党建设的主线,党的十八大提出要牢牢把握加强党的执政能力建设、先进性和纯洁性建设这条主线,坚持解放思想、改革创新,坚持党要管党、从严治党,全面加强党的思想建设、组织建设、作风建设、反腐倡廉建设、制度建设,增强自我净化、自我完善、自我革新、自我提高能力,建设学习型、服务型、创新型的马克思主义执政党,确保党始终成为中国特色社会主义事业的坚强领导核心;关于坚定理想信念、坚守共产党人的精神追求,党的十八大明确指出对马克思主义的信仰、对社会主义和共产主义的信念,是共产党人的政治灵魂,是共产党人经受住任何考验的精神支柱。以上这些精辟的论述,在修订后的《概论》在第六章第三节的执政党建设部分和第七章关于共产主义理想中得到充分体现。

二、讲授《概论》要突出的重点

自《概论》教材的编写和使用开始,关于讲授重点的要求就是明确的,即要突出马克思主义世界观和方法论,引导学生从整体上学习理解马

关于《马克思主义基本原理概论（2010年修订版）》修订的主要内容和讲授该课的一些建议

克思主义，把握人类社会发展规律。在当前和今后使用本教材进行教学时，还要继续突出这样的重点。在此基础上，从当前的实际出发，建议再加强三个方面的讲授重点：一是突出党的十八大精神，从基本原理的高度充分讲授马克思主义中国化最新进展；二是突出唯物史观和群众观点；三是突出共产主义远大理想和中国特色社会主义共同理想。关于第一个问题前面已有说明，以下重点谈谈后两个问题。

1. 关于唯物史观和群众观点

学习《概论》的重要方法是理论联系实际。当前一个重要的实际是全党正在认真贯彻党的十八大精神，努力实现党的十八大确定的奋斗目标。而要实现党的十八大确定的奋斗目标，就必须紧紧依靠人民，充分调动最广大人民的积极性、主动性、创造性，就必须要使全党同志牢记并恪守全心全意为人民服务的根本宗旨，以优良作风把人民紧紧凝聚在一起，这就要求全党要认真贯彻和执行党的群众路线。党的群众路线集中体现了马克思主义唯物史观的基本观点，是党的生命线和根本工作路线。深刻理解和准确把握唯物史观与党的群众路线的关系，对于我们更好地贯彻党的群众路线，改进党的作风，密切联系群众，提高新形势下群众工作的能力，夯实党的执政基础、巩固党的执政地位，具有十分重要的意义。

"概论"课具有讲解马克思主义唯物史观和党的群众路线的天然优势，发挥这种优势不仅可以使大学生加深对马克思主义基本原理的理解，增强理论联系实际的自觉，而且也可以通过教师和学生对当前开展的党的群众路线教育活动的参与，大大增强"概论"课服务社会的能力。

唯物史观，又叫历史唯物主义，是关于人类社会发展一般规律的科学，是无产阶级的历史观。它同辩证唯物主义一起，是马克思主义根本的世界观和方法论。马克思和恩格斯从社会存在与社会意识的辩证关系出发，深刻揭示了生产力与生产关系、经济基础与上层建筑矛盾运动等一系列规律，为人们正确认识人类社会历史及其发展趋势、正确认识资本主义社会和社会主义社会的发展规律、正确认识人民群众在社会发展中的历史作用提供了科学的指导原则。

唯物史观认为，首先，社会存在决定社会意识。物质生活的生产方式决定社会生活、政治生活和精神生活的一般过程，社会意识是社会存在的反映，社会存在的性质决定社会意识的性质，社会存在的变化决定社会意识的变化；同时，社会意识对社会存在又具有能动的反作用：先进的、革命的、科学的社会意识对社会存在的发展会产生巨大的促进作用，落后的、反动的、不科学的社会意识会对社会存在的发展起阻碍作用。其次，社会历史的发展有其自身固有的客观规律。生产力和生产关系、经济基础和上层建筑的矛盾是社会的基本矛盾，规定了社会发展过程中各种社会形态、社会制度的基本性质，制约着社会其他矛盾的存在和发展，决定着社会历史的一般进程，推动着社会向前发展。阶级斗争是社会基本矛盾在阶级社会中的表现，是阶级对立社会发展的直接动力，革命是阶级斗争发展到一定阶段的产物，社会革命是推动社会发展的重要动力。改革是推动社会发展的又一重要动力；作为先进生产力的重要标志，科学技术对于推动社会发展有着非常重要的作用。最后，人民群众是社会历史的主体，是历史的创造者。人民群众是一个历史范畴，从质上说是指一切对社会历史发展起推动作用的人们，从量上说是指社会人口中的绝大多数。在不同的历史时期，人民群众有着不同的内容，包含着不同的阶级、阶层和集团，其最稳定的主体部分始终是从事物质资料生产的劳动群众及知识分子。人民群众是社会历史实践的主体，在创造历史中起决定性的作用。人民群众是社会物质财富的创造者，人民群众是社会精神财富的创造者，人民群众是社会变革的决定力量。

唯物史观的创立宣告了唯心史观的彻底破产。唯心史观从某种精神因素出发去解释历史事件、说明历史的发展，至多考察了人们活动的思想动机，而没有进一步考究思想动机背后的物质动因和经济根源，因而从社会意识决定社会存在的前提出发，把社会历史看成是精神发展史，或某个英雄创造的历史，从根本上否认了社会历史的客观规律，否认了人民群众在社会历史发展中的决定作用。马克思主义从社会生活的各种领域划分出经济领域、从一切社会关系中划分出生产关系，并把生产关系当作决定其余一切关系的最基本的原始关系，从将一切社会关系归结于生产关系、将生产关系归结于生产力发展的高度将社会形态的发展看作自然历史过程，从

关于《马克思主义基本原理概论（2010年修订版）》修订的主要内容和讲授该课的一些建议

而揭示了人类社会发展的规律。同时，唯物史观用以观察社会历史的方法与以前一切历史理论不同，它承认历史的主体是人，历史是追求着自己目的的人的活动。但唯物史观所说的"人"不是处在某种幻想的与世隔绝和离群索居状态的抽象的人，而是处于不断发展的现实中的活生生的人。唯物史观认为，现实的人无非是一定社会关系的人格化，他们所有的性质和活动始终取决于自己所处的物质生活条件。

唯物史观是社会主义从空想变成科学的基石。空想社会主义者仅仅从抽象的理性原则出发谴责资本主义制度的缺陷，但却找不到历史发展的真正动力和推翻资本主义制度的真正力量。唯物史观为人们提供了正确认识社会现象和社会历史发展规律的思想路线：它揭示了社会基本矛盾运动是社会发展的根本动力，提供了认识人类社会发展规律和论证资本主义社会产生、发展和灭亡规模的科学依据；它揭示了阶级斗争是阶级社会发展的直接动力，纠正了空想社会主义者寄希望于统治者发善心从而实现社会变革蓝图的幻想；它揭示了人民群众是历史的创造者，克服了空想社会主义者仅仅把无产阶级看成一个受苦受难的阶级，而把历史进步和社会更替的希望寄托于少数天才人物的局限。因此，唯物史观是社会主义从空想变成科学的基石。

唯物史观关于人民群众是历史创造者的观点，是无产阶级政党的群众观点和群众路线的理论基础。党的群众观点就是坚信人民群众自己解放自己的观点、全心全意为人民服务的观点、一切向人民群众负责的观点，以及虚心向群众学习的观点。党的群众路线是群众观点在实际工作中的贯彻运用，是我们党的生命线和根本工作路线。在我国的民主革命时期，以毛泽东为主要代表的中国共产党人，依据马克思主义的唯物史观，创造性地提出了党的群众路线，即一切为了群众，一切依靠群众，从群众中来，到群众中去，并成为我们党在民主革命时期战胜敌人的重要"法宝"之一。在新的历史时期，邓小平等共产党人进一步强调了群众观点和群众路线。他们尊重群众，热爱人民，总是时刻关注最广大人民群众的利益和愿望，把"人民拥护不拥护""人民赞成不赞成""人民高兴不高兴""人民答应不答应"作为制定各项方针、政策的出发点和落脚点，从而为我们树立了坚持群众观点和群众路线的光辉典范。"三个代表"重要思想强调中国共产党要始终代表最广大人民的根本利益、科学发展观坚持以人为本的观点，都进一步继承和发展了人民群众创造历史的观点。历史经验告诉我们，来自人民、植根人民、服务人民，是我们党永远立于不败之地的根本。当前，要实现党的十八大确定的奋斗目标，实现中华民族伟大复兴的中国梦，在建设中国特色社会主义的伟大实践中就必须紧紧依靠人民，充分调动最广大人民的积极性、主动性、创造性。要尊重人民的主体地位，始终把人民利益放在第一位，把实现好、维护好、发展好最广大人民根本利益作为一切工作的出发点和落脚点。要发挥人民首创精神，保障人民各项权益，走共同富裕道路，促进人的全面发展，做到发展为了人民、发展依靠人民、发展成果由人民共享，始终坚持全心全意为人民服务的宗旨。

  党的群众观点、群众路线不是抽象的理论，而是要通过发扬党的作风得到体现，所以必须牢记并恪守全心全意为人民服务的根本宗旨，以优良作风把人民紧紧凝聚在一起，为实现党的十八大确定的目标任务而努力奋斗。习近平同志指出："人心向背关系党的生死存亡。党只有始终与人民心连心、同呼吸、共命运，始终依靠人民推动历史前进，才能做到坚如磐石。开展党的群众路线教育实践活动，就是要把为民务实清廉的价值追求深深植根于全党同志的思想和行动中，夯实党的执政基础，巩固党的执政地位，增强党的创造力凝聚力战斗力，使保持党的先进性和纯洁性、巩固党的执政基础和执政地位具有广泛、深厚、可靠的群众基础。"[1] 当前从总体上看，虽然各级党组织和党员干部贯彻执行党的群众路线情况是好的，党群干群关系也是好的，但必须看到面对世情、国情、党情的深刻变化，精神懈怠危险、能力不足危险、脱离群众危险、消极腐败危险更加尖锐地摆在全党面前，党内脱离群众的现象大量存在，集中表现在形式主义、官僚主义、享乐主义和奢靡之风这"四风"上。所以对作风之弊、行为之垢来一次大排查、大检修、大扫除是党的建设的需要，是实现党的十八大确定的宏伟目标的需要。

---

[1] 党的群众路线教育实践活动工作会议召开　习近平发表重要讲话. 人民日报, 2013-06-19 (1).

关于《马克思主义基本原理概论（2010年修订版）》修订的主要内容和讲授该课的一些建议

保持党同人民群众的血肉联系是一个永恒课题。作风问题具有反复性和顽固性，必须经常抓、长期抓，特别是要建立健全促进党员干部坚持为民务实清廉的长效机制。要以这次党的群众路线教育活动为契机，制定新的制度，完善已有的制度，废止不适用的制度。制度一经形成，就要严格遵守，执行制度没有例外。

青年学生是未来社会主义事业的建设者和接班人。通过对《概论》的学习，青年要确立坚定的马克思主义的唯物史观和群众观点，深刻理解党的群众路线，无论对于他们的自身成长，还是对于我们国家的长治久安都具有重要意义。

2. 关于共产主义远大理想、中国特色社会主义共同理想

《概论》第七章讲的是共产主义是人类最崇高的社会理想。据了解，一些学校的教师对这一章基本不讲，原因一是学时不够，二是认为共产主义太遥远。这种认识和做法应该纠正。

学习《概论》的主要目的，是以马克思主义基本原理指导实际行动，而树立共产主义崇高理想和中国特色社会主义共同理想，并为崇高理想而奋斗，就是实实在在的行动。培养大学生树立崇高的共产主义理想和中国特色社会主义共同理想，应该是《概论》教学的重要出发点和落脚点。联系到当前我国正在进行的中国特色社会主义建设实践和人们的思想实际，突出加强共产主义远大理想和中国特色社会主义共同理想的教育教学显得尤为重要。

按照马克思主义经典作家的设想，社会主义经过长期的发展最终必将走向共产主义社会。共产主义不仅是一种未来的社会制度和社会形态，还是人类最崇高的社会理想，更是一种科学的理论和在这种理论指导下的现实运动。实现共产主义是人类历史发展的必然趋势，同时也是一个长期的包含着不同阶段的历史过程。马克思把共产主义社会划分为初级阶段和高级阶段，列宁分别把这两个阶段称为社会主义社会和共产主义社会。社会主义是共产主义的初级阶段，也是实现共产主义的必由之路。建设社会主义是一个长期艰苦的过程，试图跳过社会主义阶段而直接进入共产主义社会是不可能的，试图人为地缩短社会主义时期、急于迈向共产主义、超越

社会主义充分发展阶段的做法也是有害的。虽然社会主义阶段离共产主义社会尚远，但为了最终实现共产主义，必须坚定不移走社会主义道路，脚踏实地建设社会主义。

经过长期的探索，我们已经确认我国仍然处于并将长期处于社会主义初级阶段，并且已经找到了中国特色社会主义道路。而中国特色社会主义道路之所以完全正确，之所以能够引领中国发展进步，关键在于我们既坚持了科学社会主义的基本原则，又根据我国实际和时代特征赋予了其鲜明的中国特色。坚定不移地走中国特色社会主义之路，是中华民族为了实现自身的伟大复兴做出的重大抉择，是中国社会主义革命和建设事业的经验总结，也将是中华民族最终走向共产主义的必由之路和康庄大道。坚定不移地走中国特色社会主义之路，建设中国特色社会主义，是我们的共同理想。

理想是指引人们奋斗方向的航标，也是推动人们前进的强大精神动力。一个社会不能没有理想，一个人也不能没有理想，个人的理想必须同社会发展进步的大趋势相一致。共产主义理想是建立在科学基础上的社会理想，是人类最崇高的社会理想。在建设中国特色社会主义的实践中，我们不但要坚定中国特色社会主义的共同理想，而且要树立共产主义崇高理想，这是因为共产主义崇高理想与中国特色社会主义共同理想是统一的。我们的崇高理想和最终目标是实现共产主义，我们现在的努力以及将来多少代的持续努力，都是朝着实现共产主义这个最终目标前进的。中国特色社会主义共同理想是共产主义远大理想在我国社会主义初级阶段的现实体现，是实现共产主义远大理想的必经阶段。没有崇高理想的指引，就不会有共同理想的确立和坚持。没有共同理想的实现，崇高理想就没有现实的基础。

千里之行，始于足下。树立和追求共产主义崇高理想，为实现共产主义理想而奋斗，要体现在积极投身中国特色社会主义建设事业的实际行动中，在当前就是要体现在积极投身实现党的十八大确定的全面建成小康社会、建成富强民主文明和谐的社会主义现代化国家和实现民族复兴的中国梦的实际行动中。

关于《马克思主义基本原理概论（2010年修订版）》修订的主要内容和讲授该课的一些建议

关于全面建成小康社会、建成富强民主文明和谐的社会主义现代化国家，大家学习讨论得很多很深入，关于实现民族复兴的中国梦尚在深入地学习和讨论中。党的十八大闭幕不久，习近平同志在参观《复兴之路》展览时指出："实现中华民族伟大复兴，就是中华民族近代以来最伟大的梦想。"[①] 2013年3月17日，在第十二届全国人民代表大会第一次会议闭幕会上，习近平同志又进一步对中国梦的内涵、实现途径进行了阐述。这些阐述展现出新一届中央领导集体的执政理念、施政目标，日益成为凝聚亿万人民为实现目标的高昂旋律和精神旗帜。

中国梦的本质内涵是实现国家富强、民族振兴、人民幸福。中华民族具有五千多年的文明史，在漫长的奋斗征程中，中华民族曾经在科技、经济、文化诸领域，乃至综合国力领先于世界诸国，创造了辉煌的古代文明。但近代以来，由于制度的落后、统治者的没落、外敌的入侵，中华民族饱受积弱积贫和列强欺辱的痛苦。多少年来，无数志士仁人前仆后继，为实现民族复兴的梦想而付出了艰苦卓绝的努力，但并未梦想成真。直到中国共产党领导全中国人民浴血奋斗，彻底推翻了封建制度，赶走了外敌，建立了新中国，确立了社会主义制度。特别是到今天，改革开放的日益深化使我国综合国力大幅度增强、人民生活明显改善，才使得中国梦的实现日益成为现实。

中国梦的实现是阶段性与连续性相统一的过程，需要付出长期的艰苦努力。过去的成就为实现中国梦奠定了坚实的基础，今后的道路任重而道远。党的十八大确立了到中国共产党成立一百周年时全面建成小康社会，到新中国成立一百周年时建成富强民主文明和谐的社会主义现代化国家的目标，这是实现中国梦的战略决策和重大部署。实现"两个一百年"目标是我们当代实现中国梦的神圣使命。

中国梦的实现需要坚持正确的方向、道路和全体中国人的共同努力。正如习近平同志所指出的那样，实现中国梦必须走中国道路，这就是中国特色社会主义道路；必须弘扬中国精神，这就是以爱国主义为核心的民族

[①] 习近平：承前启后　继往开来　继续朝着中华民族伟大复兴目标奋勇前进. 新华网，2012-11-29.

精神，以改革创新为核心的时代精神；必须凝聚中国力量，这就是中国各族人民大团结的力量。① 中国梦是民族的梦，也是每个中国人的梦，归根到底是人民的梦。只有我们人人从自己做起，与此同时又紧密团结、万众一心，汇集起不可战胜的磅礴力量，中国梦才能实现。

"概论"课程在立德树人中承担着重要使命。现在在校的大学生迟早有一天将是祖国的栋梁，并肩负起推进中国特色社会主义建设事业、实现中华民族的伟大复兴的历史重任，国家的未来寄托在他们身上。因此应该通过"概论"课程的教育教学，使大学生把握历史发展的规律，树立建设中国特色社会主义的共同理想和最终实现共产主义的远大理想，从自我做起，从现在做起，把追求共同理想与追求远大理想结合起来，树立社会主义和共产主义的政治观、为人民服务的人生观、集体主义的道德观、追求真理的科学观和积极健康的审美观，勤于学习，善于创造，甘于奉献，做一个有理想、有道德、有文化、有纪律的社会主义新人。

参考文献

1. 党的群众路线教育实践活动工作会议召开　习近平发表重要讲话. 人民日报，2013-06-19（1）.

2. 习近平：承前启后　继往开来　继续朝着中华民族伟大复兴目标奋勇前进. 新华网，2012-11-29.

3. 习近平在十二届全国人大一次会议闭幕会上发表重要讲话. 新华网，2013-03-17.

---

① 习近平在十二届全国人大一次会议闭幕会上发表重要讲话. 新华网，2013-03-17.

育人为本　改革创新　进一步提高思想政治理论课教育教学质量[*]

（二〇一〇年十月二十五日）

今天，教育部高校思想政治理论课教学指导委员会的"马克思主义基本原理概论""毛泽东思想和中国特色社会主义理论体系概论"（简称"原理""概论"）两个分委员会共同主办第一次年会，主要的议题和宗旨是学习贯彻《国家中长期教育改革和发展规划纲要（2010—2020年）》（以下简称《纲要》）和全国教育工作会议精神，总结"原理""概论"课程改革的成就和经验，坚持育人为本，改革创新，进一步探索提高思想政治理论课质量的思路和措施。

新一轮思想政治理论课改革实施以来，思想政治理论课改革建设取得了巨大的成绩，教材建设、课程建设、师资队伍建设取得新进展，课程的感染力、吸引力、实效性明显增强，教学质量明显提高。《纲要》的发布和全国教育工作会议的召开，为课程改革和建设提出了新的任务，提供了新的机遇。对于新时期的教育改革发展，《纲要》特别确定了二十字的方针，即"优先发展，育人为本，改革创新，促进公平，提高质量"，其中育人为本是根本要求，改革创新是强大动力，促进公平是基本政策，提高质量是核心任务。对于思想政治理论课的改革，坚持育人为本、改革创

---

[*] 本文是在教育部高校思想政治理论课教学指导委员会"原理""概论"分委员会2010年年会上的讲话，选入本书时有删改。

新,努力提高教育教学质量,更具有特别重要的意义,是我们直接从事思想政治理论课教育教学的教育工作者的共同使命。

贯彻育人为本的方针,思想政治理论课教育教学担负着特殊重要的责任。在明确人才培养目标时,《纲要》从不同角度有几种不同的表述:在党和国家的教育方针中讲培养德智体美全面发展的社会主义建设者和接班人;在讲人才培养在高校中的中心地位时讲着力培养信念执着、品德优良、知识丰富、本领过硬的高素质专门人才和拔尖创新人才;在指出教育的战略主题时讲着力提高学生服务国家人民的社会责任感、勇于探索的创新精神和善于解决问题的实践能力。但无论从什么角度讲,人才培养目标对人才的思想道德要求都是共同的。作为大学生和研究生思想道德素质教育的主渠道,思想政治理论课对于实现《纲要》所提出的人才培养目标具有特殊的重要地位,为了贯彻育人为本的方针,思想政治理论课的改革和发展就必须以学生为主体,以教师为主导,充分发挥学生的主动性,把促进学生成长成才作为教育教学工作的出发点和落脚点。此外,要关心每个学生,促进每个学生主动地、生动活泼地发展,尊重教育规律和学生身心发展规律,为每个学生提供适合的教育,为培养造就数以亿计的高素质劳动者、数以千万计的专门人才和一大批拔尖创新人才做出应有的贡献。

贯彻改革创新的方针,思想政治理论课教育教学任重而道远。教育要发展,根本靠改革,思想政治理论课要发展,根本也必须靠改革。要实现思想政治理论课的改革,首先,要深化专业设置、课程体系、教学内容改革。专业设置、课程体系、教学内容改革是改革的重要内容。经过多年探索,马克思主义理论学科建设、思想政治理论课课程设置、教材建设和教学内容改革虽然都取得了实质性突破,但改革是永无止境的,要密切关注经济、政治、科技、文化、社会发展的最新趋势和需求,不断发展和完善学科设置、课程体系和教学内容改革。特别是关于本科阶段要不要设置相关专业,设置什么专业需要尽快论证并有所动作;此外,对于如何从现有的教材体系向教学体系转化,也需要花大气力加以研究和实施;对于教学、教材内容如何更好更及时地反映马克思主义中国化时代化大众化的最新成果,更需要密切跟踪时代和实践的步伐,深入进行研究和适时完善。

育人为本 改革创新 进一步提高思想政治理论课教育教学质量

其次,要深化教学方法、手段的改革。教学方法、手段的改革是全部改革取得成效的重要保证。要下决心改变教师"满堂灌"的讲课方法,以提高学生的思想道德素质为目标,注重学思结合,倡导启发式、探究式、讨论式、参与式教学;要注重对学生认识世界改造世界的方法的传授,帮助学生掌握马克思主义的世界观和方法论,学会终生做人做事和学习的本领;要注重知行统一,坚持教育教学与生产劳动、社会实践相结合,重视课堂教学与社会实践、校园文化的结合,充分利用社会教育资源,开展各种课外、校外活动,增强学生运用思想政治理论课学到的马克思主义和中国特色社会主义理论的基本原理分析解决实际问题的能力;要注重因材施教,关注学生不同特点和个性差异,发展每一个学生的优势潜能,推进分层教学、学分制、导师制等教学管理制度改革,建立、改进拔尖学生的培养方式;要充分发挥现代信息技术作用,促进优质教学资源共享。最后,深化人才培养体制改革,创新人才培养模式。改革人才培养体制,创新人才培养模式,是思想政治理论课教育教学改革的核心。要探索多种培养方式,形成人才辈出、拔尖创新人才不断涌现的局面;要树立系统培养观念,支持学生参与科学研究,强化实践教学环节,推进教学、科研、实践紧密结合,学校、家庭、社会密切配合,加强学校之间、学校和各种人才教育基地之间、学校与用人单位之间合作,形成体系开放、机制灵活、渠道互通的人才培养体制。

贯彻提高质量的方针,是思想政治理论课教育教学的核心任务。为了完成这一任务,首先,要树立科学的质量观,改变把书本知识、考试分数作为衡量思想政治理论课教育教学质量唯一标准的质量观,把提高学生的思想道德素质、促进人的全面发展、适应社会需要作为衡量教育教学质量的根本标准。其次,要树立以提高质量为核心的教育发展观,注重教育内涵发展,鼓励思想政治理论课的各个学科、专业、课程在坚持基本要求的基础上创出特色和水平。再次,要建立以提高教育质量为导向的管理制度和工作机制,把教育资源配置和工作重点集中到提高教育教学质量上来,从而建立科学的思想政治理论课教育教学质量评价标准和机制,开展由政府、学校、社会各方面共同参与的教育质量评价活动,健全教学质量监督、反馈和保障体系。最后，加强教师队伍建设。加强教师队伍建设是提高思想政治理论课教育教学质量的关键。要通过信任重用、培训提高、条件保障、政策支持等多方面措施提高思想政治理论课教师整体素质，努力造就一支师德高尚、业务精湛、结构合理、充满活力的高素质专业化思想政治理论课教师队伍；要通过典型导向、模范带动等多种方式创造有利条件，鼓励教师在实践中大胆探索，创新教育思想、教育模式和教育方法，形成教学特色；要在加强师德建设的同时提高教师业务水平，培养教育教学骨干、学术带头人，造就一批教学名师和学科领军人才；要以中青年教师和创新团队为重点，大力提高高校教师教学水平、科研创新和社会服务能力，鼓励中青年优秀教师脱颖而出。

同志们！以上是我学习《纲要》深化思想政治理论课教育教学改革的一些体会，这些体会是初步的，在为期两天的会议中，大家还将通过大会报告、小组讨论、座谈交流等多种形式互相交流和学习。我相信，在大家的努力下，会议一定能够达到预期的目的，取得圆满成功！

教育部高校思想政治理论课教学指导委员会是接受教育部委托，对思想政治理论课改革建设进行调查研究、督促检查、提供咨询、协调统筹的专家组织，在今后的工作中，我们一定在教育部的领导下，依靠全国从事思想政治理论课教学和管理的老师们同志们，把工作做好，诚恳地希望得到大家的支持！

关于改进"马克思主义基本原理概论"课程教育教学方式、提高教学质量的几个问题

——在"马克思主义基本原理概论"
教学研讨会上的讲话
(二〇一一年四月十六日)

近些年来,随着中央关于加强高校思想政治理论课改革建设的一系列部署和措施的落实,高校"马克思主义基本原理概论"课程的教材建设、教学内容和教学方法改革都取得了重大进展,出现了新的局面,涌现出一批深受学生欢迎的精品课和优秀教师,发挥了"马克思主义基本原理概论"课程在对大学生思想政治教育中的重要作用和优势,为人才培养质量的提高做出了重要贡献。但这些进展和成绩还是阶段性的,进一步加强高校思想政治理论课改革建设仍然是一项重要任务。本文拟就其中的一个方面,即如何改进"马克思主义基本原理概论"课程教育教学方式并提高教学质量,谈几点意见与大家讨论。

一、把握战略主题,把提高青年学生思想政治素质作为"马克思主义基本原理概论"课程改革建设的根本出发点和落脚点

进一步加强高校思想政治理论课建设,不断改进"马克思主义基本原

理概论"课程（以下简称"课程"）教育教学方式，提高教学质量，首要的问题是明确要围绕什么样的战略主题，坚持怎样的改革方向。

《国家中长期教育改革和发展规划纲要（2010—2020年）》（以下简称《纲要》）明确提出，"坚持以人为本、全面实施素质教育是教育改革发展的战略主题，是贯彻党的教育方针的时代要求"[①]，同时提出在坚持以人为本、推进素质教育中，要坚持德育为先。《纲要》的这些论断和要求，不仅为今后整体的教育改革发展明确了方向，也为"课程"的进一步改革提高质量明确了方向。按照《纲要》的要求，"课程"的进一步改革和建设必须紧紧围绕以人为本、推进素质教育的战略主题，把提高青年学生思想政治素质作为"课程"课改革建设的根本出发点和落脚点。

坚持以上的战略主题和方向，在"课程"的教育教学中，就要突出思想政治教育的功能和特点，在培养学生树立科学的世界观和方法论、提高学生的思想政治素质上下功夫。虽然近些年来，在"课程"建设方面我们已经取得了一些阶段性的成果，但随着形势的发展出现了一些值得注意和需要改善的问题，例如有一种情况就是把"课程"等同于一般的知识课，在教育教学中停留在一般知识的传授而忽视马克思主义基本立场、基本观点和基本方法的教育，其典型表现就是讲课时照本宣科而不联系实际，要求学生死背硬记某些词句而不在引导学生运用马克思主义基本原理去分析问题解决问题上下功夫。这种状况是必须认真解决和改变的。

对于高校而言，其根本任务是要培养具有服务国家服务人民的社会责任感、勇于探索的创新精神和善于解决问题的实践能力的社会主义建设者和接班人，而这样的建设者和接班人必须具有正确的世界观和方法论。因此，加强对大学生马克思主义基本立场、基本观点、基本方法的教育，引导学生形成正确的世界观、人生观、价值观，对于高校而言就具有战略意义，并应该成为"课程"教育教学的主要任务和根本目的。此外，引导学生认真读书，读经典著作、读教材无疑是重要的，但学习的目的全在于应用，如果只读书而不能应用，那就失去了学习"课程"的基本方向和主要

---

① 国家中长期教育改革和发展规划纲要（2010—2020年）. 中国政府网，2010-07-29.

关于改进"马克思主义基本原理概论"课程教育教学方式、提高教学质量的几个问题

目的。

高校思想政治理论课是对大学生进行思想政治教育的主渠道，对于加强大学生的综合素质教育具有重要的作用。而"课程"是高校思想政治理论课的重要组成部分。按照时代和实践的要求，不断改进"课程"教育教学方式，提高教学质量，突出思想政治教育的功能和特点，在围绕如何提高学生的思想政治素质，增强教育教学的有效性上下功夫。

二、突出核心任务，进一步深化"马克思主义基本原理概论"课程教育教学方式改革

提高质量是高等教育改革发展的核心任务，也是"课程"教育教学的核心任务。要进一步加强高校思想政治理论课建设，不断提高"课程"的教学质量，就必须突出核心任务，进一步深化"课程"教育教学方式改革。

如果把提高质量比作是过河，那么深化教育教学方式改革就是修桥或造船，没有桥或没有船，要顺利到达河的对岸就是困难的。近些年来，从事"课程"教育教学的许多教师发挥了积极性、主动性，创造出一些新的有效的教学方法，如理论联系实际、专题讨论式、启发式、探究式、参与式等，有效地激发了学生学习马克思主义的热情，收到了很好的效果，在一些高校，"课程"成为最受学生欢迎的课。但是必须看到并不是每一所大学每一位教师的课都如此，也有一些高校的一些教师教学方法仍然陈旧，讲课引不起学生的共鸣，教学效果比较差。更何况即使对于教学效果好的教师而言，也有一个"百尺竿头更进一步"的问题，所以，就总体而言，进一步深化"课程"教育教学方式改革，依然是一项重要的任务。

改革"课程"教育教学方式，要在以下几个方面下功夫：

一是探索科学的教学体系，实现由教材体系向包括教材体系在内的教学体系、认知体系的转变。最近几年，思想政治理论课改革最大的进展之

一是教材建设取得了重大突破。尽管"课程"教材还有这样那样的不足，还要不断完善，但它是集体智慧——包括全国从事该课教学教师和学生的智慧——的结晶，就其规范性、权威性而言，可以为教学提供很好的基础。但是教材的内容要变成学生的认知和思想政治素质，中间既有一个教师如何运用教材而又不拘泥于教材创造性施教的过程，也有一个学生如何发挥主动性独立思考勇于创新学习的过程。如何采取科学的方式方法使这两个过程有机统一，相得益彰，收到成效，这既涉及教师的马克思主义理论水平，也涉及教师的教学艺术，是我们必须探索解决的问题。

二是探索科学的人才培养模式，注重知行统一，实现由单一课堂教学向课堂教学、校园文化、社会实践"三位一体"教学模式的转变。究竟怎样才能使马克思主义基本原理入耳、入脑，内化为大学生的基本素质并使之终身受益，这不仅仅是如何讲好一门课的问题，还涉及人才培养模式的问题。最近一些年来，不少学校在重视课堂教学的同时还重视校园文化和社会实践，取得事半功倍的效果，其经验值得肯定和推广。马克思主义本质上是发展的实践的科学，课堂教学无疑重要，但大学生学习马克思主义决不应该只局限于课堂教学。我国和世界正在进行的实践是一个大课堂，因此应该充分利用社会教育资源，开展各种课外校外活动，利用多种渠道、多种机会组织学生深入我国改革开放和现代化实践，了解世界的发展和变化，同时加强对校园文化建设和学生社团组织的指导，以加深大学生对马克思主义的学习和理解。

三是探索科学质量评价体系，实现由只注重考试成绩向科学、多样的评价标准转变。有什么样的评价标准就体现什么导向，往往就会产生什么样的结果。我国长期实行的以书面考试成绩为主要甚至唯一尺度的评价标准虽然有一定的合理性，但如果仅以此评价大学生马克思主义的水平或思想政治水平，其不合理性是显而易见的。改革这样的评价标准已是当务之急，"课程"应该率先做出榜样，其改革应该向建立以知识、素质、能力为一体，由教师、学生、学校管理部门、社会等各方面参与的教育教学质量评价体系的目标前进，并以此激励学生学习、运用马克思主义，努力成为合格的社会主义建设者和接班人。

三、抓住队伍建设关键，加快提升科学研究水平

进一步加强高校思想政治理论课建设，不断改进"课程"教育教学方式，就需要提高"课程"的教学质量。而提高教学质量，教师是关键，对教师而言，先要进一步提高自身的思想政治素质，如果教师对马克思主义不信、不用，那么要学生去学好马克思主义基本原理是不现实的。所以教师队伍要加强政治思想建设，加强对马克思主义的学习和运用，努力提升自身思想政治素质，为学生树立榜样。

与此同时，教师的专业素质和马克思主义理论水平对于"课程"教育教学质量的提高也至关重要，如果要让学生弄懂并付诸实践的道理教师自己却没有弄懂，那么怎么可能有好的教学效果？而要提高教师的专业素质和马克思主义理论水平，加强科学研究就十分必要。

马克思主义理论学科要不要进行科学研究，科学研究的地位与人才培养、学科建设的关系是怎样的，如何处理这种关系？实际上是早已遇到但认识并不一致的问题。由于在过去相当长的一段时间里，马克思主义理论没有被当作独立的学科设置，马克思主义理论教育更多地是担负全校公共思想政治理论课的教学，而不少学校从事马克思主义理论教学的教师编制偏紧，因此使得这些教师不得不疲于应对教学任务，而没有精力从事科学研究，当然也有人认为从事思想政治理论课程教学的教师应该集中精力于教学任务而不必从事科研工作，甚至认为这些教师从事科研工作是不务正业等。上述这些情况在一定程度上导致马克思主义理论学科的科学研究工作进展相对其他学科而言是严重滞后的，由此不仅影响了教学和人才培养质量的提高，制约了学科水平的提升，也影响了马克思主义理论学科所应该承担的历史使命的完成。甚至在一定程度上造成一种错觉——似乎马克思主义理论学科和从事马克思主义理论教育教学教师队伍的水平就该比其他学科专业的水平低。如果说这种状况是过去一定条件下出现的一种不正常状况，那么现在和今后就应该并有条件逐步地加以改变。

马克思主义理论学科的科学研究要以时代和实践发展需求为导向，加强对时代特征和时代发展进程中产生的重大问题、马克思主义创新发展过程中特别是中国特色社会主义事业发展中的产生的重大问题、马克思主义理论学科建设、人才培养和教育教学中的产生的重大问题、马克思主义经典理论阐释和传播中产生的重大问题等进行战略性、前瞻性、全局性的研究，并在研究中妥善处理马克思主义理论学科与其他学科的关系，马克思主义理论学科内部的关系，基础理论研究、应用研究和政策研究的关系，坚持党性阶级性与学术性的关系，中国化马克思主义与国外马克思主义的关系、继承与创新的关系等，为马克思主义的发展和现代化建设做有益的贡献。

参考文献

1. 国家中长期教育改革和发展规划纲要（2010—2020年）. 中国政府网，2010-07-29.

"马克思主义基本原理概论"教学中需要妥善处理的六个关系

(二〇一二年四月)

《马克思主义基本原理概论》(以下简称《概论》)于 2007 年 7 月 1 日正式出版并为全国高校所使用,至今已修订三次,其总体效果是好的。在当前的教学过程中,要在用好教材的基础上充分发挥广大教师的积极性和创造性,努力实现由教材体系向教学体系和学生认知体系的转变。而要实现这样的转变,有六个关系必须认真研究和妥善处理。

一、思想政治教育与专业知识教育的关系

坚持以人为本、全面实施素质教育是教育改革发展的战略主题,不断提高质量,是高等教育的生命线。思想政治理论课的根本要求是对大学生进行思想政治教育,不断提高教学质量以提高青年学生的思想道德素质是该课程的首要任务。

近些年来,随着中央关于加强高校思想政治理论课改革建设的一系列部署和措施的落实,"概论"的教材建设、教学内容和教学方法改革都取得了重大进展,出现了新的局面,涌现出了一批深受学生欢迎的精品课和优秀教师,发挥出了思想政治理论课在大学生思想政治教育中的重要作用

和优势,为人才培养质量的提高做出了重要贡献。但在教学过程中也有一些值得注意和改善的问题,例如有一种情况就是把思想政治理论课等同于一般的知识课,在教学中停留在一般知识的传授而忽视马克思主义基本立场、基本观点和基本方法的教育,其典型表现就是讲课时仅要求学生死记硬背某些词句,而不在引导学生运用马克思主义基本原理去分析问题解决问题上下功夫。这种状况是需要认真解决和改变的。

造成这种问题的原因很大程度上与教师的认识和目前流行的考试导向有关。寓思想政治教育于知识传授之中固然不错,问题在于不能因拘泥于传授知识而忽视思想政治教育。与其他专业课相比,思想政治理论课最大的特点是必须突出思想政治理论教育而不局限于知识的传授。从这样的根本要求和特点出发,讲授"概论"的重点是讲授马克思主义的基本立场、基本方法、基本观点,而对于由此所涉及的许多概念、人物、历史事件以及有关的专业知识等,可以指导学生通过多种方式进行课外自主学习,这样就可以将课堂有限的时间集中突出讲授重点。

为了克服这种现象、妥善处理思想政治教育与知识传授的关系,一方面建议教师从思想政治理论课的特点出发,认真地进行讲课方法的改革;另一方面建议主管部门与学校和教师通力合作,改革思想政治理论课的考试内容和方法。此外,我国长期实行的以书面考试成绩为主要甚至唯一尺度的评价标准虽然有一定的合理性,但如果仅以此评价大学生的马克思主义水平或思想政治水平,其不合理性是显而易见的。因此,必须探索科学质量评价体系,实现由只注重考试成绩向科学、多样的评价标准转变,并建立以知识、素质、能力为一体,由教师、学生、学校管理部门、社会等各方面参与的教学质量评价体系。

高校思想政治理论课是对大学生进行思想政治教育的主渠道,对于加强大学生的综合素质教育具有重要的作用。按照时代和实践的要求,不断改进思想政治理论课教育教学方式,提高教学质量,突出思想政治教育的功能和特点,在围绕如何提高学生的思想政治素质,增强有效性上下功夫。

"马克思主义基本原理概论"教学中需要妥善处理的六个关系

二、学习马克思主义基本原理与理论联系实际的关系

按照《中共中央国务院关于进一步加强和改进大学生思想政治教育的意见》和《中共中央宣传部教育部关于进一步加强和改进高等学校思想政治理论课的意见》的要求,在"概论"教学中,要坚持理论联系实际,贴近实际、贴近生活、贴近学生。

要坚持理论联系实际。首先要通过学习"概论",使学生弄清楚什么是马克思主义,为什么要始终坚持马克思主义,怎样坚持和发展马克思主义。为此,在教学中就要以马克思主义世界观和方法论为重点,以人类社会发展的基本规律为主线,全面阐述马克思主义的基本原理,培养学生树立为实现物质财富极大丰富、人民精神境界极大提高、人类自由而全面发展的共产主义社会而奋斗的远大理想和坚定信念。在此基础上,要引导学生理论联系实际,在有针对性地回答马克思主义在当代发展过程中遇到的、学生所关注的重大问题的过程中,阐述马克思主义的基本原理。

这里有必要特别谈谈关于联系实际的方法问题。我们处在一个伟大的时代,这样的时代与马克思和恩格斯所处的时代相比已经发生了很大的变化。和平与发展是当今时代的两大主要问题,经济全球化深入发展,科技进步日新月异。同时,国际环境复杂多变,影响和平与发展的不稳定不确定因素增多,世界发展不平衡状况加剧。虽然我国改革开放和现代化建设取得了巨大成就,经济社会发展进入新的阶段,但前进的道路上还面临不少困难和问题。在这样的背景下,在马克思主义基本原理概论的学习过程中,老师和同学都会面临许许多多的实际问题,这些问题既有宏观层面的,也有大量具体层次的。这要求在讲授"概论"过程中,要精心谋划,认真研究,在理论联系实际的基础上不追求全面回答同学们所关心的大量具体的实际问题,而是从宏观层面上回答学生关心的重大课题,例如教材就着重回答了"当代资本主义发生了许多变化,其本质变没变,马克思主义揭示的资本主义必然为社会主义代替的人类社会发展的基本趋

势变没变""社会主义在发展中遇到挫折，其前途还光明不光明""马克思主义历经150多年的考验，还灵不灵""马克思主义如何中国化"等重大问题，并在这些问题上注重理论联系实际力图做出准确的回答。如果能通过学习"概论"使得这些问题得到比较好的回答，那么大量的具体的问题就可以让同学运用学到的马克思主义基本原理自己去思考，去解决。

妥善处理学习马克思主义基本原理与理论联系实际的关系，使马克思主义基本原理入耳、入脑，内化为大学生的基本素质，使之终身受益，不仅仅是如何讲好一门课的问题，还涉及人才培养模式的改革。近些年来，不少学校在重视课堂教学的同时，注重知行统一，实现由单一课堂教学向课堂教学、校园文化、社会实践"三位一体"教学模式的转变，并取得了事半功倍的效果，是值得肯定和推广的。从本质上讲，马克思主义是发展的实践的科学，因此虽然课堂教学无疑很重要，但大学生学习马克思主义决不应该只局限于课堂教学。我国和世界正在进行的实践是一个大课堂，在这种局面下，应该充分利用各种社会教育资源，开展各种课外校外活动，利用多种渠道、多种机会组织学生深入我国改革开放和现代化实践，了解世界的发展和变化，同时加强校园文化建设和对学生社团组织的指导，以加深其对马克思主义的学习和理解。

组织老师和学生参加社会实践，是理论联系实际的好形式，在"概论"课程教学中，可以安排适当课时让老师同学一起到改革开放和现代化建设第一线，了解实际，运用所学得的马克思主义基本理论总结实践经验，指导实践发展，从而加深对马克思主义基本原理的理解和掌握。

三、用好教材与发挥教师积极性和创造性的关系

教材是教学之本，好的教材可以为教学提供先进的教学内容、科学的价值取向和基本的教学规范，因此只有认真吃透教材，遵循教材的基本逻辑和基本观点，才能保质保量地完成教学任务。

"马克思主义基本原理概论"教学中需要妥善处理的六个关系

但需要说明的是，教材只是为良好地完成教学任务提供了基础和可能，要把教材的内容变成学生的认知和思想政治素质，中间既有一个教师如何运用教材而又不拘泥于教材创造性施教的过程，也有一个学生如何发挥主动性独立思考并勇于创新学习的过程。因此，如何采取科学的方式方法使这两个过程有机统一并收到成效、实现由教材体系向教学体系的转变，使"概论"课成为大学生真心喜爱、终身受益的课程，教师是关键。因此在倡导用好教材的同时，还必须倡导充分发挥教师的积极性和创造性。在全国数以千计的高校中，同是开设"概论"课，为什么有的很受同学欢迎，而有的不那么受欢迎？其差异主要在于教师的教学水平。

近些年来，许多从事思想政治理论课教育教学的教师发挥了积极性、主动性，创造出一些新的有效的教学方法，如采取理论联系实际、专题讨论式、启发式、探究式、参与式等方法，有效地激发了学生学习马克思主义的热情，并收到了很好的效果，进而使得在一些高校，思想政治理论课成为最受学生欢迎的课程。但是必须看到，并不是每一所大学每一位教师的课都如此，也有一些高校的一些教师教学方法仍然陈旧，讲课引不起学生的共鸣，教学效果比较差。此外，即使对于教学效果好的教师而言，也存在着进一步改进教学方法的问题，所以总体而言，进一步深化思想政治理论课教学方法改革依然是一项重要的任务。

实事求是地说，对于不少目前从事思想政治理论课教学的教师而言，使用《概论》教材还存在着比较大的困难，这种困难表现在教师的知识结构不甚适应教学的要求，而究其根源则在于我国长期以来对马克思主义整体性研究存在欠缺，且对马克思主义学科的整体性建设不足。在过去比较长的一段时期内，我国没有独立设置的马克思主义学科，而是分别在哲学、经济学、科学社会主义学科内设马克思主义哲学、政治经济学和科学社会主义。这种学科设置虽然使得对马克思主义理论的分学科研究在很大程度上得到了加强，但对于马克思主义理论的整体研究则受到削弱，且培养出的人才的知识结构也往往只能胜任马克思主义哲学、政治经济学或科学社会主义某个组成部分教学的需要。而现在的教学任务则不仅仅要求教师要具有马克思主义某个组成部分的专门知识，而且要求教师能够从总体上把握马克思主义。那么，如何解决这个问题呢？解决方法有两个：第一，加快马克思主义学科建设和人才培养。目前，国家已将马克思主义作为一级学科进行建设，这是具有重大意义的举措，因此要采取一切有效措施，在人力、财力等方面给予支持，切实建设好马克思主义学科。此外，在学科建设过程中，要加强对马克思主义的整体性研究并把高水平人才的培养摆到首要位置，为此，可以首先从现有的思想政治理论课和相关专业的专业课教师中选拔优秀的优先进行培养，以造就一批骨干来充实思想政治理论课教师队伍，从而提升这支队伍的水平。第二，加强培训，倡导加强在职学习。新一轮大学生思想政治理论课的改革和新教材的使用，对教师而言无疑是一种严峻挑战。因此，为应对这场挑战，对教育主管部门和学校而言，应加强对教师的培训，为其提供条件，对教师而言，则应该加强紧迫感，努力学习，在学中教，在教中学，在学习中提高马克思主义水平和教学水平。

四、妥善处理课时少和内容多的关系

按照思想政治理论课改革方案，"概论"课程是一门3个学分、大致54学时的课程，显然这样的学时数与要讲授的丰富内容形成明显的矛盾。其实，这样的矛盾在教材的编写过程中已经遇到了——要在26万字的教材里写清楚马克思主义丰富的内容，已经是对马克思主义的高度压缩和凝练了。要解决这样的矛盾，其根本的出路在于从思想政治理论课的要求、特点出发，按照"要精要管用"的精神进行教学方法的改革。

如前述，思想政治理论课的根本要求是对大学生进行思想政治教育，因此与其他专业课相比，思想政治理论课最大的特点是突出思想政治理论教育而不局限于具体知识的传授。从这样的根本要求和特点出发，讲授"概论"的重点是讲授马克思主义的基本立场、基本方法、基本理论、基本观点，而对于由此所涉及的许多概念、许多人物、许多历史事件以及有关的专业知识等，可以主要通过指导同学利用多种手段在课余时间进行自主学习、自主掌握，从而把课堂有限的时间集中于重点的讲授。而即使马克思主义的基本立场、基本方法、基本理论、基本观点的讲授也不一定完全依赖或局限于课堂教学，例如可以通过有计划地组织同学开展一些校园文化活动、社会实践等活动增强对马克思主义基本立场、基本方法、基本理论、基本观点的学习和理解，从而把思想政治理论课的课堂教学与校园文化、社会实践结合起来，这样不仅教学效果会更好，而且可以大大地缓解课时少与内容多的矛盾。

此外，有的高校教师采取专题式的教学方法，也是可以尝试的好形式。但这种专题式的教学方法对教师的要求更高，它不仅要求教师对马克思主义基本原理、有关经典著作有准确深入的理解，而且要求教师有广博的相关知识和高超的讲课方法和艺术。例如北京大学曾请一些学术造诣很高的名教授为大学生做思想政治理论课专题讲座，并收到了良好的效果。

最后，需要指出的是，在处理课时少和内容多的关系时，部分学校、部分教师不是认真研究采取有效的措施，而是干脆砍掉自己不熟悉的章节或者是自认为"不重要"或自己不感兴趣的章节，这种做法是不负责任的、不可取的。

五、使用教材和学习马克思主义经典著作的关系

在编写和修订过程中，《概论》教材广泛征求和吸取了全国第一线教师的意见和建议，并经过马克思主义理论研究和建设工程咨询委员会的多次审议，经中央最后审定才最终定稿，是集体智慧的结晶。虽然随着实践的发展和认识的深化，教材还会不断进行修订和完善，但从总体上看，《概论》教材是一本好的教材，因此坚持用好教材是教师的责任。

但必须指出的是，教材毕竟是后人对马克思主义经典作家经典著作中基本原理的理解，特别是教材囿于字数要在短短26万字中把极其丰富的马克思主义基本原理阐释清楚，事实上是一件很困难的事情。所以建议教师

在使用教材的过程中，要尽可能地多学习一些马克思主义经典著作，并引导学生也学习马克思主义经典著作。

为什么要学习马克思主义经典著作？一是为了继承。经典著作是人类文明的成果，学习经典著作可以原原本本地学习经典作家的著述，有利于全面准确地理解和继承马克思主义的精华。二是为了创新。创新是民族进步的灵魂，在继承的基础上吸取当代人类文明的新成果，特别是吸取中国改革开放和现代化建设中的新经验和新理论，以之发展和创新马克思主义并用以指导新的实践，是中国特色社会主义事业胜利的保证。"马克思主义经典著作蕴含和集中体现着马克思主义基本原理，是马克思主义理论的本源和基础。只有认真学习马克思主义经典著作，系统掌握马克思主义基本原理，才能完整准确地理解中国特色社会主义理论体系，才能创造性地运用马克思主义立场观点方法去分析和解决我们面临的实际问题，不断把中国特色社会主义事业推向前进。"[1] 三是为了学习经典作家的人格和精神。马克思主义经典作家的革命精神和为科学而献身的精神是我们学习的榜样，因此在学习马克思主义经典著作的同时可以学习经典作家的精神，并为提升我们的素质提供精神食粮。四是为中国特色社会主义事业服务。我国已经成为经济大国，但尚未成为思想文化强国。我们对世界的贡献不应仅仅停留在经济层面，而且还应该深入到文化和思想领域。文化要繁荣，思想要发展，就必须以马克思主义为指导，并不断丰富发展中国特色社会主义理论，而要丰富发展中国特色社会主义，就必须要认真学习马克思主义经典著作，不断增强马克思主义理论自觉和理论自信。

学习马克思主义经典著作，首先要认真读原著，并理解其精神实质，把握基本原理基本方法。经中央批准，2009年中央编译局组织编辑出版了《马克思恩格斯文集》十卷本和《列宁专题文集》五卷本，精选了经典作家在各个时期有代表性的重要著作，提供了译文更加准确、资料更加翔实的基础文本，可供我们学习。其次是要理论联系实际，在实践中检验和发

---

[1] 习近平强调认真学习马克思主义经典著作. 新华网，2011-05-13.

展真理。

六、人才培养与科学研究、社会服务、学科建设的关系

在"概论"教学中，如何处理人才培养、科学研究、社会服务和学科建设的关系，实际上是早已遇到但认识并没有完全统一的问题。因为在过去相当长的一段时间内，马克思主义理论没有作为独立的学科设置，因此从事马克思主义理论教学任务的教师要同时担负全校公共思想政治理论课的教学任务，而不少学校从事马克思主义理论教学的教师编制偏紧，由此使这些教师不得不疲于授课而没有精力从事科学研究工作，与此同时，也有人认为从事思想政治理论课教学的教师应该集中精力于教学任务中，而不必从事科研任务，甚至认为这些教师从事科研任务是不务正业。如果说这种状况是过去一定条件下出现的一种不正常状况，那么现在和今后就应该并有条件逐步地加以改变。

学校的根本任务是培养人才。所以，学校、学院和从事"概论"课程教学的教师都应该把教学工作和人才培养摆在首要的核心的位置，并下大力气努力提高教学和人才培养质量，这是不容置疑的。与此同时，对教师而言加强自身的科学研究水平也十分必要。因为对于思想政治理论课教育教学质量的提高而言，教师的专业素质和马克思主义理论水平至关重要，试想如果要让学生弄懂并付诸实践的道理教师自己却没有弄懂，怎么可能有好的教学效果？而要提高教师的专业素质和马克思主义理论水平，进行科学研究就是重要的途径。有人把马克思主义理论学科的教学和科研对立起来，认为科研会影响教学，这种认识是不全面的。对于从事马克思主义理论教学的教师而言，科学研究首先要选择在马克思主义理论学科建设、人才培养和教育教学中产生的重大问题进行研究。而科学研究首要的任务是要把科研成果转化为教学内容，把科学探索的精神转化为提高教学质量的推动力，从这层意义上讲，科研不仅不会影响教学，反而可以为

提高教学质量提供支撑。

  当然，马克思主义理论学科的科学研究还要以时代和实践发展需求为导向，选择时代发展进程中提出的重大问题、马克思主义创新发展过程中特别是中国特色社会主义事业发展中提出的重大问题、马克思主义经典理论阐释和传播中的重大问题等进行战略性、前瞻性、全局性的研究，并在研究中妥善处理马克思主义理论学科与其他学科的关系以及马克思主义理论学科内部的关系，以及基础理论研究、应用研究和政策研究的关系，坚持党性阶级性与学术性的关系，中国化马克思主义与国外马克思主义的关系、继承与创新的关系等，为马克思主义的发展和现代化建设做有益的贡献。我国的改革开放和现代化建设生动活泼的实践，不仅为马克思主义理论教学提供了广阔的大课堂，也为马克思主义理论的发展提出了强烈的需求，因此，马克思主义理论学科的教师应该站到时代和实践发展的前沿，通过人才培养、科学研究和社会服务为我国的改革开放和现代化建设做出应有的贡献。

参考文献

1. 习近平强调认真学习马克思主义经典著作．新华网，2011-05-13．

关于讲好高校思想政治理论课的几点建议

（二〇一四年六月十三日）

习近平总书记关于高校思想政治理论课的批示指出：高校思想政治理论课必须办好，关键是把教材编好，队伍建设好，把课讲好。这方面今后要再努力。"马克思主义基本原理概论"（以下简称"概论"）是高校大学生思想政治理论课主要课程之一，以下以"概论"课为例，就讲好高校思想政治理论课提出一些建议，与大家讨论，供大家参考。

一、准确把握思想政治理论课教学的目的和要求

思想政治理论课是大学整个课程体系的重要组成部分，准确把握思想政治理论课教学的目的和要求是讲好思想政治理论课的前提。

按照教育教学规律的内在要求和课程体系各构成部分的分工，思想政治理论课最主要的功能是对大学生进行思想道德素质教育。党的十八大提出："为人民服务，把立德树人作为教育的根本任务，培养德智体美全面发展的社会主义建设者和接班人。"[1]《国家中长期教育改革和发展规划纲

---

[1] 胡锦涛. 坚定不移沿着中国特色社会主义道路前进 为全面建成小康社会而奋斗：在中国共产党第十八次全国代表大会的报告. 新华网，2012-11-09.

要（2010—2020年）》提出："坚持德育为先。立德树人，把社会主义核心价值体系融入国民教育全过程。加强马克思主义中国化最新成果教育，引导学生形成正确的世界观、人生观、价值观；加强理想信念教育和道德教育，坚定学生对中国共产党领导、社会主义制度的信念和信心；加强以爱国主义为核心的民族精神和以改革创新为核心的时代精神教育；加强社会主义荣辱观教育，培养学生团结互助、诚实守信、遵纪守法、艰苦奋斗的良好品质。加强公民意识教育，树立社会主义民主法治、自由平等、公平正义理念，培养社会主义合格公民。加强中华民族优秀文化传统教育和革命传统教育。"① 在高校，德育无疑要渗透于教育教学的各个环节，但思想政治理论课是当之无愧的主渠道。在《中共中央国务院关于进一步加强和改进大学生思想政治教育的意见》和《中共中央宣传部教育部关于进一步加强和改进高等学校思想政治理论课的意见》中，对于思想政治理论课也提出了明确的要求，即坚持用发展着的马克思主义武装大学生，始终保持教育教学的正确方向；坚持理论联系实际、贴近实际、贴近生活、贴近学生；坚持开拓创新，不断改进教育教学的内容、形式和方法；力争在几年内，使高等学校思想政治理论课教学状况有明显改善。

要讲好思想政治理论课，必须牢牢把握思想政治理论课的目的要求，这是一个重要前提。提高大学生的思想道德素质是思想政治理论课教学的出发点和落脚点，因此为讲好思想政治理论课所采取的一切措施都要围绕提高大学生的思想道德素质这一主题。

在实际的教学中，大部分教师对于思想政治理论课的教学目的和要求是明确的，并能够自觉地在教学中予以贯彻和体现，但也有一些教师对思想政治理论课的教学目的和要求不甚明确，或在教学中落实不够。比较典型的例子是把思想政治理论课简单地作为知识课，以传授知识为主而忽视了对学生思想道德素质潜移默化的有效引导。虽然在这种情况下，教师为教学付出了很大努力，同学也学了不少知识，但学生对马克思主义和中国特色社会主义的认识、个人的道德素质却没有通

---

① 国家中长期教育改革和发展规划纲要（2010—2020年）．中国政府网，2010-07-29．

过学习得到提高，因此这样的思想政治理论课教学无论付出多少努力，都无法收到实效。所以，要始终牢牢把握思想政治理论课的目的要求，而不要偏离目的要求。

这样的认识不仅是对思想政治理论课整体而言，对于讲好每一章、每一节课也是这样。我曾经受教育部委托，到一个省去督察落实中宣部、教育部关于加强思想政治理论课教学的文件的情况，在一所高校听过一堂课，课堂上老师把学生分成几个小组，要求每组派代表讲述自己近日看到听到的新闻，看得出学生是做过认真准备的，发言热烈，气氛活跃。但是，我听了这堂课后感觉这堂课没有主题，因为每个组讲的新闻各不一样，而且缺少了老师的引导和点评。课后我问老师这堂课要达到什么目的，老师说是为了使课堂活跃。我就想，这样的一堂课算讲好还是没有讲好呢？我看不能算讲好，理由是虽然这堂课的课堂形式活泼，同学参与程度高——这当然应该肯定，但究竟通过这堂课要使学生学习把握个什么观点、收到什么效果则是不明确的，最终只是同学热闹一阵后，不了了之。所以把握思想政治理论课的目的要求很重要，否则要讲好思想政治理论课是困难的，如果只求形式不求内容，则是本末倒置的行为。

二、着力讲清教材的重点和难点

教材是教学之本。从 2004 开始，中央组织力量编写了大学生思想政治理论课教材并在全国使用。目前总体来看，教材质量是好的，使用效果是好的，并且在使用过程中大家也提出了许多问题，其中大问题即如何把握并讲好教材的重点和难点。

每本教材都有自己的重点和难点。只要讲好重点和难点。思想政治理论课教学就成功了一多半。而什么是重点、难点，则需要根据教学目的要求和教材的理论体系去把握。以《概论》为例，《中共中央宣传部教育部关于印发〈中共中央宣传部教育部关于进一步加强和改进高等学校思想政治理论课的意见〉实施方案》中提出，"马克思主义基本原理"要"着重讲授马克思主义的世界观和方法论,帮助学生从整体上把握马克思主义,正确认识人类社会发展的基本规律"。短短的一句话包括了三个重大问题:(1)什么是马克思主义,怎样从总体上把握马克思主义;(2)如何突出马克思主义的世界观和方法论;(3)如何正确认识人类社会发展规律。而这三个重大问题就是"概论"讲课中需要把握和讲清的重点,围绕这三个重点问题所遇到的疑难问题,就是难点。

如何讲好重点难点,当然要具体问题具体分析,但作为共性的要求,我认为有四点:一是要准确全面地讲清楚马克思主义关于这一问题的基本观点和主要内容;二是要讲清楚确立这一观点的背景及其针对性、适应性;三是要讲清楚这一观点在现实中的理论意义、实践意义和需要发展的内容;四是最好能讲清楚目前理论界有关这一问题研究、讨论的情况和最新进展。

为了帮助教师把握教学点重点难点,《概论》教材编写组花了近两年的时间,选择了三十个问题进行研究,并撰写了《〈马克思主义基本原理概论〉重点难点问题研究》一书,这是一本既与教材观点保持一致,同时又增加了理论界讨论的最新进展、增强了学术性的教学参考书,对于教材由于篇幅的限制而未能展开的问题,这部参考书做了比较详尽的充分阐释。此书是列入教育部重点科研课题的成果,近日将由高等教育出版社出版。同时,为了落实习近平总书记的批示精神,教育部组织了以《概论》编写成员为骨干的思想政治理论课一线教师编写了一本名为《〈马克思主义基本原理概论〉重点难点问题释疑》的参考书,与前一本参考书相比,这本参考书将更加精炼,每个专题大概3 000字左右,要言不烦,简明扼要,有利于提高教学的针对性和有效性。

三、认真把握思想政治理论课的特点和大学生的实际

把握大学生的实际进行教学进而增强教学的针对性,是讲好思想政治理论课的重要一环。现在的大学生,总体上而言热爱祖国,热爱共产

党，热爱社会主义，其广泛接受新鲜事物、追求美好生活，蓬勃向上，但其不足之处在于现在的大学生缺乏实践锻炼和社会经验，在受多元化文化影响的过程中辨析能力需要提高。面对这样的青年群体讲授思想政治理论课，就需要准确把握他们的思想状况，有针对性地采取适合他们特点的方式和方法，在授课过程中既讲清楚马克思主义基本原理，又要使之能够真正为学生接收，内化为学生的素质。我在出差时，曾与某所大学的一位大一学生就"概论"课程的相关情况进行了交流和探讨。我问他对学习"概论"课程有什么体会和建议，他答那是"洗脑课"，不得不学，因此也兴趣不高。我很惊讶，就问他脑子里有什么还要"洗"，他说其实什么都没有。我不相信。他沉思一会，说他信"神"，因为高考前，家里请了神像，每天祈祷，请神像保佑他考上大学，结果真考上了，因此他信"神"。这个时候我想到清华大学一位教授做讲座时讲到的方法：一位发财的房地产老板说，他不信马克思主义而信神，因为神保佑所以他在竞争中胜出，发了大财。这位清华大学的教授说，既然有神保佑，你为什么不做一位大学教授呢？对方说不能，他不是做教授的材料，因为他从小家里贫困，导致他读不了书也不爱读书，就做生意赚点小钱，久而久之就养成做生意的习惯了。教授说，看来你房地产做得好不是因为"神"，而是因为你的家庭状况影响和你的主观努力，如果你有我的阅历和付出的努力，也可以做教授而不是房地产老板。老板似信非信，这时教授说，这个道理就是马克思主义的一个基本观点，社会存在决定社会意识，一个人的成功需要主观努力与客观条件相结合。我用这位清华大学教授的方法，讲给这位大学生听，并问他，信神的考生可能不止你一人，为什么有的考不上大学，不信神的考生也有考上大学的，这是为什么呢？这位大学生一时语塞，若有所思。虽然他不一定由此就坚信马克思主义，但我相信这次交往和对话至少会引起他的思考，甚至会影响他的人生。

把握大学生的特点，有的放矢地讲授思想政治理论课，会大大提高思想政治理论课的有效性，收到事半功倍的效果。

四、努力提升教师的政治、业务水平

讲好思想政治理论课的关键是教师,而教师的关键是其政治、业务水平。几年前我曾经参加教育部组织的思想政治理论课相关精品课程评审,看了各地方、各高校选报的录像材料,觉得各地教师水平差异较大:有的教师讲授虽然观点正确,但表情呆板,几乎是照本宣科;有的教师既观点正确,又生动活泼,基本做到了把教材体系转化为教学体系和学生的认知体系的要求,其课堂效果很好,令人耳目一新。为什么会出现这样的反差?问题在于教师的水平差异。

《中共中央关于进一步繁荣发展哲学社会科学的意见》中提出:"要按照政治强、业务精、作风正的要求,造就一批用马克思主义武装起来、立足中国、面向世界、学贯中西的思想家和理论家,造就一批理论功底扎实、勇于开拓创新的学科带头人,造就一批年富力强、政治和业务素质良好、锐意进取的青年理论骨干。"[①] 按我的理解,对于思想政治理论课教师而言,所谓"政治强",就是要求其既能够深入地研究、准确地阐述、旗帜鲜明地坚持马克思主义的基本立场、基本观点、基本方法,又能够深入研究马克思主义与时俱进的理论品质,破除对马克思主义的教条式的理解,澄清附加在马克思主义名下的错误观点,坚持用科学的态度对待马克思主义,用创新和发展了的马克思主义指导新的实践,在实践中创新和发展马克思主义。所谓"业务精",就是善于吸取一切人类文明优秀成果,立足中国、面向世界、学贯中西,理论扎实、勇于开拓,能够坚持以经济建设为中心,为推动改革开放和促进社会主义物质文明、政治文明、精神文明协调发展,为弘扬和培育民族精神培育优秀人才、出学术精品。所谓"作风正",就是要树立正确的人生观和价值观,能够坚持严谨治学、实事求是、民主求实的学风,具有良好的学术道德修养。在这三者之中,"政

---

① 中共中央关于进一步繁荣发展哲学社会科学的意见. 新华网,2004-03-20.

治强"是对思想政治理论课教师的前提要求，因为只有政治强，才能保证有正确的方向；"业务精"和"作风正"是对教师的根本要求。因为没有真才实学、精湛的业务和良好的作风，一个思想政治理论课教师是不可能担负起培养学生思想道德素质任务的，更何况政治强最终也要通过精湛的业务和良好的作风表现出来，通过培养更多更高素质的人才和创造更多更好的成果才能得到落实。

思想政治理论课教师应该做落实中央指示的模范，努力把政治强、业务精、作风正三者统一起来，严格要求自己，加强自身的思想道德建设和学风建设。要自觉地以马克思主义为指导，树立正确的世界观、人生观，把握正确的方法论；要增强社会责任感，加强学术道德修养，坚决抵制各种不正之风；要坚持严谨治学、实事求是、民主求实的学风；要预防和克服急功近利的浮躁学风，扎扎实实寻求真理；要深入现代化建设生动活泼的实践，深入群众，立足中国，放眼世界，努力从人民群众广阔而丰富的实践中汲取思想养分，多创造学术精品，多培养高素质的人才，不辜负党和人民的期望。

五、把课堂教学与社会实践相结合

在学校，思想政治理论课是对大学生进行思想道德素质教育的主要渠道，但不是唯一渠道；在实际生活中，社会对大学生的思想道德影响也是很大的。不少老师都说，课堂上讲授的道理一旦与社会现实出现反差，效果就大打折扣了。这实际上反映了社会实践对于大学生思想道德教育的重要性，以及把课堂教学与社会实践相结合的必要性。

把课堂教学与社会实践相结合的重要性和必要性表现在以下三点：

第一，有利于把学得的理论与实践相结合，从而提高大学生认识问题分析问题的能力。学习的目的在于应用，学习马克思主义理论归根结底是为了运用这一理论认识世界改造世界。在把课堂教学与社会实践相结合的过程中，老师和学生一起参与社会实践，发现实践中提出的问题，并运用所学理论认识和分析解决问题。在这样的过程中，理论不再是课堂上抽象的理论，而是在实践中所运用的鲜活的理论，实践也不是无目的的实践，而是在马克思主义理论指导下的实践。只有将理论与实践结合，大学生的认识问题和分析解决问题的能力才能得到提高。

第二，有利于在实践中检验和发展理论，提高大学生理论创新意识和能力。理论来源于实践，并在实践中得到检验和发展。通过课堂教学与社会实践相结合，大学生可以在实践中检验所学的理论哪些是符合实际必须坚持的，哪些是需要随着实践发展而发展的。而在这一过程中，大学生的创新意识会得到增强，创新能力会得到提升。

第三，有利于增强大学生对马克思主义的理论自信和自觉，提高思想道德水平。当代中国的实践是前无古人的实践——改革开放和现代化建设实践是马克思主义与中国实际相结合的实践，是产生中国特色社会主义理论体系的实践，是使中国综合国力和人民生活水平快速提高的实践，也是实现民族复兴中国梦的实践。把课堂教学与社会实践相结合，可以使大学生耳闻目睹改革开放的伟大成就，可以亲身感受马克思主义一旦为群众所掌握就能够变为现代化建设的强大动力这一客观真理，从而增强大学生对马克思主义的理论自信和自觉，提高学习和运用马克思主义理论的自觉性。

课堂教学与社会实践相结合的途径和形式可以多种多样。近些年不少高校组织大学生到改革开放和现代化建设第一线参观学习调查研究，不少高校在革命老区建立实习基地，不少高校有组织地安排思想政治理论课教师到基层挂职经受锻炼，等等，这些都是一些好途径、好形式，今后应该使这些途径和形式不断完善，有关领导部门和学校也应该提供更加得力的支持和便利的条件，以支持思想政治理论课教育教学，进而使其能够把课堂教学与社会实践更加紧密有效地结合。

参考文献

1. 胡锦涛. 坚定不移沿着中国特色社会主义道路前进　为全面建成小康社会而奋斗：在中国共产党第十八次全国代表大会上的报告. 新华

网，2012-11-09.

2. 国家中长期教育改革和发展规划纲要（2010—2020年）．中国政府网，2010-07-29.

3. 中共中央关于进一步繁荣发展哲学社会科学的意见．新华网，2004-03-20.

对"两课"改革的一些意见和建议[*]

(二〇〇三年四月十日)

一、对"两课"教学改革现状的基本估计

近些年来,"两课"教育教学的成效是显著的,其突出表现在两个方面:一是"两课"在对大学生进行马克思主义基本理论教育等方面发挥了主渠道、主阵地的作用;二是建立起了一支素质较高的"两课"教师队伍。在新时期,大学生的良好的基本政治倾向和素质与"两课"教育教学和"两课"教师的工作密切相关。但相对于从中央到社会对"两课"的期望、赋予的使命和重视程度而言,"两课"教学的实效仍然与预期有较大差距,不少学生学习"两课"的兴趣不高,对课堂教学效果不满意。

目前,"两课"教学的基本状况是:大部分学生中存在着对学习马克思主义基本原理基本方法和当代马克思主义新发展的需求,但现有"两课"的教学内容、方法不能满足学生的需求;大部分"两课"教师有教好"两课"的积极性和敬业精神,但对如何提高"两课"的有效性尚未找到

---

[*] 本文是 2003 年 4 月给教育部领导的报告。文中的"两课"是指马克思主义理论课和思想品德课,2005 年新的改革方案实施后,"两课"改称为思想政治理论课。

有效的方法和途径。

二、出现上述状况的原因

造成以上局面的原因是多方面的。仅就"两课"课堂教学而言,有这样三个问题值得重视:

第一,现有的"两课"课程设置和教学内容体系过于庞大,内容没有做到"少而精"、规范化。1998 年全国统一"两课"课程设置和学时后,马克思主义理论课包括 5 门,思想品德课包括 3 门,在课时安排上,理工科为 285 个课时,文科为 335 个课时,分别占一个本科学生四年教学课时的 11%～13%。这个比例在整个课程体系中有些高了。

第二,"两课"课堂教学与社会实践教学脱节。进行马克思主义教育,特别是进行对当代发展了的马克思主义(包括邓小平理论、"三个代表"重要思想)的教育,最有效的途径是课堂教学与社会实践相结合。近些年来,虽然"两课"课堂教学有所加强,但社会实践囿于经费等原因却削弱了,这是"两课"教学实效性打折扣的重要原因之一。

第三,教师队伍鱼目混珠良莠不齐。"两课"既汇聚了一批坚信马克思主义、有敬业精神又有专业知识的优秀教师,也有一些对马克思主义知之不深、业务不精的教师。而后者讲课很难受到同学的欢迎。

三、对进一步推进"两课"教学改革的思考

首先,要给"两课"以准确定位。对大学生进行"两课"教育教学是社会主义大学的重要特征,其作用是决不能忽视的。"两课"是高校马克思主义基本理论教育的主渠道,开设"两课"是培养综合素质高的社会主义建设者和接班人的重要措施之一。"两课"教育教学的主要任务,是使学生通过对马克思主义基本理论、基本方法的学习,提高认识问题、分析

问题和解决问题的能力，并为其终生学习马克思主义，树立正确的人生观、世界观奠定基础。

其次，统筹安排教学计划，改革"两课"课程体系。"两课"课程设置应与文化素质教育课程、专业素质教育课程、身体心理素质教育课程等统筹安排，本着"少而精"、要管用的原则精简教学内容。可考虑将现在的设置8门课程合并精简为3门：一门是"马克思主义基本原理"，内容包括哲学、政治经济学、科学社会主义，集中讲授马克思主义的基本理论、基本观点、基本方法，及其产生的背景及意义；第二门是"发展了的马克思主义"，讲马克思主义的发展，特别是讲当代马克思主义的发展，讲毛泽东思想、邓小平理论、"三个代表"重要思想，讲党的路线、方针、政策，要既讲经验，又讲教训；第三门是"思想道德修养"，要将文化素质教育的一些内容放到这门课讲，并将"法律基础"的内容也合并在其中。这三门课不一定追求完整的体系，可以采取专题讲座的形式，每门课不一定一个教师讲，可以多个教师讲。内容要精，要强调科学性和实践性，其课时可安排为200个小时左右。

再次，改革教学方法。在几十年的办学过程中，南开大学中形成了"课堂教学—校园文化—社会实践"三位一体的育人模式，而这个模式应该适用于"两课"教学。因此，应该将课堂教学、校园文化、社会实践结合起来，在理论联系实际上下功夫。同时，"两课"教学还要重视运用多媒体、网络等现代化手段进行教学，并善于抓住国内外的一些重大事件对学生进行马克思主义教育，这样的效果往往比按部就班的课堂教学更好。

最后，要建设一支高水平的"两课"教师队伍，这是不断提高"两课"教学实效性的关键。为了实现这一目标，就要选择优秀的教师不断充实"两课"教师队伍，提倡优秀的哲学、政治经济学、科学社会主义等专业课教师为学生讲"两课"，提倡专兼结合，聘请改革开放和现代化建设第一线的优秀分子为同学讲"两课"。而对现有的"两课"教师而言，要给予其政治上、业务上、工作条件等多方面的关心，使他们能够专心致志从事"两课"教学，并使其政治水平和业务水平得到不断提高。

第四篇　思想政治教育和马克思主义理论队伍建设

关于在社会主义市场经济条件下加强和改进高校德育工作的思考*

(一九九五年三月)

一

社会主义市场经济的发展和以建立社会主义市场经济体制为目标的改革的深化，必然会给高校德育工作带来多方面的影响。因此，清醒地认识现实，主动地适应新形势、新任务的要求，实现观念的转变，加强和改进高校德育工作，是摆在我们面前的一项光荣而艰巨的任务。

必须说明的是，社会主义市场经济的发展，对于高校德育工作有积极的一面，其主要表现在如下方面：市场经济的竞争性原则，有利于建立充满生机的激励机制，并激发德育工作者和全体师生工作、学习的积极性；市场经济的平等性原则，有利于强化人们的民主意识，消除特权思想；市场经济的效益原则，有利于促使师生员工挖掘潜力，从而以最小的投入获得最大的效益，提高效率；市场经济的自主性原则，有利于消除人们的依赖性，增强自主自强精神；市场经济的开放性原则，有利于打破人们在计划经济体制下所形成的封闭性思维模式和陈旧的生活习惯，更新观念，开

---

* 本文与高海燕同志合作写成，曾发表于《中国高教研究》1995年第5期。

拓进取，从而建立文明健康、积极向上的工作、生活方式。因此，高校德育工作必须抓住社会主义市场经济加速发展的契机，充分吸收蕴藏在市场经济中的种种文化精神成果并以之充实高校德育工作的内容，促使高校德育工作机制的转换，使之更具有时代精神。从这样的意义上说，社会主义市场经济的发展既为高校德育工作提供了新的契机，又注入了新的活力。

但在充分认识社会主义市场经济对高校德育工作的积极作用的同时，也必须清醒地认识其可能产生的负面影响：第一，市场经济的每一个主体往往都以自身利益为决策的出发点，如果对其引导不力，就有可能使个人利益、小集团利益得到强化，进而淡化国家利益、集体利益和长远利益，甚至会诱发利己主义、个人主义、损公肥私等问题的发生；第二，作为货币化的商品经济，如果对市场经济规范不力，易使"金钱至上""金钱万能"的思想滋生蔓延，并可能会渗透到人际关系、社会关系之中，甚至影响到党内政治生活等方面；第三，价值规律是市场经济的基本规律，价值规律的调节对经济发展有极其重要的积极作用。但如果不适当地将仅仅适用于经济领域的调节机制推及其他一切领域——特别是上层建筑领域，搞市场经济的"泛化"，就可能使市场经济的价值取向、行为准则、思想规范渗入到各行各业，进而导致人们的世界观、人生观、价值观发生扭曲；第四，市场经济的发展在带来经济生活空前活跃的同时，也容易导致人们的政治观念、远大理想的淡化，进而带来教育的诸多矛盾。

综上所述，如何充分发挥社会主义市场经济对高校德育工作的积极作用，最大限度地抑制其负面影响，已是在新形势下加强和改进高校德育工作必须面对的客观现实。

二

面对社会主义市场经济对高校德育工作的双重影响，要加强和改进高校德育工作，首先应在以下几个方面明确认识，实现观念的转变：

关于在社会主义市场经济条件下加强和改进高校德育工作的思考

1. 高校德育工作要突破政治学习的狭小范围，为经济建设服务，为学校的中心工作服务

在过去相当长的一段时间内，高校德育工作不同程度地存在着与中心工作"两张皮"的倾向，即片面强调其工作的相对独立性，把自己仅仅禁锢于政治学习、政治活动和马列课程教学等狭小范围内，形成了自我封闭的体系，从而使高校德育工作缺乏生机与活力。

在新形势下，高校德育工作要摆正位置，明确工作重点。就高校而言，学校的中心工作是为社会主义现代化建设培养合格的建设者和接班人，因此学校的教学、科研、后勤等工作要围绕这个中心去工作，围绕这个中心去确立自己的目标和任务、去安排自己的工作和步骤。这是保证高校德育工作的统一性、有序性，体现自身职能，实现自身价值的根本所在。

围绕中心工作做好德育工作，首先要强化服务观念。从本质上说，服务是为学校的中心工作服务，为培养好学生服务，因此主动、热情、有效地为中心工作服务应成为新时期高校德育工作的基本精神和行为准则。其次要摆正位置。高校德育工作为中心工作服务并不是要代替某个职能部门去做具体的工作，而是要为高校的改革、发展和培养人的中心工作提供精神动力和思想保证。高校德育工作要体现自身价值，就必须正确认识和行使自己的职能，正确认识和发挥自己的优势，形成自己的工作特色。最后要搞好整体谋划。高校德育工作为中心工作服务，就必须厘清自身的工作思路。任何一项工作与中心工作有什么关系、要达到一个什么目的、产生怎样的效果、通过什么途径、运用什么手段去实现，以及各部门、各方面的力量如何配合和使用，等等，都必须在高校德育工作中具体地加以明确、整体地予以考虑和安排，从而最大限度地发挥高校德育工作的整体效能。

2. 高校德育工作要变单一的思想教育、政治教育为注重学生的综合素质培养的教育

过去的高校德育工作往往把自身定位于"政治教育""思想教育"上，它所关注的是学生的政治素养和思想品德，强调的是德育的党性和政治属性。把德育工作当作意识形态工作的一部分无疑是十分重要的。但在改革

开放和市场经济蓬勃发展的今天，高校德育工作如果仍然把自身局限于这一狭小领域，只对所谓纯而又纯的"思想教育"或"政治教育"感兴趣，无视改革开放的社会现实对人才提出的多种素质要求，那就既不能满足社会发展的需要，也不能满足学生自身发展的需要，更不能很好地担负起高校德育自身的任务与使命。

社会主义市场经济的发展呼唤着"一代新人"的出现。而身为"一代新人"，高校培养的学生不仅应具有较高的政治思想觉悟和坚定的政治方向，具有科学正确的世界观、人生观、价值观，而且还应该具有较高的知识素质、能力素质、心理素质和身体素质。总之，市场经济对人才素质的要求是全方位的，高校培养的学生只有不断提高自身的综合素质，才能在21世纪的竞争中立于不败之地。

因此，德育工作不能就思想论思想，就政治论政治，而应该利用多种方式全方位地培养学生的综合素质，促进学生的全面发展。高校德育工作必须完成观念的转变，确立素质教育的思想，对学生进行适应时代发展、社会进步，以及建立社会主义市场经济体制需要等的素质教育，不仅要关注学生政治方向、品德等意识层面上的问题，也要关注学生的身心健康，不仅要注重学生知识、技能、思维的培养，而且也要重视学生情感、兴趣、意志、需要等个性素质以及社会责任感、法制观念和社会适应能力的培养，努力帮助学生找到健康成长的正确途径和道路。

3. 高校德育工作要务求实效，力戒形式主义

在以往的一段时间内，高校德育工作往往把评价指标局限于"教学"的变换上，形式主义的东西并未完全清除，教育方式呆板、单一，脱离社会现实和人们自身的思想状况，这与社会主义市场经济的新形势是很不相称的，因此，必须坚决改变这种状况。这就要求高校德育工作要拓宽思路，创出新招，自觉适应新形势、新任务的要求去创造性地开展德育工作。

高校德育工作要坚持"严、细、深、实"的作风，对已经确定了的事情，高标准，严要求，一抓到底，务求实效。要通过具体的、实在的事情，使工作由虚变实。要搞好调查研究，了解基层的实际要求和实际困

难,掌握师生员工的情绪和思想动态,及时反映情况,协助有关部门加以解决,并通过理论研究、新闻宣传、思想教育等手段做好深入细致的疏导工作和引导工作。

4. 高校德育工作要在促进人的全面发展和培养跨世纪的人才中发挥先导作用

高校德育工作要与社会主义市场经济适应,不能仅仅着眼于使学生形成市场经济所需要的意识、品质和行为,培养出市场经济所需要的人才,更重要的是对他们进行高于现实的理想人格的引导和培养,使他们具有社会主义建设者和接班人所需要的全面、完善的道德品质和人格,从而以其特有的价值导向对促进人的和谐发展与社会的全面进步发挥更多的能动作用。从社会整体发展来看,高校德育工作具有多种社会功能和价值,因而不能以市场价值为其唯一取向、唯一服务对象,更不能将适用于经济领域的运行机制不适当地推及其他一切领域,搞"市场泛化"。当前高校德育工作的改革如果只限于对市场经济的适应,同时又把这种适应看成对某些市场经济所需要的意识与行为的培养与强化,那就会发生严重的失误。面对市场意识的"泛化",面对市场经济的负面影响,高校德育不能采取听之任之的态度,更不能盲目地去"适应"或"迎合",而应该以明确的价值导向去教育、引导学生正确处理个人利益与集体利益、当前需要与长远需要、物质享受与精神追求之间的关系,从而使学生认识到现实存在的东西并非都是合理的,更不都是代表理想的。我们不仅要适应现实,而且要改造现实以推动社会的前进。

我们应该认识到,教育,尤其是德育,是立足于现实、着眼于未来的。所以它不仅要服从于现实的社会需要,更要从发展着的社会需要出发。高校德育工作不能只是以被动形式落在经济建设的后面,而应主动地为培养跨世纪的人才承担先导责任。

三

在社会主义市场经济条件下,要加强和改进高校德育工作,在观念转变的同时，还必须有一系列的保证措施：

1. 建造大德育格局，完善德育渠道，把德育工作落在实处

长期以来，高校德育工作在很大程度上被看作只是少数德育专职队伍和思想政治理论课教师的事，而大量的专业课教师只管教学、科研，这种认识与把智育等同于教学、将德育与教学分离的倾向有关，这是必须解决的一个重要问题。实际上，德育和教学科研不是对立的，也不是分离的。教学是智育的一个主要渠道，也同样是德育的一个主要途径。高校德育需要所有教师的参与，它既是专职德育队伍和思想政治理论课教师的职责，也是业务课教师、管理部门和服务部门等全体人员的职责。它可分为"直接德育"和"间接德育"两个方面：直接德育是指通过思想政治理论课教学和专职德育队伍的日常思想政治工作，向学生进行马克思列宁主义、毛泽东思想，邓小平关于建设有中国特色社会主义的理论，世界观、人生观、价值观教育，以及社会主义道德教育。间接德育是指通过业务课的教学以及通过学生组织、社会活动、校内外的环境，对学生施加政治、思想、道德影响的措施。直接德育是学生思想政治教育的主阵地、主渠道，间接德育也是高校德育的重要阵地，它可以弥补直接德育的不足；直接德育强调专职德育工作者对学生思想中的热点问题进行直接的教育和引导，间接德育主张德育要潜移默化地对学生进行渗透，强调知行统一，注意行为习惯的培养。为了切实加强高校德育的建设，真正把学生的素质教育落在实处，增强德育效果，我们应该同时采用直接德育与间接德育两种方法，采取综合的道德教育。具体来说，一是重点抓好思想政治理论课改革，建设一支高水平的专职德育队伍，增强思想政治理论课教学和日常的思想政治工作的实效；二是强调以学科教学为中心的间接德育，尽力发挥专业业务教学以及管理、后勤服务的德育功能，使教书育人、管理育人、服务育人落在实处。

2. 进一步完善德育工作的管理体制和运行机制

高校应尽快建立并不断完善在党委统一部署下，由校长及行政部门具体实施的德育工作管理体制。相关的教育、教学行政部门要切实把德育工作作为高校教育教学重要组成部分，并纳入教育教学总体规划之中，在校

长领导下具体负责德育工作的实施、检查和考核，高校各级党组织和行政部门应当充分发挥广大教师教书育人的积极性，理顺专职德育工作者、思想政治理论课教师、班导师、任课教师与学校宣传思想工作者之间的关系，使他们能够协同工作，齐抓共管，这是高校德育工作卓有成效的关键所在。

3. 改善德育工作条件，建设新水平的专兼结合的德育队伍

为加强和改进高校德育工作，还需要进一步加强德育研究和思想政治教育学科建设，要把思想政治教育作为重点学科加以建设，切实加强德育工作队伍建设，下大力气建设一支专兼结合、功能互补、信念坚定、业务精湛的德育工作队伍。对学校而言，要在思想上关心、学术上严格要求德育工作，在学术梯队建设、职务职称晋升、业务培训、参加社会实践等方面创造条件，培养和造就一批在国内本学科领先的德育专家、教授和理论家，并以之为骨干优化队伍结构，打造一支优秀的德育队伍。对学校所有的教职员工而言，要结合自己的特点做好德育工作，干部、教师要进行德育课堂讲课或承担德育教学的实际工作，共产党员、领导干部、名教授、学术带头人要做德育工作的模范。除此之外，学校要根据德育工作的需要，不断增加德育经费投入，保证德育工作的良性运转。

与湖北大学"两课"教师座谈时的谈话*

（二〇〇四年十一月三日）

"两课"确实很重要。

我们国家现在还不发达，但将来一定要成为发达国家。我们要成为的发达国家不仅仅是经济发达的国家，而且是意识形态发达、人的思想道德素质较高的发达国家，否则，即使那时我国成为一个经济大国也可能只是一个"精神小国"。而精神搞不好，思想搞不好，人的道德搞不好又会抑制或破坏经济社会的发展。从这个意义上不难理解"两课"的重要性。

从另一个意义上来看，同样也可以说明"两课"很重要。将来无论是国家领导人、自然科学家、社会科学家，还是各行各业的骨干，基本上都要接受高等教育。高等教育好不好，包括高校的思想政治教育好不好，关系到国家的前途命运。所以，高等学校要把学生教育好，不仅要使受教育者专业知识好、身体好，而且使他们的精神好、道德素养好、思想好，使他们的人生观好、价值观好。而要达到这样的目标，"两课"应该起到，也可以起到积极的作用。

对于"两课"的重要性不是每个人都能够充分理解。例如有人说没有"两课"不见得不行，但依我看没有"两课"真的不行。你可以不叫"两

---

* 本文是作者作为教育部本科教学评估专家组组长在湖北大学评估期间，与"两课"教师座谈时谈话的记录稿，选入本书时有删改。

课"而叫另外的名称,但是对大学生的思想政治教育一定要有。在中央最近下发的相关文件中,对于大学的思想政治教育提出了五项任务,其中第一项是对大学生进行马克思主义教育,特别是当代马克思主义——邓小平理论、"三个代表"重要思想——的教育。因为我们要搞社会主义,没有马克思主义的指导是不可以的。第二项是爱国主义教育。一个人不爱国,不爱自己的国家、民族,这样的人不可能是一个好人。每一个国家都进行爱国主义教育,例如日本小孩从入学伊始,学校就告诉他要爱国、要好好上学,否则将来就没有饭吃。日本学校跟学生传输的这种思想就是爱国主义教育、危机教育和竞争意识教育。那么这样的教育该叫什么教育,这样的课该叫什么课?按我们的说法,这样的教育就叫思想政治教育,这样的课就叫"两课"。

当然,"两课"不仅仅局限于马克思主义教育和爱国主义教育,道德教育也应包括在内。现在社会上一些不好现象的产生根源即为道德观念的缺失和道德规范的扭曲。我们国家历史上很注重道德教育,五千年的中华文明很讲究道德。例如"己所不欲,勿施于人""己欲立而立人,己欲达而达人"等等,都鲜明体现了这一点。现在的大学生思想越来越活跃,随着时代进步、社会的发展,很多理念都在发生变化,有些传统道德在他们看来是需要重新审视。这就更要求我们开好"两课",在对传统道德进行扬弃的基础之上,加强对当代大学生的德育。

综上可以看出,"两课"很重要。当然,将来不一定叫"两课",也可能叫别的名称,不管叫什么名称,对大学生进行思想政治教育、进行马克思主义教育、进行思想道德教育、进行爱国主义教育等绝对是必要的、重要的。从这个意义上说,"两课"不是要不要的问题,而是怎么样开得更好、更有效的问题。

应该承认,在过去很长一段时间里,尽管国家、学校特别是"两课"教师尽了很大的努力,力图讲好"两课",也收到了明显的成效,但与国家、社会和学生的期望和付出的努力相比,"两课"确实还存在不足,还需要进一步改革。现在有一些调查报告谈到"两课"的效果不够好,这在某种程度上反映了"两课"的现状。造成这种状况的原因是多方面的,有社会影响方面的，也有学校教育教学方面的，如教学与实际脱节的问题等，应该说这种现象在许多学校普遍存在。如何改变这种状况，提高"两课"的有效性，在新条件下对大学生进行卓有成效的思想政治教育？这是我们要共同努力积极探索的问题。我认为，可以从以下几点入手：

首先，要拓宽思想政治教育的渠道。进行思想政治教育，课堂很重要，但是不能光靠课堂，还要靠一系列其他的渠道和措施，例如校园文化、社会实践、网络渠道等都是应该利用的。而课堂也不应局限于"两课"课堂，专业课课堂也应把思想政治教育渗透进去，这样效果才会更好。

其次，要改善思想政治教育的方式，把思想政治教育与解决实际问题紧密结合。这种结合有具体层次的，也有宏观层次的。例如有的学生因为家庭贫困没钱吃饭，没钱交学费，恐怕只说坚持马克思主义、以马克思主义为指导克服困难还不够，最好是在告诉学生要坚持以马克思主义为指导克服困难的同时，想办法帮他筹集资金把学费和吃饭问题解决了，要么学校把学费免了，要么发动同学帮助，要么从社会筹集一些捐助等，有这么多措施把问题解决了，再对学生进行思想教育，这样就能达到事半功倍的效果。再例如学生对贪官义愤填膺，而课堂上却说共产党很伟大不可能有贪官，这就不是实事求是的做法。可以说共产党里面的确有贪官，而且贪官也不是一天两天就可以完全消灭的，这是因为共产党在进行社会变革的过程中制度还不健全，加上有的人组织上入党但思想上没有入党，所以导致了目前的确有贪官存在。但是，共产党不能容忍贪腐行为，一旦贪官被发现，他是逃不过的，你看胡长清就被枪毙了，这就说明我们党有决心、有能力解决问题，想把腐败整治好。这样说学生是能够信服的，效果是会好的，这就叫实事求是地讲道理。而与实际结合是要下功夫的，特别是要与社会实践结合，如果只是说得冠冕堂皇，到头来做得不好或与社会实践结合得不好，学生也不能信服。

再次，要继续深化改革"两课"的课程体系和内容。一要精，避免内容重复，课时要适中；二要新，要跟上时代的步伐。现在的"两课"内容与中学的课程安排有重复，"两课"各门课之间也有些重复，应该改变这种状况。怎么改，还需要进一步讨论，比方说课时。我知道"两课"的老师都希望课时多一点,这自有"两课"老师的道理。例如马克思主义政治经济学原理这门课程的课时过多不可能,但课时少了更不好讲,而现在学校教学改革的趋势是适当压缩授课学时以给学生更多的自主学习的时间,总学时压了,"两课"的学时不压是不太可能的,所以"两课"的学时也要适当地压缩。压了学时以后,还要讲原来那么多内容就很困难,所以课时压了以后教学内容、课程体系也要适当地调整。原来"两课"开7门课,以后到底是讲3门课还是几门课比较好,大家可以酝酿、可以讨论。有人建议可以开设"马克思主义原理""发展了的马克思主义""思想道德"三门课,这不失为一种可供选择的方案。课时压缩了,每门课的内容是"系统式"讲好,还是"专题式"讲好,也是可以研究的问题。我的体会是开专题课比系统地讲可能更受学生欢迎,因为学生们都已经有马克思主义基本常识了,即使没有,你布置任务让他自己读,也比在课堂上带着他逐字逐句地读要好得多,且有些内容上课的时候详细地讲解反而是画蛇添足。邓小平同志倡导"要少而精,要管用",但是怎么样"少而精"?怎样才"管用"?还没有找到有效的途径。近两年,全国上上下下都在酝酿新一轮"两课"改革方案,但是还没有出台,说明这个问题确实比较难,这需要我们在实践中进一步探索。

最后,要提高教师水平。教师是教学工作的决定因素,"两课"也一样。同样的课,可能他去教大家鼓掌,我去教大家摇头,这就是老师水平的差别。北大名师讲"两课"很好,但是,普遍推广其教学方式有一定困难,因为许多学校没有那么多名师,单看录像怕学生也未必欢迎。而"两课"也不是随便什么人都可以上好的,因此我们要关心"两课"教师队伍的工作、生活和成长,要努力造就和培养一支高水平的"两课"教师队伍。

有一个问题还需要与大家讨论,就是有没有可能将有关的专业课老师与"两课"老师打通,请一些优秀的专业课老师也讲"两课"。几年前有一次教育部开"两课"教学指导委员会的时候,我跟一位老教授曾认真地讨论过这个问题,他就说你专业课讲得好,不一定能讲好"两课"。我当时并不同意——至少不完全同意——这位老教授的看法。通过这些年的观察和体会，我的确承认"两课"确有一些自身的要求和规律性，讲好"两课"难度比较大，但我依然认为一些优秀的专业课教师应该能够讲好"两课"，如果这些老师能够给大学生讲"两课"，可能会受到同学的欢迎，因此这种方法应该得到鼓励和提倡。之所以讲好"两课"难度比较大，与社会现象对学生的影响有很大关系——课堂上讲的跟社会现象不能吻合，在一定程度上抵消了"两课"的收效。当然这只是问题的一个方面，除此之外，社会存在是一个客观实在，即使在特定的条件下社会存在某些丑恶现象，也不能一味埋怨社会，"两课"的任务之一就是要教育学生，给他们传授好的思想方法、好的价值观念、好的道德规范，去改造社会，引导社会前进的正确方向，这是我们的责任。高校应该是领社会潮流之先，教育学生认识社会、改造社会的场所。现在的大学生整体而言是积极健康向上的，我们应该坚定地相信我们的大学生，坚定地相信我们的教师，坚定地相信我们的高等学校，坚定地相信"两课"的效力。

讲好"两课"，老师是主人，老师最有发言权。在湖北大学考察几天下来，我发现湖北大学的"两课"是一个亮点，湖北大学的"两课"教师是很敬业的。学校提出的总体目标是办成"国内知名、国际有影响"的学校，而"两课"应该努力率先达到这个水平。"两课"先带头冒尖，别的学科跟上来，然后"两课"再向前进。这对全校是一个带动。

我在中学学的政治课是"辩证唯物主义常识"，几万字的一本教材，全都背过了，至今过了几十年，仍然感到它真管用，当时讲人生观、方法论，有理论也有实践，令人终生受用。我个人的亲身体会是如果"两课"真的讲好了，理论也好，方法也好，确实可以使一个人一辈子受益。在座的诸位都是在思想教育岗位上工作的老师，既有白发苍苍的老教师，也有年轻的老师，作为分管了高校十几年"两课"教学工作的同志，我和大家一样热爱这个岗位，并愿意为这个岗位鞠躬尽瘁、赴汤蹈火。

我就讲这些，与大家互相交流，共勉。

与大学生谈学习、谈做事、谈做人[*]

(二〇〇四年十二月二十六日)

我先谈两个观点,作为开场白。

一个观点是,判断一所大学办得如何,质量好不好,水平高不高,最简单的标准是,从短期看要看这所大学的教师队伍水平如何,有没有高水平的教师,从长期看要看这所大学培养的学生如何,在毕业生中有没有很优秀的学生。从这样的意义上说,学生水平如何将长期决定学校的声誉和水平。

另一个观点是,高等学校树立和落实科学发展观、以人为本,最重要的是要以教师为本,以学生为本,而归根结底是要以学生为本,因为学生是国家的未来,学校的根本任务是培养人才。

这两个观点都与大学生有关。如果大家对这两个观点没有疑义,以下我将围绕大学生的学习、做事、做人,谈谈大学生如何将自己锻造成为对社会有用的优秀人才的问题。

一、新世纪经济社会发展需要怎样的人才

要回答这一问题,首先有必要明确新世纪经济社会发展究竟发生了什

---

[*] 本文是在作者给潍坊学院大学生所做的报告的基础之上整理而成的,选入本书时有删改。

么变化。

就世界范围而言,有两个变化是根本性的、影响深远的。一是以信息革命为重要标志的高科技革命的发生和发展,二是经济全球化的发展和扩大。就中国范围而言,世界潮流的影响,加上我们本国的因素,也有两个变化是根本性的、影响深远的,这两个变化一是信息化、工业化、城镇化、市场化的迅猛发展,二是经济社会的急剧转型,即通常所说的经济体制由计划经济体制向社会主义市场经济体制的转变和经济增长方式由粗放型向集约型的转变。

这些根本性的变化又会引起一系列的变化。一是世界变小了,以后任何人做任何事都需要有开放的全球的视野,都要受到来自全世界竞争的挑战;二是知识更新将加快,新知识、新技术、新观念将层出不穷。

教育要适应经济社会变革的需求,并引领经济社会的前进。世界和我国经济社会发生的这些新的变化,必然对人才培养提出新的需求。但是,新世纪经济社会的发展究竟需要怎样的人才呢?

概括地说,经济社会的发展将需要越来越多的综合素质高和能力强的杰出人才。所谓"综合素质高",主要是指思想道德素质高、科学文化素质高、专业知识素质高和身体心理素质高。所谓"能力强",主要是学习更新知识的能力强、开拓创新能力强、实践应用能力强、竞争适应能力强、交往合作能力强。关于综合素质的问题在这里由于时间的关系我不做过多叙述,这里我想主要讲一讲大学生的能力培养问题。

大学生需要培养的能力可以有多种分类与概括,我之所以强调上述五种主要的能力是出于这样的考虑:

首先是学习更新知识的能力。知识是随科技、经济、社会的发展而不断发展的,任何人都不可能在学校将所有的知识都学完,即使在学校掌握了很多的知识,但这些知识的大部分也会随着时间的推移而过时和贬值,所以能不能具有自我学习、不断更新知识的能力就是大学生走向社会后能不能适应经济社会发展需要的关键。有一种现象并不少见,即某位大学生在校期间学习成绩并不突出,但毕业工作多年后却成绩斐然,而另一位同学在校时学习成绩优秀,但工作多年后却成就平平,其原因除了社会的客观环境和机遇外,另一个重要的原因可能就在于其是否具有自我学习和知识更新的能力。所以我特别强调学习和更新知识的能力,在科技革命迅猛发展的时代尤甚。

其次是开拓创新的能力。创新是民族进步的灵魂,开拓创新是一个人进步和有所作为的基础。开拓创新首先是思想观念的创新,即通常所说的解放思想,同时也是方法和实际举措的创新。没有开拓创新,就不会有进步,就意味着故步自封,而故步自封是不可能适应飞速发展、日新月异的经济社会的需要的。所以开拓创新观念的养成和开拓创新能力的培养,对于大学生来说是关系未来前途和能否有所作为的大事。

再次是实践应用的能力。学习知识、培养能力的目的是应用,我们在大学期间学习到的理论知识只有付诸实践才有价值。我们经常说要认识世界、改造世界,讲的是理论要与实践相结合,理论要应用于实践,为实践服务。所以,相对于理论而言,实践是第一位的。大学生不仅要满腹经纶,更重要的是要能实干。业绩是干出来的,辉煌是干出来的。所以一定要养成善于将知识理论用于实践的习惯,养成实干的精神和能力。

复次是竞争适应的能力。市场经济的发展,经济全球化的扩大,都会使竞争日益加强。未来社会一定是一个充满竞争的社会。竞争不仅仅是国内的竞争,而且是国际间的竞争。从这样的意义上来认识问题,可以看出大学生将来的竞争适应能力如何不仅仅关系到个人能否有所作为,更重要的是还关系到我们国家的发展和在世界范围竞争中所处的地位。所以,竞争适应能力是大学生所必须重视养成的能力。

最后是交往合作的能力。竞争并不排斥合作。科学技术的发展,分工的发达和深化,使人与人之间、企业与企业之间、国家与国家之间的合作变得日益重要。将来在社会中一个人能否取得成功,除了取决于自身的努力之外,还取决于他人的合作和支持。所以合作交往能力是大学生必须具有的能力。有一种现象可能大家已经注意到,就是在一个需要有多人合作的工作中,往往因为合作的不愉快而使本来可以圆满成功的事情难以成功,能人在一起有时这种问题尤甚。这就是合作出了问题所致。中国有句古话说得好:"和则两利,斗则俱伤",它讲的是合作的重要性。因此,大学生一定要有意识地培养和铸造自己的合作交往能力。

二、怎样把自己塑造成适合社会发展需要的人才

明确了未来经济社会发展需要什么样的人才之后，接下来需要解决的问题是大学生如何将自己塑造成经济社会发展所需要的人才。联系我自己和我所了解的一些人的经历，我谈三点体会：

1. 学习要自主、自觉、自强

大学生接受到的教育、学习到的知识是来自多渠道、多方面的，它们既来自学校，也来自家庭和社会；既可以从课堂上学习，也可以从社会实践中学习，还可以通过网络、校园文化学习。但无论从什么渠道学习，接受来自何方的教育，都要做到自主、自觉、自强。

所谓"自主"，就是既要从社会需要出发，按照经济社会发展的需要确定学习什么、怎么学习，又要从自己的实际出发，按照自己的基础、志向和可能确定学习什么、怎么学习。这就要求大学生在把握社会发展潮流的前提下发挥自己的优势，保持自己的个性。过去在计划经济体制下的高等教育有一个弊端，就是要求学生的学习完全按照计划的目标采取统一的学习模式，这种要求面对多式多样的社会需求和具有不同经历、不同爱好、不同个性的大学生是不合理的，所以要改革。近些年来，大家普遍认为应该发挥学生学习的自主性，培养学生的个性发展，这是教育观念的重大转变，是教育改革的重大成果。学生是改革的受益者，因而在这一过程中应该充分发挥自己学习的自主性。当然，学生学习自主性的发挥并不否定学校和老师的作用，相反给学校和老师提出了更高的要求，即要求其要高质量地为学生学习自主性的发挥提供更有效的指导。

所谓"自觉"，就是要提高学习的自觉性，避免盲目性和被动性。学习什么，怎么学习，为谁学习，学生应该自觉探索并做出选择。这种探索包括向老师请教，也包括向他人学习，还包括总结社会实践的经验。要变被动地应付考试、片面地追求高分数的"要我学"为主动地、为提高综合

素质和能力适应经济社会发展需要而学的"我要学",并善于挖掘自己的潜力,自觉地培养自己的个性。

所谓"自强",就是要高标准,严要求,不甘落后,别人能做到的自己一定要努力做到。为此,读一读一些名人、大师的传记,有条件的话聆听他们的演讲,会受到极大的启发。我曾经聆听过数学大师陈省身教授为大学生做的报告,他青年时代刻苦求学、勇攀高峰的精神使大家深受启发。他讲过一句话,我认为应该作为一切求学者的座右铭,这句话是在谈到他青年时在德国求学拜见世界数学大师的体会时说的,他说:"求学一定要找到最顶尖的学问家去求。"当然,不一定每个人都有机会能见到"最顶尖的学问家",但这种勇攀高峰的精神却是每个人应该努力学习的。

我个人的实践体会是,倡导大学生学习自主、自觉、自强,既有利于国家社会、有利于现代化建设事业,又有利于大学生自身的个人成长。我大学入学时学习的是英语专业,但考虑到当时年龄偏大,学外语已无优势,同时当时以经济建设为中心的潮流已初见端倪,所以我申请改学政治(当时我学习的学校并没有经济学专业),其间又自学了经济。近30年过去了,现在看当时的选择是适宜的。如果没有当时自主的选择,今天我很可能是一个不很称职的英语工作者。当然,这种自主选择得到了当时学校、系领导和老师的支持和批准,所以我至今仍念念不忘他们对一个普通大学生的关心。

2. 做事要认真、扎实、善于创新

如果说,大学生在校期间主要任务是学习,那么走向社会后主要任务就是做事,或曰做工作。为了做好事,做好工作,大学生在校期间,就不仅要学知识,而且要学做事的本领。

做事要认真,要扎实,要有实干精神。这点不能等到毕业后再学,而是要从"在校做事"开始。当然走向社会后要进一步向社会学习,在实践中学,但一个人做事的基本本领和规则往往是在学校时就已初步习得。据我个人的体会和观察,年轻人的最大优点是遇事敢干、能干,最大缺点是有时做事欠周到,不扎实。也有一些人有"大事做不了,小事不屑做"的问题。所以大学生要自觉地从大学,甚至更早地开始学习做事。不管社会如何发展进步，做事认真扎实总是有益无害的，因此要自觉养成这样的习惯。我比较主张大学学习期间学生可以多参与一些社会性的工作和为同学服务的公益性工作，这对锻炼做事的能力有好处，但在这一过程中要处理好学习和工作的关系，并且要自觉要求自身办事公正，不谋私利。

在知识经济时代，做事要有创新精神和创新能力，墨守成规是很难有所作为的。而创新精神和能力养成的基础是要有真才实学和好的思想作风，所以为了将来做好事，做成事，在大学期间就要加强创新意识和能力的培养。

3. 做人要思想好、道德好

做人是做事和为学的基础。要做好事、做好学问，首先要做好人。什么样的人是好人，怎样才能做好人？不同社会条件下有一些共同的标准，也有一些不同的标准。共同的标准包括要身体好，要有真才实学，要有良好的科学文化素养，要有做人的基本道德规范，等等。在我们国家，还有一些特殊的不同与其他社会制度下的要求，其中最主要的是思想政治要求，具体而言就是要求大学生坚持马克思主义，热爱社会主义，要有科学的世界观、价值观，等等。因此大学生应该按照这些标准去严格要求自己，把自己锻炼成为社会需要的人才。最近，中共中央、国务院发出《关于进一步加强和改进大学生思想政治教育的意见》，该《意见》与以往的同类文件相比鲜明地体现了时代精神，更加实事求是，并贴合大学生的实际，我愿意与大家一起认真学习贯彻，在做人方面有所前进。让我们共勉。

新形势下进一步加强和改进
大学生思想政治教育新途径探索*

（二〇〇五年三月）

目前我国高等教育在校的学生，包括本科生、专科生和研究生在内已经达到近2 000万人。这些学生是十分宝贵的人才资源，他们的思想道德素质、科学文化素质、专业知识素质和身心健康素质如何，特别是思想道德素质如何，直接关系到党和国家的前途命运，关系到中国特色社会主义事业的兴衰成败，关系到全面建设小康社会和中华民族伟大复兴目标的实现。日前，中共中央、国务院发出了《关于进一步加强和改进大学生思想政治教育的意见》（以下简称《意见》），为进一步加强和改进大学生思想政治教育指明了方向，是新时期指导大学生思想政治教育的纲领性文献。认真学习和贯彻《意见》，深入地分析当前大学生思想政治工作面临的新形势，准确地把握当代大学生的新特点，努力探索进一步加强和改进大学生思想政治教育的新途径，是摆在我们面前的重要任务。

---

* 本文是与李毅教授合作写成的，曾发表在《思想理论教育导刊》2005年第3期，选入本书时有删改。

一、准确把握当前形势的新变化和大学生的新特点

当前大学生思想政治教育面临的形势有什么新变化，这些变化对大学生的思想政治状况有什么样的影响，给大学生的思想政治教育提出了什么样的新任务？准确地把握这些问题，是进一步加强和改进大学生思想政治教育的前提。

就当前大学生思想政治教育面临的形势而言，既有有利因素的机遇，也有不利因素的挑战。首先，从国际形势看，一方面，世界正从单极化向多极化转变，和平与发展仍是当今时代的主要问题，新科技革命的兴起，经济全球化、区域化趋势的发展，极大地加强了国家之间、地区之间的合作和交流，促进了全球科技的进步、经济的发展。所有这些都为大学生视野的开阔、思想观念的现代化，以及大学生思想政治教育的加强和改进提供了难得的机遇和条件。但另一方面，世界并不都美好：由于大国霸权、恐怖主义、民族矛盾、宗教对立、资源纠纷、武器扩散等因素而导致的局部战争和武装冲突此起彼伏，并有增多的势头。此外，多极与单极的斗争也十分激烈，特别是发生在20世纪80年代末的苏联解体、东欧剧变使得美国成为世界上唯一的超级大国，并在世界范围横冲直撞，还导致了世界社会主义运动处于低潮，这是社会主义历史上从未有过的重大挫折。这个挫折给世界社会主义运动造成了极大的困难，也给西方敌对势力加紧对我国进行思想政治文化的渗透、企图通过各种手段动摇社会主义信念和根基提供了可趁之机。所有这些使大学生产生了许多困惑和迷茫，在为大学生政治思想教育带来了许多新课题的同时也为其提出了严峻的挑战。如何应对这种挑战，趋利避害，进一步加强和改进大学生的思想政治教育；如何培养更多的包括思想道德在内的综合素质高的接班人和建设者；如何客观地有说服力地解释社会主义遇到挫折的原因，说明社会主义作为一种科学的美好的社会制度经过挫折和曲折，终将焕发无限的生机和活力；如何有效地通过思想政治工作使大学生相信社会主义，热爱社会主义，并自觉地

新形势下进一步加强和改进大学生思想政治教育新途径探索

为建设社会主义而奋斗；等等。这是新时期进一步加强和改进大学生思想政治工作的一项战略性任务。

其次，从国内形势看，一方面，改革开放以来我国社会主义现代化建设所取得的巨大成就是举世瞩目的：经济持续快速增长，各项社会事业全面发展，人民群众的物质文化生活水平不断提高。所有这些使大学生对国家的热爱大大加强，对中国特色社会主义的认识、对改革开放的认识有了极大的提高，为进一步加强和改进大学生思想政治教育提供了良好的条件。但另一方面，我国处在一个大改革、大调整、大发展、大变化的重要历史时期。随着社会主义市场经济的发展和对外开放的扩大，社会经济成分、公有制实现形式、居民的就业方式、利益关系和分配格局或已经发生、或正在发生着重大的变化，社会思想空前活跃，各种思想观念相互交织，各种文化相互激荡，各种思潮不断涌现，各种矛盾错综复杂，使得社会意识出现了多样化的趋势。这种变化趋势从总体上讲是积极的——它为青年学生的全面发展创造了更加广阔的空间，与此同时同社会进步相适应的新思想新观念正在丰富着青年学生的精神世界。但在这个过程中，各种消极的、不健康的、落后腐朽的思想意识也有所滋长，甚至出现了一些否定马克思主义基本原理及否定中国特色社会主义政治、经济、文化的错误思想、观点；一些领域道德失范，诚信缺失、假冒伪劣、欺骗欺诈行为有所蔓延；一些地方封建迷信、邪教和黄赌毒等社会现象沉渣泛起，成为社会公害；一些人的价值观发生扭曲，拜金主义、享乐主义、极端个人主义滋长，以权谋私等消极腐败现象屡禁不止；等等。这些错误的落后腐朽的思想在一定程度上对大学生在思想上、政治上、道德上造成负面的影响，这种影响随着信息化、网络化的发展甚至有加快和蔓延之势，这为做好大学生思想政治工作提出了严峻的挑战。

新的形势变化对大学生思想政治的影响是复杂和多样的。在新的条件下，大学生的思想政治状况出现了一些新的特点：从总体上看，当代大学生思想政治状况的主流积极、健康、向上。他们热爱党，热爱祖国，热爱社会主义，坚决拥护党的路线方针政策，高度认同邓小平理论和"三个代表"重要思想，充分信赖以胡锦涛同志为总书记的党中央，对坚持走中国特色社会主义道路、实现全面建设小康社会的宏伟目标充满信心。但与此同时，国际国内形势的深刻变化也使大学生思想政治状况产生了许多不适应，存在不少薄弱环节。例如虽然绝大部分大学生对国际上的霸权主义、强权政治普遍持反对态度，但有的大学生却对西方资本主义的民主、自由观念及其人权理论在认识上不够清晰。此外，目前的大学生一方面对于走中国特色社会主义道路有信心，认为中国大有希望，但另一方面他们对深层次的社会问题非常关注，并对社会中存在的一些现实问题不理解、感到困惑和失望。现在的大学生在政治上更加理智、客观、冷静、现实，其关注的热点已经转移到与自身利益密切相关的事情，观察问题、分析问题上往往表现出五个"更多"：更多地采用生产力标准而不是意识形态的标准；更多地采用具体利益的标准而不是抽象的政治标准；更多地采用市场经济的标准而不是传统的道德标准；更多地采用批判的标准而不是建设的标准；更多地采用"与国际接轨"的标准而不是"中国特色"的标准。由于生活经历的单纯和价值环境的复杂，他们中不少人存在认知与行为的背离。总的来说，他们主流积极，亮点突出，对未来充满信心，但缺乏艰苦生活的磨炼，心理承受能力差；他们初步具备了一些现代性的思想品质，如越来越鲜明的主体意识、竞争意识、公平意识、效率意识，但科学精神、人文素养、公德意识、心理素质还有欠缺；有些学生政治幼稚，容易受社会思潮包括西方思潮的影响，对以美国为代表的资本主义主流思想及其社会思潮缺乏清醒的认识；而有些学生自我意识强烈，集体观念、团队精神、大局意识、社会整体意识缺乏。

面对国内外形势的新变化和大学生思想政治状况的这些新特点，要进一步加强和改进大学生思想政治工作，无论是观念的转变、内容的选择，还是方法上的改善都要有所创新和突破。

二、进一步转变观念，实现"五个结合"，不断推进大学生思想政治教育的创新

经过长期的探索和实践，我们在思想政治教育工作上已经形成了一些

优良的传统和做法，建立了一支规模宏大、专兼结合的思想政治教育队伍和较为完整的专门思想政治教育课程体系，这为我们进一步加强和改进大学生思想政治教育奠定了基础。在新的形势下，一方面要继续发挥优良的传统和优势，另一方面又必须与时俱进，努力探索思想政治教育的新途径、新方法。根据多年的实践体会，我们认为进一步加强和改进大学生思想政治教育，必须转变五个观念，实现"五个结合"。

1. 转变"思想政治教育只是马克思主义教育、世界观、人生观、价值观教育"的观念，实现马克思主义教育与爱国主义教育、道德规范教育相结合

长期以来，不少人往往认为对大学生进行的思想政治教育就是进行马克思主义教育，是对于大学生世界观、人生观、价值观和共产主义信念的教育，而对于思想政治教育所包含的更广泛的内容则缺乏更深入的研究和把握。

我们是以马克思主义为根本指导思想的社会主义国家，需要培养的是中国特色社会主义的建设者和接班人，所以必须对大学生进行马克思主义基本立场、基本原理、基本方法的教育，进行当代马克思主义新发展——邓小平理论和"三个代表"重要思想——的教育，进行世界观、人生观、价值观的教育，进行共产主义、集体主义的教育，这是毫无疑问且必须坚定不移坚持的。但应该看到这些教育是比较高层次的教育，是一个长期的贯穿人的一生的教育。还有一些更为基础的教育也应该是大学生思想政治教育重要内容，这些教育就是做人的基本道德规范教育和爱国主义教育。

最近有一个现象发人深省。数学大师陈省身走完了他光辉的一生，受到了几乎是举国上下甚至是超越国界的哀悼和怀念。这种现象并不完全是特例，国内外许多杰出人物，有的在大学期间并没有接受系统的马克思主义教育和今天我们所倡导的世界观、人生观、价值观教育，但却成为对社会做出杰出贡献的伟人。为什么？其实这些人并不是没有接受思想政治教育，而是接受了思想政治最基础的做人基本道德规范的教育。做人的基本道德规范是思想政治教育的基础教育，有了做人的基本道德规范，一个人才有了探索真理和遵守社会道德规范的基础。有了这个基础，一个人才有可能做出更高层次的科学、理性的政治观念和信仰的选择。马克思主义是

真理，共产主义世界观是最美好的，所以就能够为具有了做人基本道德规范的人们所接受。所以，应该把对大学生进行做人思想道德规范的教育作为对大学生进行思想政治教育的基础，这样做才有可能事半功倍。南开大学在几十年的办学实践中形成了"以周恩来为榜样，发挥优良传统和校风，培养学生健全人格"的办学理念和特色，这种理念和特色，既是整个学校办学的宝贵财富，也是加强和改进大学生思想政治教育的宝贵财富。

作为思想政治教育的重要内容，爱国主义教育在《意见》中得到进一步强化和突出，这是对加强和改进大学生思想政治教育工作认识的深化。爱国主义既是对大学生的基本要求，也是较高的要求。一个人如果不爱自己的国家，犹如不爱自己的父母。爱国主义不是空泛的，而是具体的，在今天对大学生进行爱国主义教育，就是要求大学生爱自己的民族，爱自己的社会主义祖国，爱这个国家勤劳勇敢富有创新精神的人民，并且要在爱的基础上树立为国家富强、统一、兴盛而终生努力奋斗的壮志和雄心。

总之，要不断丰富新的历史条件下大学生思想政治教育的内容，要将对大学生进行马克思主义教育与进行爱国主义教育、道德规范教育紧密结合起来。

2. 转变过分依赖思想政治理论课进行思想政治教育的观念，实现思想政治理论课与专业课思想教育功能相结合

高校的课程体系，包括专业课和思想政治教育课两部分。在培养学生的综合素质中二者有所分工无疑是必要的，但如何将二者有机结合，使之不仅在对大学生的专业素质教育中，而且在大学生的思想政治道德素质中相得益彰，是需要探索解决的课题。目前需要克服的倾向是过分地强调思想政治理论课对于大学生思想政治教育主渠道的作用，而忽视专业课的思想政治教育功能，并树立寓思想政治教育于全课程的观念。为此，应从以下两点入手。

首先，要充分发挥所有课程的育人功能。高等学校的各门课程都具有育人功能，所有教师都负有育人职责。因此，要把思想政治教育融入到大学生专业学习的各个环节，渗透到教学、科研和社会服务各个方面。要深入发掘各类课程的思想政治教育资源，在传授专业知识的过程中加强思想

政治教育，使学生在学习科学文化知识的过程中自觉加强思想道德修养、提高政治觉悟。广大教师要以高度负责的态度，率先垂范、言传身教，以良好的思想、道德、品质和人格给大学生以潜移默化的影响。

其次，要实事求是地发挥好思想政治理论课的作用。近些年来的"两课"教育教学的成效是显著的，但相对于从中央到社会对"两课"的期望、赋予的使命和重视程度而言，"两课"教学的实效有较大差距，不少学生学习"两课"的兴趣不高，对课堂教学效果不满意。而造成这一局面的原因是多方面的，有"两课"课程设置和教学内容体系过于庞大，内容没有做到"少而精"、规范化的问题，也有"两课"课堂教学与社会实践教学脱节的问题，还有对"两课"教育教学赋予的使命过多、过重，期望值过高的问题。例如，要学生掌握和运用马克思主义立场、观点方法分析问题解决问题，培养学生树立正确的世界观、人生观和价值观，应该是整个思想政治教育甚至整个社会的重要任务，对于一个人来说可能是终生的奋斗目标，因而单靠"两课"教学特别是单靠"两课"课堂教学是不可能完成的。目标过高，会造成学生产生逆反心理，并弱化其他专业课的德育功能。所以要实事求是地给思想政治教育课定位，并要全面加强思想政治理论课的学科建设、课程建设、教材建设和教师队伍建设，切实改革教学内容，改进教学方法，改善教学手段，努力提高思想政治教育课的实效性。

3. 转变单纯依赖课堂教学进行思想政治教育的观念，实现课堂教学与校园文化、社会实践的结合

课堂教学对于提高大学生马克思主义理论水平，增强明辨是非的能力，树立正确的世界观、价值观、人生观极其重要，其在加强和改进大学生思想政治教育中的地位是其他途径不易替代的。但必须明确的是，在一个开放的信息社会中单纯依赖课堂教学进行大学生思想政治教育肯定是不够的，还必须实现课堂教学与网络阵地、校园文化、社会实践的紧密结合。改革开放以来，党带领全国人民在建设中国特色社会主义方面所取得的巨大成就本身就是对大学生进行思想政治教育的生动教材。因而高校在开展思想政治教育工作时，要有目的、有计划地组织、安排大学生利用假期或者社会实践课程积极投身社会大课堂，让他们通过亲身体会，实际

接触、了解社会，认识我国各项事业所取得的巨大成就，这对于大学生形成及树立科学的理想信念、增强对建设中国特色社会主义事业的价值认同度和历史责任感必然大有裨益；要深入开展社会实践活动，认真组织大学生参加军政训练、社会调查、生产劳动、志愿服务、公益活动、科技发明和勤工助学等实践活动，使大学生在社会实践活动中受教育、长才干、做贡献，增强社会责任感；要建立大学生参与社会实践活动的保障体系，探索实践育人的长效机制；要积极探索和建立社会实践与专业学习相结合、与服务社会相结合、与勤工助学相结合、与择业就业相结合、与创新创业相结合的管理体制。除此之外，网络平台、校园文化在对大学生进行思想政治教育中也具有十分重要的作用。因此，要建设体现社会主义特点、时代特征和学校特色的网络文化、校园文化，推动形成优良的校风、教风和学风。大力加强大学生文化素质教育，开展丰富多彩、积极向上的学术、科技、体育、艺术和娱乐活动，把德育与智育、体育、美育有机结合起来，寓教育于文化活动之中。坚决抵制各种有害文化和腐朽生活方式对大学生的侵蚀和影响。

4. 转变仅就思想政治教育而进行思想政治教育的观念，实现思想政治教育与解决实际问题的结合

在大学生群体中存在的许多思想政治中的困惑和迷茫，往往是由一些实际困难或问题引起、在实际问题的发生发展过程中产生的。在实际问题中产生的思想政治问题，只靠思想的说服往往难以收到预期的效果，而最有效的方法是在过程中结合实际问题予以解决。实践证明，最有效的思想政治教育往往是身体力行、言传身教的思想政治教育。这就要求思想政治教育工作者必须关心学生实际生活，帮助解决学生遇到的困难和问题。要把坚持解决思想问题和实际问题相结合，既讲道理，以理服人，又办实事，以情感人。要把解决学生学习生活中的实际问题、实际困难作为学校工作的重要内容，抓实抓好，并且自觉地把这一工作提高到思想政治教育的高度、培养接班人的高度来认识，特别是要加强对贫困家庭学生的关爱工作。学校要在教育教学条件的改善、就业创业的指导与服务、困难学生资助等方面做一些实实在在的工作，真正为学生着想，为他们排忧解难，

这对于提高思想政治教育的实效性是非常有益的。

5. 转变思想政治教育与人文素质教育是两种不同教育的观念，实现思想政治教育与人文素质教育相结合

近些年来，高校在强调大学生思想政治素质的同时也强调了对大学生的人文素质培养的重要性，在加强对大学生进行思想政治教育的同时也加强了对大学生的人文素质教育，这是教育教学改革深化的表现，是应该充分肯定的。但思想政治教育是否能够和人文素质培养截然分开呢？回答是否定的。人文，指人类社会的各种文化现象。人文素质，则是指人的人格、气质和修养，它是由历史文化和传统精神熏陶而成的修养和气质，是融进了自己理解和悟性的认知结构，是对人格心理、精神情感的定位和提升。人文素质是一种基础性的素质，对于其他素质的形成和发展具有很大的影响力，没有较好的人文素质，很难想象一个人会具备较高的思想道德境界和人生追求，也很难想象一个人的业务水平和专业能力会有进一步的提高和充分发挥，甚至一个人的身体心理素质也受人文素质的影响。总而言之，人文素质对于一个人的人生观、世界观和价值观的形成具有基础性作用。人文素质教育，就是将人类优秀的文化成果通过知识传授、环境熏陶使其内化为一个人的人格、气质、修养，成为人的相对稳定的内在品格。加强人文素质教育，能够陶冶人的情趣，提高人的文化素质，培养高尚的品格和坚强的意志，而且还能够提高人的为人处世能力和社交能力。加强人文素质教育，可以促进大学生的身心健康。人文素质教育以"人"为出发点，以"人"为中心，对人生的意义、人世的欢乐、个性的解放和个人的自由等都予以深入的剖析和肯定，对于处于身心发展发育阶段的青年大学生来说无疑具有非常积极的意义，而培育健康的心灵世界和不朽的民族灵魂需要人文素质教育。民族的复兴和社会的进步需要有一种不朽的民族灵魂作为精神支柱，自觉的人文精神和优秀的人文文化是民族灵魂的守护神。对高校学生进行人文素质教育，可以将人类优秀的文化成果内化为青年学生相对稳定的内在品质，以此来丰富他们的内心世界，培育他们的民族精神，树立正确的人生观和价值观，这对于一个民族的凝聚力和向心力的形成无疑会起到积极的作用。

从人文素质和人文素质教育的上述特性不难看出，人文素质教育与思想政治教育其实是相通的，将二者统筹安排，紧密结合，可以收到相得益彰的实效。

三、加强队伍建设，建立保证机制，努力提高思想政治教育的有效性

要把上述几个结合落到实处，进一步加强和改进大学生思想政治教育，关键是要加强队伍建设，建立保证机制，努力提高思想政治教育的有效性。

1. 建设一支规模宏大、水平较高、专兼结合的思想政治教育队伍

进一步加强和改进大学生思想政治教育是全社会的任务，但在高校关键是教师。教师承担着传播人类文化、开发人类智慧、塑造人类灵魂的神圣职责。而为了教书育人，教书者必先强己，育人者必先律己，教师的道德修养、师德建设应当走在社会的前列。育人是一项具有政治倾向和道德伦理性的实践活动，因此，作为教师，无论在课上还是课下，无论讲授的是社会科学还是自然科学，都承担着对学生进行思想政治教育的特殊角色；作为学生，在接受知识的同时也在通过教师的言谈举止获得思想政治方面的信息，从而修正自己的思想和行为。当代大学生是善于观察和思考的群体，他们不但看老师怎么说，更要看老师怎么做。在实际的教学活动中，总体上说，高校教师都能基本满足教书育人、为人师表的要求，并做出了杰出贡献，但毋庸讳言，也有一些教师往往只注重对知识的传授，而对学生的思想政治教育重视不够；有的教师学术水平很高，但对学生却敷衍了事；有的教师要求学生遵守课堂纪律，自己却时有迟到；有的教师要求学生相信马克思主义，而自己却不那么相信；等等。这些现象如不及时纠正，将严重影响进一步加强和改进大学生思想政治教育。

人们常说，教师是人类灵魂的工程师。而要真正做一个名副其实的大学生灵魂的工程师，就要探索到达他们心灵的途径。在高科技的现代信息

社会，大学生们通过各种媒体所见所闻往往不比老师少，他们更需要的是行为上的楷模。这就要求我们教育工作者既要"学为人师"，更要做到"行为世范"——既要有学术水平，还要有思想政治的坚定和信仰，有品格、有人格，用博学和人格魅力去吸引学生，使他们能自觉地接受传递给他们的信息，这种"随风潜入夜，润物细无声"的影响和思想政治教育方式，一定更容易滋润当代大学生的心田。

《意见》对高校教师提出了很高的要求，要求高校教师把思想政治教育融入到大学生专业学习的各个环节，渗透到教学、科研和社会服务各个方面，深入地发掘各类课程的思想政治教育的资源，在传授专业知识的过程当中加强思想政治教育，使学生在学习科学文化的过程当中自觉地加强思想道德修养，提高政治觉悟。要把这些要求逐一落实就必须加强队伍建设。具体而言，首先要建立一支专兼职结合的高水平的思想政治教育队伍，并重视对这支队伍的培养和使用；其次要建立优秀人才脱颖而出、人尽其才的良好机制；再次还必须形成思想政治教育工作者也是人才，要尊重人才、尊重知识、尊重创造的良好氛围；最后对思想政治教育工作者而言要自我规范和自强不息。

2. 强化全员德育意识，建立健全全员育人、全过程育人、全方位育人的有效机制

进一步加强和改进大学生思想政治教育，需要有机制和制度保证。积多年实践之经验，我们认为必须在进一步树立全员德育意识的基础上，建立和健全全员育人、全过程育人、全方位育人的机制。

应当明确教书育人不是对少数人的要求，而是所有教职员工的"公责"。实际上这既是教育本来意义上的要求，也是当代教育发展的内在需要。高等学校各个学科、各门课程都具有育人功能，所有教师都负有育人职责，这应该成为学校教育教学活动和教师工作的主要价值取向。只有这样，才能把思想政治教育真正融入到大学生专业学习的各个环节，渗透到教学、科研和社会服务各个方面。在大学思想政治工作的实践中，一方面要发挥思想政治教育工作队伍主体（即学校党政干部和共青团干部，思想政治理论课和哲学社会科学课教师，辅导员和班主任）的作用；另一方面

要充分调动全体教师队伍、管理干部队伍和后勤服务队伍教书育人、管理育人、服务育人的积极性和创造性，形成有利于大学生发展、成才的良好的成长环境。

要实现全员德育，既需要思想认识到位，又需要组织落实，更重要的是要建立完善的体制和机制。全员德育要求每一位教育工作者要以高度的自觉意识和自觉行动，多层次、多形式、多途径对学生施以德育，以卓有成效的工作提高学生的素质和能力，努力构建新形势下的高校德育工作的新格局，积极促进学生的全面发展。

造就一支高水平的哲学社会科学队伍[*]

（二〇〇五年四月）

繁荣发展哲学社会科学，需要做的工作很多，其中加强队伍建设是实现繁荣发展哲学社会科学总体目标的重要保证和关键环节。要造就高水平的哲学社会科学队伍，就必须做到以下几个方面：

一、要有明确的目标和要求

《中共中央关于进一步繁荣发展哲学社会科学的意见》提出："按照政治强、业务精、作风正的要求，造就一批用马克思主义武装起来、立足中国、面向世界、学贯中西的思想家和理论家，造就一批理论功底扎实、勇于开拓创新的学科带头人，造就一批年富力强、政治和业务素质良好、锐意进取的青年理论骨干。"[①] 这是对哲学社会科学队伍建设目标的总体设计和高标准要求，也是今后相当长时期内各级党的组织和哲学社会科学界在队伍建设方面的努力方向。

---

[*] 本文是作者在教育部举行的学习《中共中央关于进一步繁荣发展哲学社会科学的意见》座谈会上的发言，发表于《求是》2005年第4期，选入本书时有删改。

[①] 中共中央关于进一步繁荣发展哲学社会科学的意见. 新华网，2004-03-20.

所谓"政治强",就是在坚持为人民服务、为社会主义服务方向的同时,既能够深入地研究、准确地阐述、旗帜鲜明地坚持马克思主义的基本观点、基本立场、基本方法,又能够较好把握马克思主义与时俱进的理论品质,坚持用科学的态度对待马克思主义,在实践中创新和发展马克思主义;所谓"业务精",就是理论扎实,学贯中西,能够为促进社会主义物质文明、政治文明、精神文明的协调发展出学术精品、育优秀人才;所谓"作风正",就是要有正确的世界观、人生观和价值观,能够坚持严谨治学、民主求实的学风,具有良好的学术道德修养。

在这三者之中,"政治强"是哲学社会科学队伍建设的前提要求。我们要繁荣发展的哲学社会科学是为人民服务,为社会主义物质文明、政治文明和精神文明服务的哲学社会科学,只有政治强,才能有正确的方向。"业务精"和"作风正"是对哲学社会科学队伍建设的内在要求。哲学社会科学工作者担负着科学认识世界、传承文明、创新理论、资政育人、服务社会的重要使命,没有真才实学、精湛业务和良好作风是不可能担负起这一使命的。更何况政治强最终也要通过精湛业务和良好作风表现出来,并通过创造更多更好的成果和培养更多更好的人才来落实。

在全面建设小康社会、加快推进社会主义现代化建设的新的发展阶段,哲学社会科学工作者面对着新的时代课题,肩负着新的历史任务。因此,为了完成这一任务,哲学社会科学工作者应该努力把政治强、业务精、作风正三者统一起来。

二、要高度重视对哲学社会科学人才的培养和使用

重视对哲学社会科学队伍的培养和使用,是整个社会特别是领导者义不容辞的责任。培养哲学社会科学人才,学校特别是高等学校当然是重要的主力军。同时,还必须在全社会形成重视哲学社会科学的氛围,树立全民学习、终身学习的理念,建立和完善学校、用人单位、社会相结合的多渠道、多层次的学习体系和人才培养体系。倘非如此,高水平哲学社会科

学队伍的建设就缺乏广泛而坚实的基础。

要以能力为核心加强对哲学社会科学人才综合素质的培养。社会实践是哲学社会科学人才成长的大课堂，因此要特别重视组织哲学社会科学工作者深入现代化建设的第一线，从改革开放和现代化建设的丰富实践中学习知识、吸取营养，提升创新能力。近些年来，一些单位有忽视深入实际的倾向，不少单位还没有形成组织哲学社会科学工作者参加社会实践的制度，这是应该努力改进的。

要对哲学社会科学人才进行科学的方法论的培养。掌握和运用科学的方法论是哲学社会科学人才必备的素养。加强这方面的素养，不仅要学习马克思主义哲学、辩证唯物主义和历史唯物主义，还要学习和借鉴世界各国进行哲学社会科学研究的有效方法。与西方的哲学社会科学相比，我们有的学科并不落后，很有自己的民族特色，但具体的研究方法则有待发展和创新。以经济学为例，西方经济学中的实证分析法、数量分析法就有值得我们学习和借鉴的东西。为此要努力创造条件，增加哲学社会科学工作者参加国外学术交流的机会。

要认真实施已经出台的"新世纪百千万人才工程"等国家重大人才培养计划、重大科研和建设项目、重点学科和科研基地建设工程以及国际学术交流项目。在充分发挥哲学社会科学专家个人积极性、创造性的同时，积极推进团队建设，建立开放、流动、竞争、协作的科学研究机制，努力改善工作条件，抓紧培养造就一批中青年哲学社会科学专家。

在对哲学社会科学人才的使用方面，最主要的是两个方面。一是要树立科学的人才观，把品德、知识、能力和成就作为衡量人才的主要标准，不唯学历、不唯职称、不唯资历、不唯身份，鼓励人人都淋漓尽致地发挥聪明才智，都做贡献；二是建立以公开、平等、竞争、择优为导向，利于哲学社会科学人才充分施展才能的用人机制。要肯于将改革开放和现代化建设实践中产生的重大问题交给哲学社会科学工作者去研究，虚心听取他们的意见，并适时地将他们的真知灼见和优秀成果运用于各项决策中，使哲学社会科学工作成为党和政府工作的"思想库"与"智囊团"，使哲学社会科学工作者的劳动与价值得到承认和实现。

三、要建立能够使优秀人才脱颖而出、人尽其才的良好机制

当前，需要进一步建立和完善三个方面的机制：

首先，要建立和完善符合哲学社会科学规律的评价机制。如何客观地评价哲学社会科学成果和哲学社会科学人才，是急需解决的难题。大部分哲学社会科学学科与政治、意识形态联系非常紧密，所以在评价哲学社会科学成果和哲学社会科学人才时，往往由于人们的立场、观点和方法不同，得出的结论大相径庭。相对于人才的评价，对哲学社会科学成果的评价难度要小一些。近些年来，我们一直在不断地对哲学社会科学成果进行评价，但评价中也有一些值得注意和改进的地方，例如在各种评价和评奖中有时对标准把握不严，导致不正之风乘虚而入；有时评价周期偏短，不利于鼓励精品的创造；等等。所以要进一步探索建立客观、科学、公正的评价机制，防范不正之风侵蚀评价的各个环节。在评价过程中，要下力气研究哲学社会科学内部各个学科的特殊规律性，注重哲学社会科学成果的原创性，注重社会效应和实际价值，使评价工作有利于推动理论创新，有利于推动理论与实际结合，有利于推动哲学社会科学的繁荣。

其次，要建立和完善激励机制，对优秀的哲学社会科学工作者给予精神鼓励和物质奖励。要建立一种根据实际成绩进行奖惩的分配机制，对在哲学社会科学工作中做出突出成绩和重大贡献者要予以重用和重奖。现在自然科学的奖励已有比较规范的奖励机制，例如有国家级的"三大奖"等，但社会科学还缺乏这样的规范。是不是哲学社会科学没有或不能创造出够得上获大奖的优秀成果呢？显然不是，我认为诸如实践是检验真理的唯一标准、社会主义也可以搞市场经济等理论的突破都够得上获国家大奖的资格。

最后，要建立和完善哲学社会科学的人才选拔和管理机制。就高校和科研单位而言，当务之急是要进一步改革和规范人事、职称制度，并建立和完善科学的职称评聘体制。目前不少单位以发表文章和出版著作的多少

为教师和研究人员年度考核的主要标准，并以此作为职称晋升的依据。这种评价机制的积极作用是可以促进教师和研究人员多出成果，并使成果多的教师和研究人员优先得到提升，其消极作用是有可能导致在教师和研究人员之中滋生短期行为，助长浮躁学风，不利于鼓励那些需要长周期才能出精品、出重大成果的人才的成长。所以要进一步总结经验，深化改革，力求形成既能鼓励"十年磨一剑""甘坐冷板凳"的精神，又能鼓励急现代化建设所急、出重大成果的客观公正的机制。

四、必须形成尊重劳动、尊重知识、尊重人才、尊重创造的良好氛围

党历来重视哲学社会科学。最近几年，党反复强调哲学社会科学的重要性，提出在改革开放和社会主义现代化建设进程中哲学社会科学与自然科学同样重要，培养高水平的哲学社会科学家与培养高水平的自然科学家同样重要，提高全民族的哲学社会科学素养与提高全民族的自然科学素质同样重要，任用好哲学社会科学人才并充分发挥他们的作用与任用好自然科学人才并充分发挥他们的作用同样重要。很明显，这种强调是针对以往在一定程度上所存在的对哲学社会科学重要性、对哲学社会科学工作者重要作用认识不足甚至认识错误的现象而言的。究竟是从什么时间开始、是什么原因导致上述认识的发生？这是需要认真反思和值得研究清楚的问题。

撇开意识形态的差异，从世界发展的趋势看，越是发达的国家和地区，对哲学社会科学人才的需求就越是强烈，整个社会对哲学社会科学人才的培养就越是重视。而就我国而言，由于经济社会发展所处的阶段导致了社会对自然科学和技术的需求特别强烈，加上历次政治运动给哲学社会科学造成的负面影响不可能在短期内消除，所以尽管中央反复强调哲学社会科学与自然科学同等重要，但无论是在学校里还是在社会上，重视自然科学而轻视哲学社会科学的倾向仍然比较严重。至今仍有人不认为哲学社

会科学是科学,不认为对哲学社会科学有加大财力物力支持的必要,在人才培养资源的配置上,哲学社会科学与自然科学仍然存在过大的反差。这种倾向严重地削弱了哲学社会科学对人才的吸引力和凝聚力,影响了哲学社会科学人才培养体系的建立和完善。

实际上,人类社会进步的历史反复证明,自然科学与社会科学是社会进步与发展的不可或缺的两个轮子,虽然二者对于经济社会发展的推动作用有时是可比的,有时是不可比的,但二者都重要则是不言而喻的。例如,载人飞船上天使我国跻身航天强国之林,而思想的拨乱反正和改革开放使我们获得了长时期的经济快速发展;原子弹的成功爆炸大大增强了我国的国防力,而社会主义也可以搞市场经济的理论突破使我们的经济体制发生了重大变革,从而为生产力的大发展提供了制度保障;汽车的发明使人类可以以车代步,而一部传世文学名著使人获得永久的精神享受。从这些事例中能得出自然科学和哲学社会科学谁重谁轻的结论吗?显然不能。所以应该像尊重自然科学知识一样尊重哲学社会科学知识,像尊重自然科学家一样尊重哲学社会科学家,像尊重自然科学家的劳动和创造一样尊重哲学社会科学家的劳动和创造,要把"四个同样重要"真正落到实处。中央一而再、再而三地强调繁荣发展哲学社会科学的重要性,我们应该来一次思想再解放,把一切对哲学社会科学的不正确的认识扫除干净。

必须看到哲学社会科学工作者的劳动,是一种复杂的创造精神财富的劳动。要尊重这种劳动,就必须贯彻"百花齐放、百家争鸣"的方针,努力营造生动活泼、求真务实的学术环境,提倡不同学术观点、不同学术流派的争鸣和切磋,提倡充分的批评与反批评。要鼓励大胆探索,最大限度地发挥广大哲学社会科学工作者的积极性和创造性,放手让一切知识、人才、智慧、精神资源的活力竞相迸发,汇成建设高水平哲学社会科学队伍的滚滚洪流。

繁荣和发展哲学社会科学必须以马克思主义为指导,这是毋庸置疑的。但如何将以马克思主义为指导和贯彻"百花齐放、百家争鸣"的方针有机结合起来,还需要认真地总结和研究。应该承认,以马克思主义为指导也是一个与时俱进的探索过程。在以马克思主义为指导的探索过程中，切实贯彻"双百"方针，二者就可以紧密结合，相得益彰。积极提倡不同学术观点、学术流派的争鸣和切磋，将极大地促进和保证哲学社会科学的繁荣和发展。

参考文献

1. 中共中央关于进一步繁荣发展哲学社会科学的意见. 新华网，2004-03-20.

附录 1

马克思主义理论一级学科简介和马克思主义理论博士、硕士学位基本要求*

(二〇一二年十二月三十一日)

0305 马克思主义理论一级学科简介

一级学科(中文) 名称：马克思主义理论
    (英文) 名称：Theory of Marxism

一、学科概况

马克思主义是科学的世界观和方法论，是反映客观世界特别是人类社会本质和发展规律的科学，是关于无产阶级和人类解放的学说。对马克思

---

* 本报告是受国务院学位办公室委托制定、马克思主义理论学科评议组研讨形成的上报稿，由马克思主义理论学科评议组召集人逄锦聚（南开大学）、陈振安（北京大学）主持，参加撰写的有学科评议组成员卢黎歌（西安交通大学）、严书翰（中共中央党校）、宋连胜（吉林大学）、张雷声（中国人民大学）、张澍军（东北师范大学）、杨耕（北京师范大学）、陈锡喜（华东师范大学）、欧阳康（华中科技大学）、顾钰民（复旦大学）、程恩富（中国社会科学院）、寇清杰（学科评议组秘书，南开大学）。

附录1　马克思主义理论一级学科简介和马克思主义理论博士、硕士学位基本要求

主义既应该从哲学、政治经济学、科学社会主义等方面进行分门别类的研究，更应该进行整体性研究，以利于完整地把握它的科学思想体系。"马克思主义理论"学科，就是对马克思主义进行整体性研究的一级学科，它与"哲学"一级学科下的"马克思主义哲学"研究方向、"理论经济学"一级学科下的"政治经济学"研究方向、政治学一级学科下的"科学社会主义与国际共产主义运动""中共党史（含党的建设）"研究方向等一道，构成了马克思主义学科系统。

马克思主义理论一级学科是 2005 年增设的，归属于法学门类，目前下设马克思主义基本原理、马克思主义发展史、马克思主义中国化研究、国外马克思主义研究、思想政治教育、中国近现代史基本问题研究等 6 个研究方向。

二、学科内涵

马克思主义理论学科注重马克思主义理论的整体性，旨在研究马克思主义基本理论及其教育教学的实践和规律，其根本研究方法是辩证唯物主义和历史唯物主义，在研究中强调理论与实践、逻辑与历史、继承与创新、科学性与意识形态性的辩证统一，坚持马克思主义优良学风、科学精神和科学方法，不断增强马克思主义学术创造力，形成体现马克思主义立场、观点、方法的话语体系，促进马克思主义的当代发展，努力提升马克思主义理论学科的国际影响力。

马克思主义理论学科适应时代和实践发展的需求，担负着马克思主义理论人才培养、科学研究、社会服务和文化传承创新的任务，同时为高校思想政治理论课教育教学提供学理支撑。马克思主义理论学科建设和发展，遵循学科建设的一般规律、马克思主义理论发展的规律和思想政治理论课教育教学的规律；注重马克思主义理论的整体性，加强马克思主义各主要组成部分之间内在关系的研究和把握，加强马克思列宁主义、毛泽东思想和中国特色社会主义理论体系内在关系的研究和把握，努力提高学科质量和水平。

三、学科范围

（一）马克思主义基本原理

马克思主义基本原理，是马克思主义的基本立场、基本观点和基本方

法的理论表达，是关于世界发展特别是人类社会的本质和发展规律的科学概括。"马克思主义基本原理"研究方向，旨在研究马克思主义经典著作和基本原理，从整体上研究和把握马克思主义的科学体系。在分别研究马克思主义哲学、政治经济学和科学社会主义的基础上，它要求重点把马克思主义三个主要组成部分有机结合起来，揭示它们的内在逻辑联系，从总体上研究和掌握马克思主义，并运用马克思主义立场、观点、方法来分析和认识社会现实和历史问题。

马克思主义基本原理的研究方向一般应包括：马克思主义经典著作和基本原理研究，马克思主义基本范畴及科学体系研究，马克思主义基本原理的形成和发展研究，马克思主义与当代社会思潮研究，马克思主义理论教育规律和方法研究等。

（二）马克思主义发展史

马克思主义发展史，是马克思主义理论及其科学体系形成、发展和传播的历史。"马克思主义发展史"研究方向，旨在系统地研究马克思主义理论产生的时代背景和历史必然性，考察马克思主义发展的历史过程及其主要历史阶段，总结马克思主义基本原理与各国具体实际相结合的历史经验，揭示马克思主义发展的规律，凸显马克思主义理论的科学精神及其当代意义。马克思主义发展史学科同科学社会主义与国际共产主义运动史研究有密切联系，但它更侧重于思想史、学说史的研究角度，包括思想来源、理论传播、形成和发展过程等。马克思主义发展史研究必须强化世界视野。

马克思主义发展史的研究方向一般应包括：马克思主义经典作家的思想和著作研究，马克思主义通史研究，马克思主义国别史和阶段史研究，马克思主义专题史研究，马克思主义文献学研究，马克思主义传播史研究等。

（三）马克思主义中国化研究

马克思主义中国化，是马克思主义基本原理同中国具体实际和时代特征相结合的历史过程。"马克思主义中国化研究"方向，是专门研究马克思主义中国化的基本经验和基本规律，特别是研究这个过程中所形成的重要理论成果的学科。该学科以马克思主义中国化为主线、中国化马克思主义为主题、建设中国特色社会主义的理论与实践为重点展开。该学科在研究中需要联系中国的历史实际和现状，联系中国特色社会主义经济建设、政治建设、文化建设、社会建设，生态文明建设以及党的建设、国防和军队建设等诸多方面的实际，但它与马克思主义哲学、政治经济学、科学社会主义与国际共产主义运动等学科有所不同，它注重整体性、总体性研究，着眼于一般特征和基本规律的研究，而不局限于历史或现实的某个领域、方面、事件的具体研究。

马克思主义中国化研究的研究方向一般应包括：马克思主义中国化的历史进程研究，马克思主义中国化的基本经验和基本规律研究，马克思主义中国化代表人物的思想和著作研究，中国化马克思主义重要文献和基本原理研究，马克思主义中国化时代化大众化研究等。

（四）国外马克思主义研究

国外马克思主义，是指世界其他国家对马克思主义的运用、发展和研究，其中包括国外共产党、国外马克思主义学者和国外马克思主义研究者从理论与实践上的运用和发展，从文本、理论和流派等多方面对马克思主义的研究。"国外马克思主义研究"方向，是研究国外马克思主义的理论、思潮及流派的发生、演变及基本思想的学科。这个学科与马克思主义基本原理、马克思主义发展史、科学社会主义与国际共产主义运动等学科有密切联系，但它侧重于对国外马克思主义理论的研究，既考察它与马克思主义理论的历史联系，又着重分析马克思主义理论在当代世界的变化和演进，以及它对世界社会主义运动的影响。

国外马克思主义研究的研究方向一般应包括：世界社会主义的现状与前景研究，苏联马克思主义研究，当代国外马克思学研究，"西方马克思主义"研究，国外马克思主义和社会主义思想流派研究等。

（五）思想政治教育

思想政治教育，是一定社会、国家、阶级或社会集团自觉以某种思想政治观点、道德规范、法制观念、特别是核心价值体系，对其成员和国民实施有组织、有计划的教育和影响的社会实践活动。"思想政治教育"研究方向，是运用马克思主义立场观点方法，研究人的思想教育、政治教育、品德教育、法制教育、心理健康教育等本质和规律，以期教化和影响人们树立正确的世界观人生观价值观的学科。

思想政治教育的研究方向一般应包括：思想政治教育的基本理论和方法论研究，中国共产党思想政治教育史与基本经验研究，马克思主义理论教育研究，思想政治教育创新与发展研究，新时期世界观人生观价值观教育研究，新时期爱国主义教育和民族精神培养研究，大学生思想政治教育与管理工作研究，未成年人思想道德建设研究，干部与群众思想政治工作研究，当代社会思潮的影响与引导研究等。

（六）中国近现代史基本问题研究

中国近现代基本问题，主要是指中国在近现代发展过程中提出的一些重大而根本的问题。比如，中国为什么必须坚持马克思主义在意识形态领域的指导地位，而不能搞指导思想的多元化；为什么必须坚持中国共产党的领导，而不能搞西方的多党制；为什么必须坚持走中国特色社会主义道路，而不能走其他道路；为什么必须坚持改革开放不动摇，而不能走回头路；等等。这些问题涉及中国的发展究竟举什么旗、走什么路、由谁来领导、如何发展等基本问题。"中国近现代史基本问题研究"方向，是专门研究中国近代现代的历史进程及其基本经验和基本规律的学科。这个学科是在中国近现代史研究的基础上发展而来，是与高校思想政治理论课"中国近现代史纲要"紧密联系的，它不是具体地研究中国近现代史上的具体人物、具体事件，而是着眼于从总体上研究和把握基本经验和基本规律。该学科与马克思主义中国化研究学科有着密切的联系，它侧重于对历史经验和历史规律的研究和把握。

中国近现代史基本问题研究的研究方向一般应包括：中国近现代史"四个选择"（历史和人民选择马克思主义指导、社会主义道路、共产党领导、改革开放）问题研究，马克思主义中国化的历史背景研究，中国新民主主义革命的主要经验和历史规律研究，中国社会主义改造的主要经验和历史规律研究，中国改革开放的主要经验和历史规律研究，中国特色社会主义道路发展的历史和规律研究等。

附录1 马克思主义理论一级学科简介和马克思主义理论博士、硕士学位基本要求

四、培养目标

1. 学士学位

确立马克思主义信仰和社会主义信念，形成正确的理论方向和良好的学风。比较系统地掌握马克思主义基础理论、基本知识和思想政治教育的基本理论与科学方法，接受一定的科研训练，具有初步的研究能力和写作能力，恪守学术规范。掌握一门外国语，并能阅读本专业的外文资料。成为能从事与本学科相关的教学、宣传和实际工作的人才。

注：目前本一级学科目录下只在思想政治教育研究方向中有学士学位。

2. 硕士学位

具有坚定的马克思主义信仰和社会主义信念，坚持正确的理论方向和良好的学风。熟悉马列主义经典著作和中国化马克思主义重要文献，有较好的马克思主义理论素养和专业基础知识，能够运用马克思主义立场、观点、方法分析说明重大问题。掌握一门外国语，并能阅读本专业的外文资料。了解本学科研究的最新学术动态和研究成果，恪守本学科的学术规范，具有一定的研究和写作能力。成为从事与本学科相关的理论研究、教育教学、宣传和实际工作的专门人才。

3. 博士学位

具有坚定的马克思主义信仰和社会主义信念，坚持正确的理论方向和良好的学风。熟悉马列主义经典著作和中国化马克思主义重要文献，有比较深厚的马克思主义的理论功底和专业基础知识，能够很好地运用马克思主义立场观点方法研究和分析现实社会问题。至少掌握一门外国语，并能够熟练地阅读本学科的外文资料和进行学术交流（对国外马克思主义研究方向，要求掌握两门外国语，其中一门外国语能熟练地阅读本专业的外文资料和进行学术交流）。掌握本学科研究的最新学术动态和研究成果，恪守本学科的学术规范，具有较强的研究和写作能力。成为能胜任与本学科相关的理论研究、教育教学、宣传和实际工作的高级专门人才。

五、相关学科

哲学、理论经济学、政治学、法学、教育学、历史学。

0305 马克思主义理论博士、硕士学位基本要求

第一部分 学科概况和发展趋势

马克思主义是科学的世界观和方法论，是反映客观世界特别是人类社会本质和发展规律的科学，是关于无产阶级和人类解放的学说。对马克思主义既应该从哲学、政治经济学、科学社会主义等方面进行分门别类的研究，更应该进行整体性研究，以利于完整地把握它的科学思想体系。马克思主义理论学科，旨在研究马克思主义理论及其教育教学，是对马克思主义进行整体性研究的一级学科。它与"哲学"一级学科下的"马克思主义哲学"研究方向、"理论经济学"一级学科下的"政治经济学"研究方向、政治学一级学科下的"科学社会主义与国际共产主义运动""中共党史（含党的建设）"研究方向等一起，构成了马克思主义学科系统。

马克思主义理论一级学科是 2005 年增设的，归属于法学门类，目前下设马克思主义基本原理、马克思主义发展史、马克思主义中国化研究、国外马克思主义研究、思想政治教育、中国近现代史基本问题研究等 6 个研究方向。

马克思主义理论学科适应时代和实践发展的需求，担负着马克思主义理论人才培养、科学研究、社会服务和文化传承创新的任务，同时为高校思想政治理论课教育教学提供学理支撑。马克思主义理论学科建设和发展，遵循学科建设的一般规律、马克思主义理论发展的规律和思想政治理论课教育教学的规律；注重马克思主义理论的整体性，加强马克思主义各个主要组成部分之间内在关系的研究和把握，加强马克思列宁主义、毛泽东思想和中国特色社会主义理论体系内在关系的研究和把握，努力提高学科质量和水平。

第二部分 博士学位的基本要求

一、获本学科博士学位应掌握的基本知识及结构

掌握马克思主义理论产生的历史必然性，马克思主义理论体系的基本

结构，马克思主义的价值目标，马克思主义的基本特征；掌握马克思主义发展的历史过程、历史经验和发展规律；掌握当代国外马克思主义的理论、思潮及流派；掌握中国近现代历史和人民选择马克思主义、中国共产党、社会主义道路和改革开放的历史进程和基本经验；掌握马克思主义中国化的历史进程、基本规律和所形成理论成果的主要内容、历史地位和指导意义；掌握马克思主义理论的前沿问题以及马克思主义中国化时代化大众化的基本问题；掌握思想政治教育的基本理论与科学方法。能够很好地运用马克思主义立场观点和方法，分析和总结马克思主义理论发展和指导实践过程中的经验教训，并研究和分析现实社会问题。

根据不同研究方向，博士研究生在基本知识的要求上可以有所侧重。

二、获本学科博士学位应具备的基本素质

1. 学术素养

崇尚科学精神，对学术研究有浓厚的兴趣；进行过系统的科学研究训练，具备一定的学术潜力；在马克思主义理论的科学性及其当代价值的认识基础上，具有坚定的马克思主义信仰和社会主义信念，坚持正确的理论方向和良好的学风。熟悉马列主义经典著作和中国化马克思主义重要文献，有比较深厚的马克思主义的理论功底和专业基础知识。坚持马克思主义在意识形态领域的指导地位，以学习研究传承马克思主义为己任，为马克思主义中国化的理论成果提供有学理支撑的阐释，为建设和发展中国特色社会主义提供科学的决策咨询意见，为高校思想政治理论课建设服务。

2. 学术道德

坚持四项基本原则，恪守学术道德规范，遵纪守法。严禁抄袭、剽窃、侵吞、篡改他人学术成果，严禁伪造或篡改数据、文献、注释，杜绝一切学术不端问题的发生。

三、获本学科博士学位应具备的基本学术能力

1. 获取知识能力

坚持理论联系实际的原则，弘扬马克思主义优良学风、科学精神和科

学态度。坚持理论与实践、逻辑与历史、继承与创新、科学性与意识形态性的辩证统一。善于开展调查研究，占有真实而丰富的第一手研究资料，及时了解并掌握本学科学术研究的前沿动态，深入进行学术思考；有效获取专业知识和研究方法，认真探究知识的来源，具有较强理论思维和逻辑推理能力。

2. 学术鉴别能力

对所研究的基本问题以及各种社会思潮具有一定深度的理论评价和价值判断的能力。在马克思主义理论研究中，能正确区分什么是必须坚持的马克思主义基本原理，什么是需要结合新的实践而加以丰富发展的判断，什么是需要破除的对马克思主义的教条式理解，什么是需要澄清的附加在马克思主义名下的错误观点。要能划清马克思主义同反马克思主义的界限，社会主义公有制为主体、多种所有制经济共同发展的基本经济制度同私有化和单一公有制的界限，中国特色社会主义民主同西方资产阶级民主的界限，社会主义思想文化同封建主义、资本主义腐朽思想文化的界限。在一些重大问题上，要能在深入研究的基础上形成自己独到的学术见解。

3. 科学研究能力

具有较强的揭示理论与实践之间、相关理论之间，以及理论体系内部存在的矛盾，并善于将这些矛盾转化为有价值的研究问题的能力。有独立开展高水平研究的能力，以及组织协调学术力量进行攻关的能力。具有很强的调查研究能力、论文写作能力和独立完成课题研究的能力。在学期间，应该在导师指导下相对独立地完成了课题研究任务，发表较高水平的学术论文。

4. 学术创新能力

在所从事的研究领域开展创新性思考，开展创新性科学研究并取得创新性成果。掌握本学科研究的最新学术动态，增强马克思主义学术创造力，勇于和善于创新当代中国马克思主义的学术观点，建立起以马克思主义立场观点方法为指导的话语体系，牢牢掌握马克思主义话语主导权，不断增强当代中国马克思主义的国际影响力。

附录1 马克思主义理论一级学科简介和马克思主义理论博士、硕士学位基本要求

5. 学术交流能力

具有较强的本学科学术交流能力，以及在马克思主义理论学科内各研究方向之间、与马克思主义学科体系其他学科之间、与哲学社会科学相关学科之间进行学术交流的能力。能熟练表达自己的学术思想，积极展示自己的学术成果，善于与其他学者开展学术合作，并在学术交流与合作中提高学术研究能力。

6. 其他能力

有较强的口头表达能力、与人开展合作能力、组织协调能力等。至少掌握一门外国语，能够熟练地阅读本专业的外文资料和进行学术交流。

四、学位论文基本要求

1. 选题与综述的要求

遵循马克思主义理论学科的内在要求，注意处理好学科性质和研究特色的关系、基础理论研究和现实问题研究的关系。论文选题必须围绕六个研究方向，既体现运用马克思主义立场观点方法对问题的分析和评价，又体现对马克思主义理论某些观点论证上的丰富或创新，以区别于哲学社会科学其他学科，有相对确定的学科边界。即使对涉及经济、政治、文化、社会、国际、党建等具体问题的研究，也要体现马克思主义理论学科的风格和特色。

应撰写出对该选题已有的比较详尽的国内外研究成果和本人客观评价的研究综述，综述应反映对已解决问题的程度和主要观点、不同观点的争鸣和理论阐释中存在的问题、本人已有的研究条件和所做的前期准备，等等。要从综述的撰写中确立问题意识和学术针对性，明确课题研究的理论价值和实践意义，明确拟解决的重点难点问题，明确提出可能实现创新的论域或论点。

2. 规范性要求

博士学位论文必须做到主题集中、鲜明；文章层次清晰，逻辑严谨；引用资料翔实、可靠。基本观点正确，论证充分、有力；文笔流畅，书写格式规范。

3. 成果创新性要求

博士学位论文应该出新意。或主要观点有所创新，或论证较前人有所深化。避免泛泛而谈"选题创新"或"填补空白"，或只谈"方法创新"而没有任何涉及理论观点或学术论证上的新意。

第三部分　硕士学位的基本要求

一、获本学科硕士学位应掌握的基本知识

了解马克思主义理论产生的历史必然性，马克思主义的理论体系的基本结构，马克思主义的价值目标，马克思主义的基本特征；了解马克思主义发展的历史过程、历史经验和发展规律；了解当代国外马克思主义的理论、思潮及流派；了解中国近现代历史和人民选择马克思主义、中国共产党、社会主义道路和改革开放的历史进程和基本经验；了解马克思主义中国化历史进程的基本规律及所形成理论成果的主要内容和精神实质；了解马克思主义理论的前沿问题以及马克思主义中国化时代化大众化的基本问题；了解思想政治教育的基本理论与科学方法。能够较好地运用马克思主义立场、观点和方法，分析和总结马克思主义理论发展和指导实践过程中的经验教训，并研究和分析现实社会问题。

根据不同研究方向，硕士研究生在基本知识和能力的要求上可以有所侧重。

二、获本学科硕士学位应具备的基本素质

1. 学术素养

认真阅读马列主义经典著作和中国化马克思主义重要文献，有比较深厚的马克思主义的理论功底和相关专业基础知识。了解学科研究的最新学术动态和最新研究成果，善于在学术讨论中得到启发和提高。

2. 学术道德

坚持四项基本原则，恪守学术道德规范，遵纪守法。严禁抄袭、剽窃、侵吞、篡改他人学术成果，严禁伪造或篡改数据、文献、注释，杜绝

一切学术不端问题的发生。

三、获本学科硕士学位应具备的基本学术能力

1. 获取知识能力

积极开展调查研究，占有真实而丰富的第一手研究资料；养成学术思考的兴趣，训练学术研究的科学方法。

2. 科学研究能力

具有较好的揭示理论与实践之间、相关理论与本学科理论之间的联系，以及理论体系内部之间存在的矛盾，并善于将这些联系和矛盾转化为有价值的研究问题的能力。在导师的指导下，积极参与学术研究训练，注意提高自己科学研究和论文写作的能力。

3. 实践能力

贯彻理论联系实际的原则，注重提高分析问题和解决问题的能力，不仅要学好理论，还要运用好理论。

4. 学术交流能力

能够正确地表达自己的学术观点，积极展示自己的学术成果，并在学术交流中提高学术能力。

5. 其他能力

有较好的口头表达能力、组织协调能力等。掌握一门外国语，能比较熟练地阅读本学科的外文资料。

四、学位论文基本要求

1. 规范性要求

学位论文必须做到主题集中、鲜明；文章层次清晰，逻辑严谨；引用资料翔实、可靠；基本观点正确，论证充分、有力；文笔流畅，书写格式规范。

2. 质量要求

学位论文应该在导师指导下，由研究生本人独立完成；应该防止低水平重复，力求在已有研究的基础上有所创新。

附录 2

"十二五"高校马克思主义理论学科科学研究战略规划研究总报告[*]

(二〇一一年五月四日)

目 录

一、马克思主义理论学科建设的简要回顾
(一) 学科建设获得突破性进展
(二) 科学研究成果丰硕
(三) 教学和人才培养质量不断提升
(四) 教师的素质不断提高
二、马克思主义理论学科研究总体目标
三、马克思主义理论学科研究的主要任务、重点领域和选题
 (一) 马克思主义经典著作和马克思主义基本原理研究

---

[*] 本报告是受教育部委托，教育部社会科学委员会马克思主义理论学部研讨制定的上报稿，由教育部社会科学委员会马克思主义理论学部召集人逄锦聚主持，参加研究和撰写的有马克思主义理论学部委员：丁俊萍（武汉大学）、卢黎歌（西安交通大学）、孙利天（吉林大学）、宋连胜（吉林大学）、张先亮（新疆大学）、张雷声（中国人民大学）、张澍军（东北师范大学）、李萍（中山大学）、杨耕（北京师范大学）、杨瑞森（原国家教委）、陈占安（北京大学）、陈锡喜（华东师范大学）、欧阳康（华中科技大学）、顾钰民（复旦大学）。

1. 当代时代特征与马克思主义理论发展创新
2. 马克思主义中国化进程中的重大理论与实践问题
3. 马克思主义整体性研究
4. 马克思主义世界观方法论的当代意义
5. 马克思主义主要经典著作与全面准确理解马克思主义研究
6. 马克思主义基本原理学科建设和人才培养中的重大问题研究
7. 马克思主义和当代中国社会思潮研究
8. 社会主义运动的基本经验、教训与当代社会主义实践研究
9. 当代资本主义研究

(二) 马克思主义发展史研究

1. 马克思主义文本研究
2. 马克思主义传播史研究
3. 马克思主义中国化史研究

(三) 马克思主义中国化研究

1. 马克思主义中国化基本要素研究
2. 马克思主义中国化基本路径研究
3. 马克思主义中国化基本规律研究
4. 马克思主义中国化理论成果之间关系研究
5. 马克思主义中国化研究学科的基本建设研究
6. 马克思主义中国化、时代化、大众化之间关系研究
7. 社会主义本质属性与中国特色社会主义基本特征
8. 中国特色社会主义民主政治的基本特征及其优越性
9. 社会主义核心价值体系基本问题研究
10. 中国共产党解决民族和宗教问题的经验研究

(四) 国外马克思主义研究

1. 关于为什么要研究国外马克思主义
2. 关于国外马克思主义研究的方法论
3. 关于国外马克思主义发展的沿革和主要流派
4. 关于国外马克思主义关注的主要问题

5. 关于新近国外马克思主义研究的动态
6. 关于国外马克思主义对中国的研究和评论
7. 关于国外马克思主义与世界社会主义运动
8. 关于借鉴和利用国外马克思主义思想资源问题

（五）思想政治教育
1. 中国文化传统与现代道德教育创新研究
2. 当代世界思想政治教育发展与比较研究
3. 思想政治教育主体接受性研究
4. 新媒体环境中的思想政治教育融渗性研究
5. 公民教育的基本理论与实践模式研究
6. 全球化背景下价值教育的理论与实践研究
7. 改革开放条件下大学生社会意识变动特点与发展趋向研究
8. 国家意识形态与社会意识契合研究
9. 思想政治教育系统性研究
10. 中国共产党思想政治教育基本理论、基本经验和科学发展研究
11. 我国大中小学校德育科学化系统化及其实施方案研究

（六）中国近现代史基本问题研究
1. 中国近现代史、中共党史、当代中国史的主题、主线、本质、主流和基本问题及其相互关系研究
2. 近代以来中国社会危机的发生与应对
3. 近代以来中华民族精神研究
4. 近现代中国重要历史人物生平和思想研究
5. 近代以来中国社会结构变迁研究
6. 近代以来中国社会阶层的变迁与中国共产党的认识和政策
7. 近代以来东部、中部、西部地区和民族地区发展与变迁研究
8. 中国共产党民主理论与实践
9. 中国共产党改善民生的理论与实践
10. 当代中国改革与发展方式的演变研究

附录2 "十二五"高校马克思主义理论学科科学研究战略规划研究总报告

11. 中共党史、当代中国史、中国近现代史基本问题研究的学科建设、科学研究、教学与人才培养相互关系研究

马克思主义是我们立党立国的根本指导思想，是社会主义核心价值体系的灵魂，是全国各族人民团结奋斗的共同思想理论基础。马克思主义理论学科是对马克思主义进行整体性综合性研究的一门学科，是马克思主义学科系统的重要组成部分。为贯彻落实《国家中长期教育改革和发展规划纲要（2010—2020年）》，适应新时期党的思想理论建设的需要，以高质量的科学研究成果支持巩固马克思主义在高等学校教育教学中的指导地位，进一步促进"十二五"期间高校马克思主义的理论学科的建设和发展，特制定本规划。

一、马克思主义理论学科建设的简要回顾

改革开放以来特别是党的十六大以来，马克思主义理论学科呈现了蓬勃发展的新局面：学科建设获得突破性进展，科学研究成果丰硕，教学和人才培养质量不断提升，教师队伍的素质不断提高。

（一）学科建设获得突破性进展

根据中央统一部署，2005年底，国务院学位委员会、教育部发出了《关于调整增设"马克思主义理论"一级学科及所属二级学科的通知》，决定增设"马克思主义理论"一级学科及所属"马克思主义基本原理"、"马克思主义发展史"、"马克思主义中国化研究"、"国外马克思主义研究"和"思想政治教育"5个二级学科。到了2008年，为进一步强化高校思想政治理论课的学科支持，国务院学位委员会在马克思主义理论一级学科下增设了"中国近现代史基本问题研究"二级学科。至此，包括6个二级学科在内的马克思主义理论学科体系已经形成。2006年年初，国务院学位委员会评出首批21个马克思主义一级学科博士学位授权点和103个二级学科博士点。其后，马克思主义一级学科博士学位授权点和二级学科博士点的规模不断扩大，到目前为止，马克思主义理论学科共有229个二级学科博士

学位点、474个硕士点可以招生（以一级学科所含的6个二级学科都可以招生计算）。经过评审，2007年又建立了1个马克思主义理论一级学科的国家重点学科，6个马克思主义理论二级学科的国家重点学科，并设置了20多个马克思主义理论一级学科博士后流动站。马克思主义理论学科的设立，扭转了一度出现的马克思主义学科萎缩的趋势。

（二）科学研究成果丰硕

在加强学科建设的同时，马克思主义理论学科的科学研究亦取得了重大进展。该学科选取改革开放和现代化建设进程中的重大课题进行全局性、战略性、前瞻性的研究，取得了一批高质量成果，特别是围绕中国特色社会主义理论体系、贯彻落实科学发展观进行了一系列专题研究，取得了重要进展，为马克思主义中国化、时代化、大众化做出了重要贡献。据统计，仅"马克思主义理论学科博士点的导师承担国家及各部的项目达707项，科研经费7 955万多元，获得各类科研奖励1 251项"[1]。

（三）教学和人才培养质量不断提升

2005年1月，中共中央政治局常务委员会召开专题会议，研究进一步加强和改进高校思政课问题，决定将高校思政课由原来的7门必修课调整为4门必修课。随后，中宣部、教育部下发《关于进一步加强和改进高等学校思想政治理论课的意见》，对加强和改进高校思政课进行了全面部署，并把新课程教材编写工作纳入马克思主义理论研究和建设工程。随着中央关于加强高校思政课改革建设的一系列部署和措施的落实，高校思政课的教材建设、教学内容和教学方法改革都取得了重大的进展、出现了全新的局面。2006年9月以后，4本新教材陆续出版并应用于全国2 000多万大学生之中。新教材在内容、形式和体例等方面都有了较大的创新，收到了较好的效果。在教学中，教师积极探索教学方法改革，发挥出了思政课在对大学生思想政治教育中的重要作用和优势，并在这一过程中涌现出了一批深受学生欢迎的精品课和优秀教师，发挥了思政课在对大学生思想政治教育中的重要作用和优势，为人才培养质量的提高做出了重要贡献。

---

[1] 改革开放30年来马克思主义理论学科建设的回顾与思考：访武汉大学政治与公共管理学院教授梅荣政. 马克思主义研究，2008（10）：14.

（四）教师的素质不断提高

随着中央在高校社科系统有针对性地开展"三个代表"重要思想、马克思主义立场观点方法以及职业精神和职业道德"三项学习教育"活动，中央五部委举办高校哲学社会科学科研骨干研修班，以及"十一五"期间中宣部、教育部举办高校思政课骨干教师研修班，高校思政课教师的素质有了明显提高，任课教师的精神面貌发生了很大变化，涌现出了一批优秀的深受学生欢迎的思政课教师，有的教师还成为全国的先进典型。

但是必须看到的是，形势在发展，随着中国特色社会主义事业的深入推进、国际形势的深刻变化、现代科学技术的迅猛发展，种种变化都对马克思主义理论学科的建设和发展提出了新要求，一系列新问题需要进一步研究和解决。马克思主义理论学科的建设和发展正处在重要时期，既面临极好机遇，又面临重大挑战。因此，当前一定要在已经取得的成绩的基础上再接再厉、乘势而上，为扎实推进马克思主义理论学科的建设和发展做出新的贡献。

二、马克思主义理论学科研究总体目标

"十二五"期间，马克思主义理论学科要按照党中央的要求，根据国民经济和社会发展中长期重大战略和《国家中长期教育改革和发展规划纲要（2010—2020年）》的部署，以时代发展和中国特色社会主义事业发展的需求、人民的需求和马克思主义发展进程中的重大理论和实践问题为导向，进行战略性、前瞻性、全局性的研究，力争在本学科涉及重点领域取得突破性进展。总体目标是：

高举中国特色社会主义伟大旗帜，以马克思主义、列宁主义、毛泽东思想、邓小平理论和"三个代表"重要思想为指导，深入贯彻落实科学发展观，解放思想、实事求是、与时俱进，贴近实际、贴近生活、贴近学生，大力推进理论创新，力图在马克思主义经典著作学习和基本观点、基本理论、基本方法研究方面取得重大进展，在马克思主义中国化和中国特色社会主义理论体系研究方面取得重大进展，在马克思主义发展史研究方面取得重大进展，在高层次人才培养和思想道德教育教学中的重大问题研

究方面取得重大进展，在中国近现代史基本问题研究方面取得重大进展，在国外马克思主义研究方面取得重大进展，在充分反映马克思主义中国化最新成果的学科体系和教材体系方面取得重大进展，在对马克思主义理论阐释和传播中的重大问题研究和对外交流方面取得重大进展，在马克思主义理论队伍建设方面取得重大进展，从而为坚持和发展中国特色社会主义，为高等教育的人才培养、社会服务和传承文明提供思想保证、理论支持和精神动力。

为保证上述目标的实现，要妥善处理好五个方面的重要关系：

一是马克思主义理论学科与其他学科的关系以及本学科内部的关系。应突出马克思主义的整体性研究，以完整地把握马克思主义的科学体系；同时，应以马克思主义理论一级学科所属六个二级学科为重点研究领域进行分门别类的深入研究；在规划重点选题时，应鼓励交叉学科跨学科研究，打破学科壁垒，突出问题导向。二是马克思主义理论学科基础理论研究、应用理论研究和政策对策研究的关系。应发挥基础理论研究的优势，鼓励应用理论研究和政策对策研究。三是马克思主义理论科学研究中的党性、阶级性与学术性的关系。应在科学研究的政治原则和方向上与党中央保持高度一致；应从客观的现实存在和马克思主义的理论特征认清马克思主义理论科学研究的阶级性；应进一步解放思想，以科学的态度对待马克思主义，贯彻百家争鸣的方针，提倡充分的学术讨论。四是中国化马克思主义与国外马克思主义的关系。马克思主义是一个开放的科学体系，应坚持马克思主义的基本原理，但同时也要吸取人类一切优秀文明成果。五是马克思主义经典著作研究与当代创新发展的关系。应继承马克思主义的基本原理和基本方法而不是个别的结论，应不断研究总结时代和实践发展中出现的新现象、新问题、新经验，并将其上升为理论，以丰富和发展马克思主义。应把坚持以马克思主义基本原理为指导同坚持以中国化的马克思主义为指导结合起来。在当代中国，坚持中国特色社会主义理论体系就是坚持马克思主义。

三、马克思主义理论学科研究的主要任务、重点领域和选题

围绕总体目标，"十二五"期间马克思主义理论学科研究的主要任务、

附录2 "十二五"高校马克思主义理论学科科学研究战略规划研究总报告

重点领域和选题是:
(一) 马克思主义经典著作和马克思主义基本原理研究

"十一五"期间,对马克思主义经典著作和马克思主义基本原理的研究取得了一系列重要进展,包括:第一,马克思主义基本原理理论体系和教材体系的建立。全国高校大学生思政课教材《马克思主义基本原理概论》的编写和出版是集体智慧的结晶,标志着新的历史条件下理论界对马克思主义基本原理的新探索和新概括。第二,关于"什么是马克思主义基本原理"的探索。学者们从整体性角度、文本角度、马克思主义的性质和功能等角度界定了什么是马克思主义基本原理,概括了马克思主义基本原理包括的基本内容。第三,经典著作的重新编译和研究。马克思主义经典文本研究一直是近年来学术界关注的热点领域之一,《马克思恩格斯文集》10卷本和《列宁专题文集》5卷本的编译出版,标志着新的历史条件下我国理论界和编译界对马克思主义经典著作的学习理解达到了新的高度。关于马克思主义一系列经典著作的研究也都取得了新进展。第四,关于马克思主义继承和发展关系以及相关重大理论问题的研究。学者们在注重马克思主义经典著作文本研究的同时注重马克思主义中国化、时代化、大众化研究,注意吸收借鉴中国传统文化和西方学说中的合理成分,取得了一系列重大进展。

上述进展还是阶段性的。"十二五"期间对马克思主义经典著作和马克思主义基本原理的研究还要进一步深入,其重点课题有:

1. 当代时代特征与马克思主义理论发展创新

选题意义和依据

马克思和恩格斯指出:"一切划时代的体系的真正的内容都是由于产生这些体系的那个时期的需要而形成起来的。"[1] 当今世界正处在大发展大变革大调整时期,而我国亦正在发生广泛而深刻的变革。对当代时代特征的研究和把握,对时代性质和特征做出新的正确判断,是进行马克思主义理论创新的重要前提。马克思主义不是静止的封闭的教条,而是一个开放

---

[1] 马克思,恩格斯. 德意志意识形态:第2卷//马克思,恩格斯. 马克思恩格斯全集:第3卷. 北京:人民出版社,1956:544.

的体系，是随着时代、实践的发展而不断发展的理论。"马克思主义的生命力就在于它必须与发展着的实践相结合，不断指导实践向前发展。死守着马列主义经典作家在当时具体条件下针对具体情况作出的一些个别论断，不发展，不前进，不仅没有前途，而且只能是死路一条。坚持马克思主义，必须坚持马克思主义活的灵魂"①。当代中国化的马克思主义之所以能够取得理论创新的丰硕成果，是因为马克思主义根据时代特征和中国实际与时俱进的发展。因此，坚持马克思主义的基本原理，紧密结合发展中国特色社会主义的实践，在当代中国马克思主义指导下深入研究当代时代特征，不断推进马克思主义理论发展创新，是当代中国马克思主义理论在实践发展基础上与时俱进、促进中国特色社会主义理论体系丰富和发展的要求，是理论研究工作者义不容辞的责任。

主要研究内容

一是马克思主义经典作家、中国特色社会主义理论体系关于分析和把握时代特征的基本理论、基本观点、基本方法研究。二是当代时代特征的分析和概括，即从经济全球化条件下科技革命，生产力发展，资本主义、社会主义制度的新变化等多角度研究当代时代的主要特征。三是探索适应时代和实践发展的要求马克思主义理论的创新和发展的主要方向、内容和途径。

预期达到的目标

一是通过对当代世界和中国新情况、新问题的分析，推动对时代特征认识的深化。二是以当代中国和世界发生历史性变化为背景，努力探索马克思主义理论的当代形态，推进马克思主义理论创新。

2. 马克思主义中国化进程中的重大理论与实践问题

选题意义和依据

马克思主义是扎根于实践、面向时代的科学理论。当前，我国正处在全面建设小康社会的关键时期，是深化改革开放、加快转变经济发展方式的攻坚时期，这一时期出现了许多重大理论与现实问题。这些理论和现实

---

① 江泽民. 在九届全国人大五次会议解放军代表团讨论会上的讲话//江泽民. 江泽民论有中国特色社会主义（专题摘编）. 北京：中央文献出版社，2002：583.

问题呼唤着理论创新,是推进马克思主义中国化、时代化、大众化的客观依据和强大动力。适应新的形势变化,瞄准国家重大需求,突出问题导向,对马克思主义中国化进程中的重大理论与实践问题进行战略性、前瞻性、全局性的研究,是"十二五"时期高校哲学社会科学工作者间肩负的历史使命。哲学社会科学只有研究回答好时代和实践提出的重大问题,才能体现自身的价值,实现自身的发展。

主要研究内容

一是对马克思主义中国化的理论研究。主要是研究关于马克思主义中国化的理论前提;关于马克思主义中国化科学内涵的界定和把握;关于马克思主义中国化的根本问题和根本经验;马克思主义中国化、大众化和时代化的关系;关于解放思想和理论创新;等等。二是对马克思主义中国化和中国现代化进程关系的理论研究。主要是关于马克思主义中国化和中国现代化的研究;关于马克思主义中国化和中国共产党自身建设的研究;关于继承和发扬马克思主义中国化的优良传统的研究。三是对马克思主义中国化与马克思主义大众化的研究。四是马克思主义中国化进程中的重大问题研究。包括:中国模式、中国经验、中国道路研究;经济发展方式的转变研究;保障与改善民生问题研究;中国特色社会主义社会管理创新研究;等等。

预期达到的目标

通过研究形成若干高质量成果,为国家战略的实施提供重要参考,为经济社会发展提供有力的理论支撑,从而推动中国特色社会主义事业的可持续发展。同时,通过研究,拓展马克思主义的研究领域,赋予马克思主义关于改革与发展理论以新的时代内涵和时代特色,进一步丰富和发展中国特色社会主义理论体系。

3. 马克思主义整体性研究

选题意义和依据

我国对马克思主义理论的研究虽然取得了丰硕成果,但是还存在不足,其表现之一是对马克思主义缺乏整体性研究,这种状况近些年虽有改变,但仍有不足。在新的历史条件下,马克思主义研究应该具有广阔的视野和整体性的思路。只有从整体性的角度理解和把握马克思主义，才能真正理解马克思主义的本质和要义。深化对马克思主义理论整体性研究，进而有助于对马克思主义的继承和创新；有助于深化对中国化马克思主义的研究，促进中国现代化建设，促进和谐世界的建设；有助于全面深入地研究科学社会主义理论，总结科学社会主义运动的经验和教训，把握科学社会主义运动的发展规律和趋势。

主要研究内容

一是研究和把握马克思主义整体性的方法论和视角。二是从整体上理解和把握，马克思主义基本观点、基本理论、基本方法所包含的主要内容。三是研究和把握马克思主义整体性的理论和实践意义。

预期达到的目标

形成高质量专著和论文，为全面准确理解和把握马克思主义提供理论支持；为社会主义现代化建设提供理论指导；为促进马克思主义理论学科的总体发展和人才培养提供指导和支持。

4. 马克思主义世界观方法论的当代意义

选题意义和依据

马克思主义对自然世界和人类社会发展规律的科学揭示，中国在社会主义革命、建设以及中国特色社会主义现代化建设探索过程中取得的巨大成就，是在科学的世界观与方法论的指导下进行的。因此，坚持马克思主义最根本的是坚持马克思主义的世界观和方法论。当今纷繁复杂的世界格局、迅猛发展的科学技术，为我国中国特色社会主义建设带来了一系列重大理论与实践问题，与此同时，在我国中国特色社会主义建设历程中，也产生了一系列重大理论和实践问题，对这些问题的分析和认识，最根本的是要坚持运用马克思主义的世界观和方法论。因此研究和揭示马克思主义世界观和方法论的当代意义，无论对于坚持和发展马克思主义和还是对于我国社会主义现代化建设都是非常重要和必要的。

研究的主要内容

一是揭示马克思主义世界观和方法论的基本内容和本质要求。二是研究马克思主义世界观和方法论在中国革命和建设实践中的运用和发展，总结其历史经验。三是研究揭示马克思主义世界观和方法论的当代意义。

预期达到的目标

形成专著论文,为继承和发展马克思主义,用马克思主义世界观和方法论指导中国现代化建设实践提供理论支持。

5. 马克思主义主要经典著作与全面准确理解马克思主义研究

选题意义和依据

用马克思主义指导中国特色社会主义伟大事业,首先必须要全面准确理解马克思主义。全面准确理解马克思主义必须要认真学习和研究马克思主义经典著作,做到"四个分清",即分清哪些是必须长期坚持的马克思主义基本原理,哪些是需要结合新的实际加以丰富发展的理论判断,哪些是必须破除的对马克思主义的教条式的理解,哪些是必须澄清的附加在马克思主义名下的错误观点。对马克思主义经典著作全面的准确理解是我们掌握和运用马克思主义、坚持和发展马克思主义的一个基本的前提,具有重要的研究意义。

研究的主要内容

一是注重经典著作的创作史研究,研究马克思主义经典著作中重要思想的产生及其发展的历史脉络,深入探究马克思主义经典作家是基于什么样的时代背景、什么样的具体问题而进行的思考。二是对马克思主义主要经典著作进行全面准确的解读,从而揭示经典著作中所包含的重要理论观点和重要理论、方法,深入挖掘马克思主义的精神实质。三是结合当代现实问题,深入研究经典著作中所包含的重要思想对于认识和解决现实问题所具有的理论价值和借鉴意义,尤其要深入研究中国特色社会主义理论体系对马克思列宁主义、毛泽东思想的继承与发展。

预期达到的目标

通过对马克思主义主要经典著作的研究和解读,促进读马克思主义原著和全面准确理解马克思主义风气的形成,倡导理论联系实际的学风,提高运用马克思主义分析问题解决问题的能力。

6. 马克思主义基本原理学科建设和人才培养中的重大问题研究

选题意义和依据

自2005年"马克思主义基本原理"二级学科建立以来,在学科建设和人才培养过程中积累了一些经验,也产生了许多需要研究解决的问题。总结这些经验,调查研究、分析产生的问题,对于推动马克思主义基本原理学科建设,提高人才培养质量,不但非常必要,而且十分迫切。

主要研究内容

一是对马克思主义基本原理学科建设和人才培养的现状调查。二是对马克思主义基本原理学科建设和人才培养所取得的经验进行的总结分析。三是对马克思主义基本原理学科的基本特点和发展趋势,以及提高学科建设、人才培养质量的途径和措施所进行的探索。

预期达到的目标

力争在理论研究和实践调查与基础上,凝练马克思主义学科建设的研究内容和重点,形成系列有分量的研究成果;制定各种作为考核依据的科学的、易于操作的指标体系;编制马克思主义学科核心课程的指导性教材;组织建设马克思主义理论学科共享的资源平台。

7. 马克思主义和当代中国社会思潮研究

选题的意义和依据

随着中国改革开放的持续深入、市场经济的不断发展,中国经济社会结构发生了深刻的变迁。在经济体制深刻变革、社会结构深刻变动、利益格局深刻调整、思想观念深刻变化的情况下,中国社会各界的思想观念也发生了十分复杂的变化,各种社会思潮层出不穷,出现了一些新的特征。党的十七大进一步提出积极探索用社会主义核心价值体系引领社会思潮的有效途径——既尊重差异、包容多样,又有力抵制各种错误和腐朽思想的影响。因此,加强对社会思潮的研究,分析其性质和特征,厘清这些思潮的变化与动态,不仅有利于我们更深刻地洞察社会变迁规律及其走向,而且对了解社情民意,提高人们的政治鉴别力和政治敏锐性,因此,加强主流意识形态建设,正确引领社会思潮有重要理论意义和现实意义。

研究的主要内容

一是当代中国社会思潮的基本态势。二是在实证研究的基础上系统考察当代中国社会思潮的现实形态、源流流派、类型结构、本质特征和规律。三是运用马克思主义的基本观点方法,厘清反主流、非主流社会思潮和主流意识形态的关系。四是研究引领社会思潮的方法、机制和途径,增强社会主义意识形态的吸引力和凝聚力,提出加强和改善国民教育包括思想政治教育的对策。

预期达到的目标

形成研究报告,厘清当代中国社会思潮的来龙去脉,把握社会思潮的总体状况;研究主要社会思潮的性质、现状、作用和发展趋势;提出用社会主义核心价值体系引领社会思潮的途径、机制和方式。

8. 社会主义运动的基本经验、教训与当代社会主义实践研究

选题的意义和依据

20世纪末,苏联解体、东欧剧变,世界社会主义运动进入低潮期。进入新世纪后,资本主义世界各类矛盾日益突出,特别是世界性金融危机的发生使人们开始进一步认识资本主义的本质。在这样的背景下,中国特色社会主义道路的巨大成就显示出社会主义的生机和活力。因此,加强对社会主义运动的基本经验、教训的总结和对当代社会主义实践的研究,用马克思主义基本立场观点和方法审视并澄清各种社会主义理论问题,进一步探讨世界社会主义的发展规律,对于世界社会主义运动的复兴和中国特色社会主义建设具有重大的理论意义和现实意义。

研究的主要内容

一是对苏联解体东欧剧变的教训研究。二是对21世纪世界社会主义运动的基本趋势和特点研究。三是对拉美左翼社会主义运动,发达国家共产党的理论、路线、组织原则及生存方式和共产党执政国家的社会主义改革研究。

预期达到的目标

形成专著和研究报告,为决策提供参考:一是以科学社会主义理论为指导,对各地区、各类型的社会主义实践和社会主义理论进行具体研究,总结各自的经验和特点,比较相互之间的异同。二是总结中国特色社会主义建设实践的基本经验,推进中国的社会主义进程。三是厘清当今社会主义运动和社会主义实践的基本状况,从整体上把握当今社会主义运动和社会主义实践的基本趋势和特点。

9. 当代资本主义研究

选题的意义和依据

以马克思主义的立场、观点和方法，研究当代资本主义，是丰富发展马克思主义理论的需要，是坚定社会主义理想信念、为中国特色社会主义建设提供可资借鉴的经验、在实践中发展社会主义的现实需要。

研究的主要内容

一是当代资本主义生产力与生产关系。二是当代资本主义政治制度与意识形态。三是当代资本主义的阶级结构和阶级关系。四是资本主义与经济全球化问题、资本主义与世界安全问题研究。五是若干启示。

预期达到的目标

一是科学地认识当代资本主义的变化及原因，变化的实质和发展趋势。二是实事求是地阐明当代资本主义的发展对我国经济与社会发展的借鉴意义。三是提出在经济全球化条件下与主要资本主义国家共处、合作、竞争的对策。

（二）马克思主义发展史研究

当前理论界对马克思主义发展史的研究，无论是在范围上还是内容上都取得了重要进展。关于马克思主义发展史的研究范围，主要集中在马克思主义经典作家及其主要思想的研究、马克思主义文献学、马克思主义传播史、中国化马克思主义，马克思、恩格斯、列宁、斯大林等人及其思想研究方面的探讨；关于马克思主义发展史的研究内容，主要集中在对马克思主义发展史的研究主题，马克思主义发展的历史分期、发展规律、发展特点以及马克思主义发展史学科的内涵、特点、研究领域、地位等方面。这些研究有了很大的进展，达到了相当的高度和深度，大批相关学术著述相继问世。

"十二五"期间，本学科的重点研究领域将包括马克思主义文本研究，马克思主义传播史研究和马克思主义中国化史研究其重点选题有：

1. 马克思主义文本研究

选题的意义和依据

文本研究是马克思主义研究总体格局中的基础领域，其要旨在于重新发掘马克思主义的思想资源,对马克思主义的核心范畴、原理体系进行系统检视,澄清由于历史的原因而附加于其上的种种误解和误读,揭示其本来意义,彰显其当代价值。

研究的主要内容

一是马克思主义文本研究的路径与方法。选择恰当的文本研究路径,真正处理好马克思主义理论与文本研究的关系,把握马克思及马克思主义者文本的特点、文本的形成过程及背景,客观地把握文本的时代特质和精神风貌,并在文本研究中提炼、概括和阐述出准确的马克思主义理论观点,解决好文本研究与现实问题研究的关系。

二是马克思主义经典作家的文本研究。其重点在于对马克思主义经典作家,尤其是对马克思、恩格斯的文本所进行的整理和研究。

三是国外马克思主义的文本研究。包括国外马克思主义研究的方法、内容等诸多方面,而其中最为根本的环节是加强国外马克思主义文本的研究、发掘、解释、总结和概括。具体来看,就是在译介、出版国外马克思主义不同流派著作的基础上,对著作中的一些重要范畴、理论等进行文本学的研究和解读,并结合著作、理论诞生的历史背景科学阐释其理论、范畴的内涵并予以客观评价。同时注重从历史发展的角度出发,结合当代国际、国内面临的实际问题,对这些文本进行新的研究、发掘和应用,从而解决国外马克思主义文本研究和现实问题研究的关系。

预期达到的目标

形成专著,为马克思主义经典著作的学习、研究提供可信、权威的参考和借鉴。

2. 马克思主义传播史研究

选题的意义和依据

马克思主义在中国的传播已经走过了近百年的历程。最初,中国人从接触欧洲的各派社会主义学说中知道了马克思的名字和马克思主义学说的零星片段。第一次世界大战后,中国的民族经济有了发展,工人阶级队伍不断壮大。在俄国十月革命影响下,马克思主义的传播进入了一个新阶段,并逐渐形成了强大的社会思潮。伴随着中国革命形势的不断发展以及社会主义建设、改革事业的推进，马克思主义在中国得到了更为广泛的传播，成为中国特色社会主义建设的指导思想。在中国革命、建设和改革的不同阶段上，马克思主义的传播既面临着一些相同问题，又遇到一些具有时代特征问题的挑战。从这一领域的研究来看，尽管当前该领域已经有了许多研究成果，但尚未形成系统化的探讨。因此，梳理马克思主义在中国传播的历史脉络，分析不同时期马克思主义传播状况，并在此基础上探讨马克思主义在中国传播的方式、特点、规律等问题，对于探讨在全球化、信息化背景下马克思主义传播的理论与实践有着十分重要的意义。

研究的主要内容

一是马克思主义在发展中国家的传播。主要研究探讨马克思主义在中国及其他发展中国家的传播和发展的阶段性、基本特征、主要论题，比较发展中国家多种社会主义及左翼理论和思潮，对于更加科学地认识马克思主义基本原理，把握马克思主义发展史，吸收借鉴发展中国家发展进程中的经验教训，丰富和发展世界社会主义理论和实践，推进中国特色社会主义事业的健康发展具有重要意义。二是马克思主义在发达国家的研究与宣传。主要研究探讨马克思主义在西方主要发达国家经历的由对抗到共存、融合、吸取的过程，以及在法国、意大利、美国、英国等国产生的现代马克思主义流派，从而探讨发达国家马克思主义研究的热点、范式、方法、途径等问题。

预期达到的目标

通过研究形成专著及论文，以推动对马克思主义科学性更为深入的理解，从而进一步丰富马克思主义理论，推进中国特色社会主义建设。

3. 马克思主义中国化史研究

选题的意义和依据

中国化的马克思主义理论是马克思主义基本原理与中国革命、建设、改革实践相结合的产物，是马克思主义发展史上具有里程碑意义的理论创新成果。毛泽东思想是在战争与革命时代背景下所取得的马克思主义理论创新的成果，中国特色社会主义理论是在和平与发展的时代主题下所形成的马克思主义理论创新成果。科学认识中国化马克思主义在马克思主义发展史中的地位，进一步探究马克思主义发展史的研究对象、主题、特点、品质，把握新世纪马克思主义发展的趋向并研究其新特点，证明马克思主义的强大生命力和巨大指导性等，种种这些都要求加强中国化马克思主义与马克思主义发展史关系的研究，加强对中国化马克思主义的内涵、特点、文化意蕴等问题的探讨，创建"中国化马克思主义学"。尤其是从发展史的角度探讨中国化马克思主义的若干问题，对于进一步探究世界文明发展多样性理论，探讨中国特色社会主义道路的世界意义也有着十分重要的作用。

研究的主要内容

一是马克思主义中国化断代史研究（新中国成立前）。主要研究五四运动与马克思主义中国化、马克思主义中国化的历史起点、新民主主义革命与马克思主义中国化第一次历史性飞跃、抗日战争时期的马克思主义中国化历程，等等。旨在通过研究以更加全面地展示马克思主义中国化的全貌，进一步认识马克思主义中国化的发展规律、特点等问题。二是马克思主义中国化代表人物及其思想研究。在进一步研究毛泽东、邓小平等思想的同时，加强对张闻天、瞿秋白、陈独秀等人的思想的研究，探讨其对马克思主义中国化的贡献。

预期达到的目标

通过研究形成专著及论文，以更加清晰地勾勒马克思主义中国化进程的脉络，从而理解马克思主义为什么要中国化、怎样中国化等问题。

（三）马克思主义中国化研究

马克思主义中国化研究学科，是专门研究马克思主义中国化的基本经验、基本规律，以及马克思主义中国化成果的学科。自从2006年这一新学科设立以来，马克思主义中国化理论研究在关于马克思主义中国化内涵的界定、关于马克思主义中国化历史进程的阶段划分、关于马克思主义中国化基本经验的概括，关于马克思主义中国化研究学科的内涵、关于马克思主义中国化研究学科的研究对象、关于马克思主义中国化研究学科的研究范围、关于马克思主义中国化研究学科的课程设置、关于马克思主义中国化研究学科的课程设置等方面取得了很大成就，马克思主义中国化研究学科建设也有了重大进展，但目前无论在理论研究还是学科建设上都存在不少问题，一些重大理论问题有待深入研究，一些现实问题需要切实解决。如研究的领域和内容相对狭窄，学科基础研究比较薄弱，整体研究水平有待提高，对于社会普遍关注的重大社会问题还缺乏有说服力的理论分析，等等。

针对这些不足之处与薄弱环节，"十二五"期间应该着力从以下几个方面加强：一是开展马克思主义理论学科的基本理论和发展史的研究；二是开展对重大社会实际问题的研究；三是开展对本科生"毛泽东思想和中国特色社会主义理论体系概论"课和研究生"中国特色社会主义的理论与实践"课中疑难问题研究；四是开展马克思主义中国化研究学科专业队伍建设规律研究。重要选题包括：

1. 马克思主义中国化基本要素研究

选题的意义和依据

目前学术界对于这个问题已经有所涉及，它包括在对马克思主义中国化的基本要素、基本内容、基本方面等问题的讨论之中。但是，这种讨论既不集中、又不深入，并影响到了人们对马克思主义中国化的理解。因此，加强对这个问题的讨论有特殊的必要性。

研究的主要内容

一是马克思主义中国化的基本要素。二是马克思主义中国化进程中每一个基本要素所包含的内容。三是研究马克思主义中国化几个基本要素的关系。四是梳理并研究以往在这个问题上的各种观点。

预期达到的目标

通过对这个课题的研究，力求对什么是马克思主义、怎样对待马克思主义，什么是中国实际、怎样分析中国实际，什么是中国化中的"化"以及怎样实现这个"化"等问题达到一种学理性认识。

2. 马克思主义中国化基本路径研究

选题的意义和依据

马克思主义中国化是一个长期奋斗的过程，它需要经过一种怎样的路径才能实现？这个问题涉及对马克思主义与中国实践、与中国文化、中国传统之间关系的把握,也涉及在马克思主义中国化进程中如何处理领袖与群众、政党与人民、个人与集体等的关系,还涉及在马克思主义中国化的过程中如何处理成绩与错误、长远与近期、前进与曲折等的关系。目前虽然学术界对这个问题有所讨论,但是还不是很深入,因而需要在总结历史经验的基础上,开展进一步的研究。

研究的主要内容

一是研究马克思主义中国化史,努力从历史经验中寻找规律性的东西。在这中间需要研究马克思主义如何对中国的实践发挥重要的指导作用,中国实践如何为中国化马克思主义奠定重要的实践基础。二是研究马克思主义如何对中国文化的整理发挥重要的指导作用,中国文化如何成为中国化马克思主义的一个思想来源。三是研究马克思主义如何对中国历史传统的弘扬进行指导,中国历史传统如何成为中国化马克思主义的重要土壤条件。

预期达到的目标

通过本选题的研究,力求能深化对马克思主义中国化的基本路径问题的认识,并推进现实中的马克思主义中国化进程。

3. 马克思主义中国化基本规律研究

选题的意义和依据

目前学术界对马克思主义中国化基本规律的认识大体上涉及这样几条:始终坚持科学理论同中国具体实际相结合,不断推进马克思主义中国化,是马克思主义中国化最基本的规律;始终坚持以与时俱进的科学态度探索客观规律,是马克思主义中国化的活力源泉;始终坚持马克思主义的群众观点和群众路线,是马克思主义中国化的根本保证;必须把马克思主义的基本原理与中国的基本国情、民族特点、文化传统结合起来,形成适合中国国情、民族特点、文化传统的中国的马克思主义。另外,有些学者还从宏观层面探讨了马克思主义中国化的基本规律,如有学者提出了马克思主义中国化的基本规律与人类社会发展规律、社会主义建设规律以及中国共产党执政规律等三大规律始终结合在一起的观点;还有的学者认为在马克思主义中国化过程中包含了三对基本矛盾,并形成了马克思主义与中国实践相结合的规律,中国实践对马克思主义的推进规律,马克思主义与中国实践相融合的规律这三大规律。但是总体而言,目前我国学术界对马克思主义中国化基本规律的研究只是初步的,还需要从几个方面深化。

研究的主要内容

一是需要进一步明确方法论原则以概括这种基本规律。二是厘清对这种基本规律的概括同对基本经验的总结之间的关系。三是需要深入讨论目前所概括的这些规律之间是怎样的一种关系,即需要在基本规律中找出最基本的规律,并且搞清楚这些基本规律之间的逻辑关系。四是在讨论基本规律的时候需要加强学理方面的论证。

预期达到的目标

通过上述研究力求对马克思主义中国化的基本规律进行科学的概括,为推动马克思主义中国化进程做出贡献。

4. 马克思主义中国化理论成果之间关系研究

选题的意义和依据

目前学界对于这个问题有所涉及,特别是在党的十七大以后,学术界对毛泽东思想与中国特色社会主义理论体系之间的关系有所讨论,但是目前的研究尚不深入,讨论的层面也偏窄,因此需要进一步加强。

研究的主要内容

一是从马克思主义中国化两次历史性飞跃的角度进一步研究毛泽东思想与中国特色社会主义理论体系之间的关系。二是从前后相继的几个理论成果的角度进一步研究毛泽东思想、邓小平理论、"三个代表"重要思想、科学发展观之间的关系,特别是研究改革开放以来前后形成的几个理论成果之间的关系,并通过这种研究进一步了解中国化马克思主义的理论品质是,既一脉相承,又与时俱进的。三是对毛泽东思想形成之前的一些重要思想的研究,如李大钊的思想、陈独秀的思想、瞿秋白的思想、张闻天的思想、周恩来的思想、刘少奇的思想、朱德的思想等与毛泽东的思想之间的关系。四是对毛泽东思想形成之后毛泽东的思想与刘少奇、周恩来、朱德、邓小平、陈云等老一辈革命家的思想之间的关系。五是在中国特色社会主义理论体系的研究中所涉及的核心领袖人物的思想贡献同集体智慧之间关系的研究。六是进一步研究毛泽东对于中国社会主义建设的探索与中国特色社会主义理论体系之间的关系。

预期达到的目标

通过上述研究力求对这个大问题有比较科学而深刻的认识，解决人们的疑惑，支撑"毛泽东思想和中国特色社会主义理论体系概论""中国特色社会主义理论与实践"等课程的教学。

5. 马克思主义中国化研究学科的基本建设研究

选题的意义和依据

目前，马克思主义中国化研究学科建设虽然取得了很大成绩，但是也存在一些明显的问题：一是学科定位不准确。目前这个学科在很多学科点被泛化，即在将马克思主义哲学、政治经济学、科学社会主义、中共党史、中国近现代史等学科拿过来合在一起算成马克思主义理论学科的同时也将很多具体的社会问题研究都纳入这个学科的研究中，这种情况必须加以认真对待。二是学科研究方向不凝练，目前各个学科点设置的研究方向很不一样，且对学科点的看法也不太一致。三是学科基本课程不统一，这种情况严重影响了对人才培养的规格。四是研究生培养方式需要斟酌，例如在今后学科建设着重一级学科的情况下要不要实行"重在一级、兼顾二级"的培养办法等，这是需要进一步讨论的。

研究的主要内容

一是进一步明确马克思主义中国化研究的学科定位，认真讨论马克思主义中国化研究这个新学科与原有的马克思主义哲学、政治经济学、科学社会主义、中共党史等学科之间的关系。二是进一步明确马克思主义中国化研究学科的基本研究方向，特别是要求导师队伍根据这些研究方向去整合力量，开展研究，推动学科发展。三是进一步明确马克思主义中国化研究学科的基本课程设置，防止研究生培养中的随意化倾向，特别是那些影响到学生的基本素质构成，也影响到硕士生到博士学位的进一步深造的行为。四是进一步明确研究生的培养方式。

预期达到的目标

通过上述研究力求把握马克思主义中国化研究学科建设的规律，推动学科研究和人才培养。

6. 马克思主义中国化、时代化、大众化之间关系研究

选题的意义和依据

党的十七届四中全会通过的《中共中央关于加强和改进新形势下党的建设若干重大问题的决定》立足于新形势新任务的发展要求，明确提出了坚持把思想理论建设放在首位，提高全党马克思主义水平，不断推进马克思主义中国化、时代化、大众化的战略任务。这是中国共产党首次明确提出马克思主义时代化命题，也是首次提出推进马克思主义中国化、时代化、大众化的战略任务。正确理解马克思主义中国化、时代化、大众化三者之间的关系，对于顺利推进这项战略任务的落实，加强党的思想理论建设，推动党的各项事业发展具有重要意义。

研究的主要内容

一是研究马克思主义中国化、时代化、大众化三者的科学内涵。关于三者的科学内涵目前理论界尚未达成共识，特别是在马克思主义时代化这一命题上，由于其提出时间较晚，尚未得以充分研究，导致了理论界对其认识既不够深入，同时又存在较大分歧的情况产生。二是研究三者的共同点和不同点。共同点反映三者之间的联系，不同点凸显三者之间的区别。通过对三者之间共同点和不同点的分析，揭示三者理论与实践运行的一般规律和特殊规律。三是研究三者之间的内在逻辑关系。目前，理论界对于三者之间关系的认识不尽一致，分别提出了三者之间的关系分别是"核心—关键—基础"说、"主题—关键—途径"说、"关键—基础—目的"说等观点。四是研究马克思主义中国化、时代化、大众化的实现路径。

预期达到的目标

通过研究弄清马克思主义中国化、时代化、大众化三者的科学内涵及三者之间的相互关系，探索实现马克思主义中国化、时代化、大众化的路径，推进马克思主义中国化、时代化、大众化战略任务的实现。

7. 社会主义本质属性与中国特色社会主义基本特征

选题的意义和依据

社会主义的本质属性是马克思主义理论的基本问题。然而长期以来，

附录2 "十二五"高校马克思主义理论学科科学研究战略规划研究总报告

人们并没有弄清这一问题，曾一度将其等同于社会主义的特征，致使社会主义理论与实践遭受严重挫折。改革开放以来，在社会主义现代化建设和改革开放的进程中，中国共产党提出了社会主义本质理论。在这一理论指导下，我国社会主义现代化事业迅速发展，逐步形成了具有中国特色的社会主义理论体系，并在理论上概括出了中国特色社会主义的基本特征。但是随着中国特色社会主义事业的深入发展，对中国特色社会主义理论，尤其是如何正确认识社会主义本质属性与中国特色社会主义基本特征问题，提出了新挑战、新要求。因此，深入研究社会主义本质属性与中国特色社会主义特征及其相互关系，对于我们深入认识什么是社会主义、怎样建设社会主义，继续推动中国特色社会主义事业发展，不断丰富马克思主义理论具有重要意义。

研究的主要内容

一是研究改革开放前后，中国共产党对社会主义本质属性与中国特色社会主义基本特征的认识。通过对于改革开放前后中国共产党对社会主义本质属性与中国特色社会主义基本特征不同认识的研究，认清这一理论曾对我国社会主义实践所产生的影响，并总结其经验教训。二是研究传统社会主义与中国特色社会主义的区别与联系。通过对传统社会主义具有哪些特征及其与中国特色社会主义的比较研究，认识中国特色社会主义的基本特征及社会主义的本质属性。三是研究社会主义本质属性与中国特色社会主义基本特征之间的关系。通过研究社会主义本质属性与中国特色社会主义特征之间的内在联系，探讨在新形势下如何正确处理两者之间的关系，从而彰显社会主义本质与中国特色社会主义基本特征。四是研究社会主义本质属性和中国特色社会主义基本特征与社会主义道路建设之间的关系，实现两者有机结合的实现路径，从而深刻认识社会主义本质属性与中国特色社会主义特征之间的逻辑关系。

预期达到的目标

总结社会主义的本质属性以及传统社会主义与中国特色社会主义理论与实践探索的经验教训，弄清实现社会主义本质属性和中国特色社会主义基本特征与建设社会主义道路之间的关系及其结合路径，明确社会主义本质属性与中国特色社会主义基本特征之间的相互关系。

8. 中国特色社会主义民主政治的基本特征及其优越性

选题的意义和依据

民主政治是人类政治文明发展的成果，也是世界各国人民的普遍要求。由于国情的不同，各个国家争取和发展民主的道路也不尽相同。中国特色社会主义民主政治是中国共产党领导全国各族人民在革命、建设和改革的过程中逐步建立、发展和完善起来的，是符合中国国情、独具中国特色、具有内在优越性的社会主义民主政治制度。然而近年来，国内外产生了质疑我国的人民代表大会制度、共产党领导的多党合作等政治制度，主张引进西方多党制、三权分立制、多党轮流执政制的种种言论。此外，在新的历史条件下，中国特色社会主义民主政治在实践上和理论上也需要有新发展。种种这些需要我们深入研究中国特色社会主义民主政治的基本特征及其优越性，对我国的民主政治建设给以理论指导，对否定我国民主政治建设的言论予以有力驳斥。

研究的主要内容

一是研究坚持人民当家作主是社会主义民主政治的本质和核心理论。探讨健全民主制度、丰富民主形式、拓宽民主渠道，保障人民的知情权、参与权、表达权、监督权的新方式新手段；支持人民代表大会依法履行职能，探索其将党的主张通过法定程序上升为国家意志的新形式新渠道；支持人民政协围绕团结和民主两大主题履行职能，推进政治协商、民主监督、参政议政制度建设的新方法新途径。二是研究坚持共产党的领导、人民当家作主和依法治国的有机结合和辩证统一的关系。探讨共产党的领导是人民当家作主和依法治国的根本保证的原因；探讨人民当家作主是社会主义民主政治的本质要求的原因；探讨依法治国是党领导人民治理国家的根本方略的原因。三是研究在我国坚持民主集中制和人民代表大会制的理论基础和实践基础。在这一过程中，需要明确中国特色社会主义民主政治必须坚持和实行民主集中制，坚持按照民主集中制原则建立和运作的人民代表大会制度，并批驳引进西方三权分立制等错误言论。四是要研究坚持中国共产党领导的多党合作和政治协商制度，不搞西方的多党轮流执政制度。在这一过程中，需要明确中国共产党领导的多党合作和政治协商制度是我国的一项基本政治制度，是具有中国特色的社会主义政党制度，因此应坚持从我国国情出发，不断发展和完善我国社会主义政党制度，并坚决抵制多党轮流执政。

预期达到的目标

明确中国特色社会主义民主政治优越性主要体现在使人民的政治解放与经济解放结合起来，人民权利与国家权力结合起来，民主政治与人民主体结合起来，进而从根本上保证我国社会主义民主政治是多数人的民主。明确坚持共产党的领导、人民当家作主和依法治国三者的有机统一是中国特色社会主义民主政治建设的本质内涵所在、根本特色所在和巨大优势所在。明确在我国广大人民群众的根本利益是一致的，不存在根本利益不同的集团，因而也就没有"三权分立"赖以生存的社会基础。

9. 社会主义核心价值体系基本问题研究

选题的意义和依据

自从党的十六届六中全会提出了社会主义核心价值体系的这一重大命题以来，我国理论界对其进行了广泛而深入的研究，取得了一系列重要成果。但是关于社会主义核心价值、社会主义核心价值观问题，社会主义核心价值体系的本质属性及概念问题，社会主义核心价值体系、社会主义核心价值、社会主义核心价值观三者之间的关系问题，社会主义核心价值体系基本内容之间的逻辑关系等，以及涉及社会主义核心价值体系的概念、性质、内容与体系等诸多问题还有待进一步深入研究，以期进一步推动我国社会主义核心价值体系建设。

研究的主要内容

一是研究社会主义核心价值、社会主义核心价值观的内涵。二是研究社会主义核心价值体系的本质属性及概念。三是研究社会主义核心价值体系、社会主义核心价值、社会主义核心价值观三者之间的关系。四是研究社会主义核心价值体系基本内容之间的逻辑关系，以及各项内容在社会主义核心价值体系中的地位与作用等问题。五是研究社会主义核心价值体系与科学发展观之间的关系问题。

预期达到的目标

明确社会主义核心价值、社会主义核心价值观，以及社会主义核心价值体系的本质属性与概念及其与社会主义核心价值、社会主义核心价值观的关系，社会主义核心价值体系基本内容之间的逻辑关系等一系列理论问题。

10. 中国共产党解决民族和宗教问题的经验研究

选题的意义和依据

我国是统一的多民族国家，有56个民族，其中少数民族的人口总量超过1亿，分布在全国各地，其中我国西部和边疆绝大部分地区都是少数民族聚居区。我国又是一个多宗教的国家，信教群众有1亿多人口，特别是在一些少数民族聚居的地区中宗教有着广泛的影响。在我国革命、建设、改革的各个历史时期，中国共产党始终把马克思主义民族理论、宗教理论同中国民族问题、宗教问题具体实际相结合，始终把民族工作、宗教工作作为一项重大工作来抓，团结带领全国各族人民共同实现中华民族的独立和解放，共同走上社会主义道路，不断促进各民族平等团结和繁荣发展，开创了具有中国特色的解决民族问题、宗教问题的正确道路，制定了一系列正确的方针、政策，积累了十分丰富的经验，是我们党和国家的宝贵财富。但同时也需要看到，在新的国际国内背景下，我国的民族、宗教工作也遇到了前所未有的挑战，面临着一些新的问题：（1）随着我国改革的深入和对外开放的扩大，民族、宗教工作面临着新的问题。（2）由于自然、历史等方面的因素，我国少数民族地区发展滞后，自身发展能力弱，与发达地区差距拉大。因此如何帮助少数民族地区加快发展不仅是经济问题，也是政治问题、社会问题。（3）在社会主义市场经济条件下，竞争激烈，优胜劣汰。少数民族在竞争中处于劣势，就业难度增大。（4）由于受传统文化和习惯势力影响，一些少数民族思想观念陈旧，生产方式、生活方式落后，因此如何帮助他们转变观念，克服落后，跟上时代步伐，走上现代化，仍然是一项艰巨的任务。（5）受国际民族主义思潮、宗教思潮的影响，在我国一些民族地区分裂思想严重，宗教氛围浓厚，宗教对青少年的影响不可低估，宗教向学校渗透的现象尤其值得重视。（6）受"7.5"事件的影响，新疆的民族关系，特别是汉族与维吾尔族的关系紧张，隔阂严重，因此如何做好民族工作，化解民族矛盾，加强民族团结，增强民族相互信任，仍然是一项艰巨的任务。（7）境内外敌对势力利用民族、宗教问题，加紧"分化""西化"我国，妄图在边疆地区打开突破口；特别是它们支持新疆分裂势力、西藏分裂势力加紧进行分裂破坏活动。面对严峻的形势，维护祖国统一和国家安全，确保边疆地区社会大局稳定的任务十分艰巨。（8）宗教消极因素在增长。一些地区地下讲经点屡禁不止，一些国外宗教势力通过各种渠道插手我国宗教事务；一些敌对势力利用宗教问题，煽动民族分裂思想，这些现象值得我们高度重视，并采取有力措施防患于未然。此外，对于历史经验的总结和现实挑战的应对是十分重要的课题，它不但具有重要的理论价值和历史意义，而且具有重要的现实意义。

研究的主要内容

一是开展党对民族问题的解决经验研究。其中涉及：如何坚持从实际出发，充分认识我国多民族的基本国情和民族问题的长期性、复杂性；如何坚持巩固和发展平等、团结、互助、和谐的社会主义民族关系；如何坚持和完善民族区域自治制度，切实贯彻民族区域制度所涉及的相关自治法律法规；如何坚持把加快少数民族和民族地区经济社会发展作为解决我国民族问题的根本途径；如何大力培养少数民族干部，使他们成为党做好民族地区各项工作的骨干力量；如何弘扬中华文化，建设中华民族共有精神家园；等等。二是开展党解决宗教问题的经验研究。其中涉及：如何坚持和发展马克思主义的宗教观；如何尊重和保护公民的宗教信仰自由权利；如何坚持依法管理宗教事务；如何坚持独立自主自办的原则；如何积极引导宗教与社会主义相适应；等等。

预期达到的目标

通过本选题的研究，力求对我国的民族问题、宗教问题的研究上升到规律性的高度，对我国加强民族、宗教工作产生一定的参考价值。

（四）国外马克思主义研究

对国外马克思主义的研究，不仅包括对意识形态特征比较鲜明的马克思主义的研究，也包括对意识形态特征不那么鲜明或更学术化的"马克思主义研究""马克思学"等的研究。继承和发展马克思主义，除了要坚持当代中国的马克思主义，坚持中国特色社会主义的理论与实践，还应当汲取人类文明的一切有益成果，当然更应包括全世界的马克思主义研究。其目的是要为当代中国马克思主义研究为我国改革开放和社会主义现代化事业提供更开阔的视野和更丰富的思想资源。经过若干年的努力，我国对国外马克思主义研究形成了"有队伍、有机构，有课题、有成果"的局面，产生了一批较有影响力的研究学者，发表了许多相当有分量的研究著述和研究报告。但是还存在以下主要问题：一是缺乏"以我为主，为我所用"的主体情怀。二是不排除有人淡化、虚化马克思主义的理论立场和意识形态性，有意无意把马克思主义研究的科学性与意识形态性对立起来，甚至认为"纯学术"的国外马克思主义研究才是努力方向。三是在如何沟通当代中国马克思主义和国外马克思主义的研究内容和方法这一问题上仍然存在某种无形的壁垒。四是不同学科之间缺乏对话、交流与合作。五是是否承认马克思主义发展的多样性或特色，包括话语权的问题仍有待进一步探讨。

"十二五"期间对国外马克思主义的研究，无论在广度上还是在深度上都需要进一步加强。重点研究的问题有：

1. 关于为什么要研究国外马克思主义

选题的意义和依据

马克思主义是开放的，中国化马克思主义也是开放的。加强对国外马克思主义的研究，能够为当代中国马克思主义的发展和中国特色社会主义理论与实践的发展提供有益借鉴和思想资源。从马克思主义理论一级学科的发展要求来看，目前"国外马克思主义研究"这一学科的发展还是一个薄弱环节，加强这一学科的研究，对于推动马克思主义理论一级学科的发展具有重要的作用和意义。

研究的主要内容

一是阐释研究国外马克思主义的理论和实践意义。从根本上说，国外马克思主义研究可为当代中国马克思主义的发展、中国特色社会主义理论与实践提供有益借鉴和思想资源，从中可以提炼出马克思主义本土化民族化时代化的内在规律。二是研究国外马克思主义不同的理论形态。国外马克思主义研究大致有三种情景：作为指导思想为共产党所确认，具有较强的意识形态特点；作为学术理论为左翼思想家和知识分子所接受；作为研究方法为人们分析批判现实世界所注重。三是关于研究国外马克思主义的方法论问题。首先，我们不能把国外马克思主义研究孤立起来，而必须把它们置于马克思主义整体和发展研究的大框架中，这既是对国外马克思主义研究的需要，又是马克思主义理论研究本身的需要；其次，我们既要真切了解国外马克思主义的地域条件、时代际遇、思想传统以及话题变迁，又要重视它们对马克思主义理论的创新意见，还要注意甄别、澄清各种背离马克思主义的错误观点。最后，积极开展与国外马克思主义（研究）的对话与交流，增进了解，求同存异，这既有利于我们对国外马克思主义研究，也可以扩大我们对世界马克思主义研究的影响。

预期达到的目标

通过对这个课题的研究，力求对我们为什么要研究国外马克思主义这一问题有一个正确认识和科学态度，并在全面、客观了解国外马克思主义各种思潮形成的历史和地域条件、时代背景、思想传统的基础上，重视它们对马克思主义理论研究取得的创新性成果，既科学借鉴和吸收国外马克思主义研究成果的思想资源，又不简单地照搬它们的理论和观点。

2. 关于国外马克思主义研究的方法论

选题的意义和依据

研究国外马克思主义不能简单套用我们的理论和实践，只有联系各国的历史、国情条件和国际环境，才能准确、科学地理解它们的思想观点和理论内容。要做到这一点，必须全面掌握国外马克思主义研究的学理原则、研究方法和传播途径，并从它们的方法切入准确把握和理解它们的理论。

研究的主要内容

一是研究国外马克思主义研究的学理原则、研究方法和传播途径。研究国外马克思主义必须联系当地条件和国际环境，为此不仅要关注重量级人物、流派和思潮的研究，还要关注影响世界大势的问题，如对资本逻辑批判、社会主义多样化、社会进步标准和人的发展等问题的研究；不仅要关注西方世界的思想贡献，还要关注转型国家和发展中国家的研究动态和特色表达，从而比较全面地反映世界马克思主义的历史感和影响力。二是把研究国外马克思主义与当代中国马克思主义的发展结合起来。研究国外马克思主义不能脱离我国改革开放和社会主义现代化的实际，其中有些研究成果对于我们当代中国马克思主义的发展、中国特色社会主义理论和实践具有积极意义，并进一步印证了马克思主义与时俱进的理论品质。因此，要把国外马克思主义研究纳入马克思主义理论研究范畴，使我们对马克思主义理论的研究具有更宽阔的视野。

预期达到的目标

通过对这个课题的研究，使我们能够比较全面地掌握国外马克思主义研究的学理原则、研究方法和传播途径，并更好地从方法论的角度把握和理解国外马克思主义的思想观点和理论内容，在研究方法上进一步拓宽思路，从而用更宽广的眼界和多种角度来研究马克思主义理论。

3. 关于国外马克思主义发展的沿革和主要流派

选题的意义和依据

研究国外马克思主义需要从整体上把握其思想理论发展演变的基本过程，以及在这一过程中形成的各种思想和理论流派。这是完整、系统地把握国外马克思主义基本理论观点的一个重要内容，其目的在于在深入分析国外马克思主义思想观点和理论内容的基础上更好地利用这些理论资源。

研究的主要内容

一是研究国外马克思主义发展的阶段性特征。国外马克思主义发展大体可分为三个阶段，第一阶段是二战胜利以前，其研究领域主要集中在哲学批判，并形成了"西方马克思主义"流派（狭义的）；第二阶段是冷战时期，研究领域除了延续哲学批判之外，还扩散到社会批判、文化批判领域，其中涉及了东欧的若干学派，进而形成了广义的西方马克思主义；第三阶段是冷战后延续至今，其研究主要针对全球化及其一系列全球性问题的批判和回应，呈现出了多元化的研究局面。二是从不同学科、不同地域等角度对国外马克思主义以地域划分，国外马克思主义研究可分为西方马克思主义、日本马克思主义、俄罗斯东欧马克思主义、拉美马克思主义等；以研究领域划分，国外马克思主义研究可分为生态学马克思主义、女权马克思主义、马克思主义政治哲学、马克思主义经济学等；以问题划分，国外马克思主义研究可分为世界社会主义运动问题、国外共产党和左翼党派问题、分析的马克思主义、后现代马克思主义等。此外，还有如"马克思学""后（现代）马克思主义""新马克思主义""解放神学"等充满争议的内容。如何利用这些思想资源并促进相关学科领域的马克思主义研究，是国外马克思主义研究的重要任务。

预期达到的目标

通过对这个课题的研究，从整体上把握国外马克思主义主要思想和理论发展演变的基本状况，分析各流派形成、发展、变化的客观条件和历史原因，以及它们之间的差异、特点和内在联系，从而在深入研究系统梳理各种流派主要理论观点的基础上科学地借鉴和吸收它们的思想观点和理论成果。

4. 关于国外马克思主义关注的主要问题

选题的意义和依据

全面把握国外马克思主义研究的基本状况、重点了解国外马克思主义研究聚焦的主要问题是我们的主要任务，但对这些问题的研究多数还是薄弱环节。因此，加强对这些问题的深入研究，对于我们更深入地研究国外马克思主义具有重要意义，同时也是我们借鉴它们思想的重要前提。

研究的主要内容

一是研究国外马克思主义关于发展马克思主义的主要思路。西方马克思主义研究者的主要精力在于探索不同于苏俄方式实现马克思主义理想的途径，这也决定了他们的研究既批判现行资本主义，又批判被认为是背离马克思主义的"苏联模式"。二是研究半个多世纪来国外马克思主义研究聚焦的主要问题。自20世纪70年代起，英美马克思主义研究逐渐占据重要位置，涌现出了众多有影响的学者、流派和理论，特别是冷战以后，英美马克思主义研究更表现为对一系列全球性问题的关注，集中于对马克思历史观的当代性、资本主义全球化、后现代主义、生态危机、女权解放、新帝国主义等问题的研究；此外，还有借助后现代主义理论，致力于"解构"马克思主义的"后马克思主义";以及执着于马克思主义创始人生平、工作、文本解读的"马克思学";当然更有其他社会主义国家、国外共产党(以及类似政党)、俄罗斯东欧国家、亚洲国家(主要是日本、印度)、转型国家及发展中国家的马克思主义研究;等等。对于这些内容的研究目前我们大多停留在介绍方面,研究还相当薄弱。

预期达到的目标

通过对这个课题的研究,全面了解和把握国外马克思主义研究的主要问题,并从总体上对有重要影响学者的理论观点、对现行资本主义进行批判的思想,以及对当代全球性问题研究的主要思想和其他社会主义国家和各国共产党对马克思主义研究的理论成果有所掌握,从而更好地跟踪世界范围马克思主义研究的趋势和动向。

5. 关于新近国外马克思主义研究的动态

选题的意义和依据

进入新世纪以来,国外马克思主义研究出现了一些新的情况和特点,反映了理论研究的最新动态,对于我们把握国外马克思主义理论发展趋势具有重要意义。对这部分内容的研究,是我们在新的历史条件下发展马克思主义必须要关注和研究的问题。

研究的主要内容

主要研究新世纪以来国外马克思主义研究出现了哪些新情况新趋势。一是研究国外马克思主义在分布上出现的新特点。从地域分布上看,其分布更广泛,从以往马克思主义影响较大的欧陆国家(包括"西方马克思主义"和西方的马克思主义)扩散到英美等国(如分析的马克思主义、生态学马克思主义、后马克思主义)和转型国家(如东欧"新马克思主义")和广大发展中国家(如"解放神学")。二是研究国外马克思主义在理论研究的关注点中出现的新特点。目前,国外马克思主义理论研究的关注点更加多元化,从发达资本主义批判到各种形态的社会主义研究,从哲学思想、意识形态理论到经济、社会、政治、文化、生态乃至非传统安全等全球性问题,都有相当深入的研究。三是具有左翼思想背景的知识分子越来越成为研究马克思主义的主要力量。四是更重视马克思主义文本和文献学研究，出现了纯学术性的，或者有意淡化其意识形态的研究取向。这些研究特点反映了国外马克思主义研究的新动态。研究也取得了相当丰富的成果，为发展马克思主义做出了贡献，尽管我们未必赞成其观点，但研究成果也为我们视野的开拓、对苏联意识形态僵化教训的吸取和对当代中国马克思主义的发展提供了借鉴。可以说，关注和研究国外马克思主义的最新进展和研究成果，既是一个学习批判的过程，又是一个吸收借鉴的过程。

预期达到的目标

通过对这个课题的研究，更好地把握新世纪以来国外马克思主义理论研究出现的新情况新特点，特别是通过对具有左翼思想背景的知识分子对马克思主义研究的主要成果的研究与分析，进而更好跟踪世界范围马克思主义研究的趋势和动向。

6. 关于国外马克思主义对中国的研究和评论

选题的意义和依据

中国的发展需要有世界眼光，中国的发展也要具有开放性和包容性。因此，研究国外马克思主义对中国发展的研究和评论，有助于我们从中吸收和借鉴一切积极的、建设性的意见，从不同的角度审视我们的发展，使我们的发展更具有世界意义。

研究的主要内容

一是跟踪研究国外马克思主义对于中国问题的看法及论证。目前，国外马克思主义及相关研究对中国问题的研究结论多种多样：有的就事论事，还比较客观中肯，有的则不以为然，甚至提出很严厉的质疑批评，这在某种程度上也反映了国外马克思主义研究者对中国情况、中国问题存在着不少的偏见。二是关于当代中国马克思主义研究必须要有世界眼光的问题，即以世界或全球视野来研究马克思主义与中国国情的结合，把握体现开放性、包容性的中国特色、中国道路、中国经验，提升中国马克思主义在世界马克思主义领域的话语权，进而为中国问题与全球问题、中国文化与世界文化、中国马克思主义研究和国外马克思主义研究的对话、交流和合作创造积极条件。事实上，"中国特色"和"世界眼光"是当代中国马克思主义发展不可分割、互相支撑的两个向度。过分强调中国特色而不从世界眼光看问题，往往会使我们的马克思主义研究带有局限性，而且也会冲淡我们所进行的伟大事业的世界意义，而对于国外马克思主义研究的中国评价，我们也应采取包容性的态度。

预期达到的目标

通过对这个课题的研究全面、客观地了解国外马克思主义研究中国的看法和评价，以开放和包容的态度从中吸收有益的积极因素，可以使我们以"世界眼光"来看待中国的发展和中国化马克思主义的理论成果。

7. 关于国外马克思主义与世界社会主义运动

选题的意义和依据

国外马克思主义发展也是世界社会主义运动的构成部分之一。它们对马克思主义和社会主义运动的研究成果往往表现出较强的时代性和针对性，因此对这一问题的研究有利于我们从更宽阔的视野来研究当代马克思主义和社会主义运动。

研究的主要内容

一是研究在世界社会主义运动中国外马克思主义研究所起的作用和影响。与当代中国马克思主义与中国特色社会主义道路的关系非常密切不同，国外马克思主义与世界社会主义运动的关系则比较复杂、若即若离。大致而言，国外马克思主义者比较重视思想理论，而社会主义运动研究者则更强调政策主张。近20年来，有关研究大量集中于对苏东剧变的检讨，且并没有因为反省苏联模式的弊端和教训而使马克思主义研究萎靡不振，以马克思主义、社会主义和全球化为主题的国际学术会议和论坛相当活跃，其中著名的有"世界马克思主义大会""世界社会主义者大会""世界社会论坛"，在这些会议和论坛上也不乏一些针砭时弊的见解。此外，在西方世界，市场社会主义、民主社会主义、生态社会主义的影响力可谓声势浩大。二是研究非西方世界的民族社会主义思潮。在非西方世界，民族社会主义思潮有着不小的影响，拉美国家纷纷开始挣脱新自由主义的束缚。但总而言之，无论西方还是非西方，无论学者还是社会活动家，以及各种名目的社会主义和左翼思潮及运动，其仍然从马克思主义那里寻找批判社会现实、凝聚价值追求的思想资源，这也是对当代中国马克思主义发展的有力呼应。

预期达到的目标

通过对这个课题的研究，全面了解国外马克思主义对世界社会主义运动研究的成果，以及世界范围内以马克思主义为基本依据的针对现实社会中各种弊端提出的批判思想，并从世界上出现的马克思主义、社会主义的思想中吸收有益的成分。

8. 关于借鉴和利用国外马克思主义思想资源问题

选题的意义和依据

发展和研究当代中国马克思主义，需要借鉴、吸收和利用国外马克思主义的思想资源。研究国外马克思主义的一个重要目的，是更好地为发展中国化马克思主义服务，从而使对国外马克思主义的研究在马克思主义理论学科发展和建设中发挥直接作用。

研究的主要内容

一是研究当代中国马克思主义如何学习、借鉴和利用国外马克思主义的思想资源。自诞生以来，马克思主义就一直发挥着对经济社会发展的影响力，特别是在全球化背景下，各种社会问题、生态问题、现代性的本土化问题、非传统安全及全球治理问题，执政党建设等问题层出不穷，这就要求当代马克思主义应该具备新的理论视野、问题意识和话语创新，而这也是当代中国马克思主义的使命，即通过展现马克思主义与时俱进的理论品格为马克思主义理论学科建设提供学术支持。二是关于中国马克思主义与国外马克思主义的比较研究。在国外马克思主义的研究者中，有的学者是信仰、认同马克思主义的研究者，有的学者未必信仰和认同马克思主义，还有部分研究者对马克思主义采取质疑、批评甚至是反对的态度。但是无论是面对哪一种人及其研究的成果，我们都应该有直面挑战的理论勇气，取其精华，为我所用，并因之引申出中国马克思主义与国外马克思主义比较研究。此外，密切关注国外马克思主义在相关领域的研究视角以及对各种问题的批判和主张，也有助于丰富发展当代中国马克思主义，并有利于我们构建自己的马克思主义研究话语体系。

预期达到的目标

通过对这个课题的研究，避免对国外马克思主义的研究停留于为研究而研究的层面，或者只是满足于纯学术研究而脱离中国化马克思主义发展和中国特色社会主义发展实践的状况，把对国外马克思主义的研究与发展中国化马克思主义结合起来，使国外马克思主义这一学科的研究成果成为推进中国化马克思主义发展的重要内容。

（五）思想政治教育

以1984年4月教育部《关于在十二所院校设置思想政治教育专业的意见》及同年6月《关于在六所高等学校开办思想政治教育第二学士学位的意见》为标志，思想政治教育专业创立已有26年，在马克思主义理论一级学科下所设置的思想政治教育二级学科发展也已有6年，其间经历了与马克思主义理论教育、政治教育两个传统学科整合的阶段，目前，该学科已经发展成为覆盖本科、硕士和博士的完整的专业人才培养体系，形成了覆盖思想政治工作、未成年人思想道德建设、大学生思想政治教育等多领域的研究范围。经过努力，该学科领域取得了一些实质性进展：思想政治教育基本理论研究已形成基本框架；思想政治教育的分支方向基本建立起来；思想政治教育的历史研究和比较研究如中国共产党思想政治教育史、中国共产党思想政治工作史、中外德育史、比较德育等取得了一系列研究成果。同时，该学科学术研究的国际性和跨文化交流取得初步进展；以道德教育、公民教育和价值教育等为结合点的跨文化学术对话路径已基本建立起来。但在发展中也遇到了一些问题，主要是：学科边界和学科归属不够明晰，学科研究的学理性和实践性还不到位。学科的国际化程度不够高，学科的国际视野不足，成果的国际影响力不大，参与国际合作研究的能力不强。

"十二五"期间，思想政治教育要高度重视马克思主义理论科学研究对于人才培养、教育教学和学科建设的重要支撑作用，以需求和问题为导向，进行科学研究。重点研究选题为：

1. 中国文化传统与现代道德教育创新研究

选题的意义和依据

改革开放，经济转轨，社会转型等给中国人的价值观和道德观带来很大冲击。因此，必须在继承中国文化传统的思想精神资源的基础上进行道德教育的创新，并构建适应新时代需要的道德价值观。为此，就必须研究中国传统文化与现代道德教育的结合机制和现代道德教育的创新机制。

研究的主要内容

一是以中国文化传统与中国现代化转型内在关联为背景，剖析中国文化传统和现代道德教育所遭遇的危机和挑战，以及道德认知和道德实践中所存在的问题和困境。二是探讨中国文化传统所蕴含的跨时空性的普世价值意义。三是探寻中国文化传统对于现代道德教育创新的价值和意义，以及现代道德教育创新的特点和机制，包括创新的理论资源、实践经验、出发点、路径和方法等。

预期达到的目标

梳理、发掘文化传统的现代道德教育价值，建构具有实效性的现代社会道德教育创新模式。

2. 当代世界思想政治教育发展与比较研究

选题的意义和依据

全球化时代使不同民族和不同国家的思想政治教育既日益相互关联，又表现出更加明显的"自我式"的意识形态性。通过比较研究，厘清当代世界不同思想政治教育模式所内蕴的个性与共性的矛盾关系，提炼不同思想政治教育的有益经验，并将其融合于处于改革开放进程中的当代中国的思想政治教育中去，对于加强我国的思想政治教育、提升其实效性都具有重要意义。

研究的主要内容

一是研究比较当代世界主要发达国家和中国近邻国家等不同社会制度和文化传统模式中的思想政治教育，找出其中的差异性，分析其产生的政治、经济、文化传统等方面的原因。二是探讨各种不同思想政治教育之间的共性和发展规律性。三是总结当代中国思想政治教育的经验及其需要改进之处，并阐明其发展的方向。

预期达到的目标

厘清主要国家尤其是发达国家的思想政治教育的模式特征，从比较研究研究中揭示思想政治教育的一般发展规律和特殊发展规律，说明中国思想政治教育在全球化时代的当代世界思想政治教育中的定位及其发展方向。

3. 思想政治教育主体接受性研究

选题的意义和依据

思想政治教育是交互主体之间的互动过程。传统思想政治教育模式以灌输为主，存在教育主体客体化的问题，忽视了教育主体性的可接受性，使思想政治教育的效果大打折扣。因此，探讨现代教育接受主体的结构和特点，研究如何建立主体间性的教育理念和模式，对于提高现代思想政治教育的有效性和实效性都具有非常重要的意义。

研究的主要内容

一是反思传统思想政治教育模式困境，总结现代人文科学领域关于接受理论的研究成果，剖析思想政治教育主体的接受结构，找寻思想政治教育效果弱化以及接受障碍产生的原因。二是研究中国社会不同层次思想政治教育接受者的认知模式、认知规律以及价值预设、所处社会环境力场的特点，揭示不同接受主体之间的不同接受内化机制，发掘隐于其中的规律性和共同性。

预期达到的目标

研究不同接受主体特点和差异的基础，有针对性地从传播手段、传播方式和传播机制等方面提出增强思想政治教育主体接受性的方法和策略。

4. 新媒体环境中的思想政治教育融渗性研究

选题的意义和依据

当今时代在一定的意义上是一个媒体视觉化的时代。如果没有新媒体的融渗性传播，思想政治教育的影响力和感染力都将受到很大制约。所以，将思想政治教育融渗性研究置于新媒体环境中进行探讨，既拓宽了思想政治教育的传播机制，又能够推进思想政治教育的实践创新和提高实效性。

研究的主要内容

一是研究新媒体环境的内涵与特征及其融渗性的内涵。二是分析新媒体环境对思想政治教育融渗性带来的挑战与机遇。三是重点研究新媒体环境中主导价值的融渗性主体、机制、内容、环境等。四是揭示新媒体环境中思想政治教育融渗性的原则与路径等。

预期达到的目标

建构新媒体环境中的思想政治教育融渗性理论模型，推进思想政治教育研究的进一步深化和细化。为新媒体环境中如何进行思想政治教育提供融渗性的理念与视角。积极应对新时代信息媒介环境，提升思想政治教育的实效。

5. 公民教育的基本理论与实践模式研究

选题的意义和依据

随着社会主义市场经济体制的建立与深化以及社会主义民主政治的发展与社会文明的进步，合理引导所有公民——尤其是广大青少年——树立正确的公民意识、提高理性的公民素养，已成为当代中国教育的重要任务，也是我国传统思想政治教育当代发展的重要方面。研究公民教育的基本理论和实践模式，对支撑和促进社会主义经济文明、政治文明、社会文明具有十分重要的意义。

研究的主要内容

一是梳理分析世界公民教育的主要理论和流派，揭示不同公民教育模式的共性资源。二是深入研究中国公民教育的历史、文化特点，揭示我国公民教育的特殊性。三是通过对学校公民教育及社会公民教育的路径、特点等的研究，重点建构中国公民教育的实践模式。

预期达到的目标

在中西方比较的视域下，形成对现代公民教育理论内涵、特点、原则和方法等的系统化阐释，并立足中国社会发展的基础提出有效建构公民教育实践模式的路径和方法。

6. 全球化背景下价值教育的理论与实践研究

选题的意义和依据

价值教育关系到一个社会能否形成价值共识，并有效凝聚社会力量等问题。每个国家在自己的发展过程中都形成和发展着自己的价值教育模式，随着全球化的扩展，各种价值教育的思想和理论相互碰撞、激荡。因此，澄清不同价值教育的内在品质和模式特征，深化社会主义核心价值体系的理论与实践，对于已处于价值多样化的中国进行价值教育的改进和创新具有重要意义。

研究的主要内容

一是梳理分析世界上具有重大影响的价值教育理论、流派和实施价值教育的实践模式。二是深化社会主义核心价值观理论内涵的研究，凝练核心价值观的政治特征、文化特征和制度机制特征等。三是在全球化的视域下探索建构中国价值教育的理论体系和教育实践模式。

预期达到的目标

在理论上对当代社会比较有影响的价值教育理念进行价值澄清和梳理分析，为全球化背景下的价值教育提供科学的理论支持，并从实践上提出具有较强前瞻性、系统性，且符合时代发展需要且具中国特色的价值教育模式。

7. 改革开放条件下大学生社会意识变动特点与发展趋向研究

选题的意义和依据

改革开放促使中国社会意识层面发生了深刻变化，这种变化持续而深远地影响着当代中国大学生思想意识的形成和发展。大学生既是高校思想政治教育的接受主体，又是中国发展社会主义事业的生力军。因此，客观地了解大学生社会意识的接受、选择和变动特点与趋向，对提高高校思想政治教育的科学性、针对性、有效性，引领当代大学生精神意识的健康发展，培养社会主义事业的接班人和建设者具有重要意义。

研究的主要内容

一是以改革开放条件下中国特殊的社会现实为背景，深化对中国当代社会意识的表征、特点及产生、传播的深层社会原因和认同基础的研究，探讨大学生接受社会意识的认同机制和情感基础。二是比较分析、凝练大学生群体作为社会意识接受主体和传播主体的特点和变动方式，以及社会意识在大学生群体中的传播途径、认同方式和发展趋势。三是提出引导大学生群体社会意识的方法和策略。

预期达到的目标

系统阐析大学生群体社会意识接受和传播的特点、机制及变动规律，并揭示社会主义核心价值引导、教育有效路径与方法。

8. 国家意识形态与社会意识契合研究

选题的意义和依据

国家意识形态与社会意识的契合研究是社会主义意识形态建设的核心问题之一。改革开放三十多年来，中国社会意识呈现出多元变动的鲜明特征。因此，国家意识形态如何契合这种多元变动趋势并更好地引领社会意识的变化发展，是转型时期的中国必须解决的一个重大社会问题。科学解决主导意识形态与多元社会意识之间的关系，对确保国家意识形态的安全，以及在全球"意识形态市场"竞争中提升中国社会主义文化软实力及其影响力、辐射力，具有重大的战略意义、实践意义和前瞻意义。

研究的主要内容

一是厘清、探索意识形态、国家意识形态与社会意识的主要内涵特点及交互性。二是科学辨析改革开放以来国家意识形态和社会意识变动的历史轨迹，总结变动的趋势特征。三是揭示当前国家意识形态与社会意识之间非契合性的表征及其所反映的问题。四是阐析国家意识形态与社会意识契合的要素机制，提出国家意识形态对社会意识进行整合引导的对策与建议。

预期达到的目标

系统揭示国家意识形态与社会意识二者契合的要素机制，为后改革时代如何有效整合和引导社会意识、维护国家意识形态的安全提出对策或建议。

9. 思想政治教育系统性研究

选题的意义和依据

思想政治教育是一个系统工程，其有效实施需要全社会各方面力量的共同参与与协调。作为系统工程，思想政治教育具有层次多样的复杂结构和运行机制，因此探讨这种复杂性结构和运行机制，并进行理论逻辑上的优化预设，有助于思想政治教育的顺利进行及其实效性的提高。

研究的主要内容

一是思想政治教育的内在资源体系、要素体系、内容体系、目标体系、环境体系、组织体系、管理机制、体制运行机制等关系结构。二是大中小学德育的阶段性特点和一体性研究。三是思想政治教育的现代传播机制、社会机制等。

预期达到的目标

从思想政治教育内在要素、学校教育一体化及社会系统角度廓清思想政治教育的体系结构，科学阐析思想政治教育的优化结构模型，预设合理有效的思想政治教育的系统流程与运行机制，从而形成思想政治教育的最大合力。

10. 中国共产党思想政治教育基本理论、基本经验和科学发展研究

选题的意义和依据

思想政治教育是中国共产党创立的群众工作之重要载体和途径，具有深厚的历史经验积累和优良传统。实践证明，思想政治教育也是中国共产党领导中国革命和建设事业取得胜利的根本保障。如何在新的历史时期继承和发扬这种传统和优势，并根据时代发展的要求不断完善党的思想政治理论体系和实践模式，对于坚持中国特色社会主义发展理念，增强社会主义文化的软实力具有重要的理论和实践意义。

研究的主要内容

一是梳理中国共产党思想政治教育理论的发展历程、脉络和基本规律，探讨中国共产党思想政治教育理论的思想理论渊源、理论架构、运作机制和实践经验。二是总结中国共产党思想政治教育理论的内涵特征，探寻新时期中国共产党思想政治教育理论的新的发展取向。

预期达到的目标

在理论上，系统概括和梳理中国共产党思想政治教育的历史沿革和理论体系。在实践上，提出新时期中国共产党思想政治教育理论的发展取向和模式框架。

11. 我国大中小学校德育科学化系统化及其实施方案研究

选题的意义和依据

当前，我国大中小学校德育工作存在着内容重复、目标倒挂、管理和评价体系模糊化等问题。因此，探索我国大中小学校德育工作的衔接方

式，并提出切实可行的实施方案，对增强我国学校德育工作的科学性与实效性具有深远的价值与现实的意义。

研究的主要内容

一是梳理分析我国大中小学校思想道德教育的历史轨迹、经验与教训。二是阐释大中小学校德育科学化系统化的原则与方法。三是探索大中小学校科学化系统化的德育目标、内容的差异化序列。四是研究大中小学校德育与学生思想品德形成的年龄特征及德育过程的契合性，并建构我国大中小学校德育科学化系统化的实施方案与对策。

预期达到的目标

构建我国大中小学校德育科学化系统化的目标、内容、机制、方法、管理评价等的结构性序列体系。为我国大中小学校德育的实施提供合理定位的参考坐标，为进一步推动学校德育的科学化和系统化改革提供决策依据。

（六）中国近现代史基本问题研究

近年来，"中国近现代史基本问题研究"的学科定位和建设思路是学术界关注的热点之一。总的看来，学术界对近年来"中国近现代史基本问题研究"学科建设取得的成绩给予了充分肯定，并认为在马克思主义理论一级学科下增设"中国近现代史基本问题研究"二级学科非常必要，现实可行；但关于该学科的研究对象和范围、研究内容和重点，科学内涵和体系，学术规范和话语系统，及其在该一级学科中的地位以及与其他五个二级学科之间的关系及其与相对应的思想政治理论课之间的关系，包括"中国近现代史基本问题研究"二级学科与"中共党史"二级学科的关系、"中国近现代史基本问题研究"二级学科的社会功能问题，等等，学术界众说纷纭，尚没有达成各方认可的意见。

"十二五"期间该领域研究的重点选题有：

1. 中国近现代史、中共党史、当代中国史的主题、主线、本质、主流和基本问题及其相互关系研究

选题的意义和依据

"中国近现代史"是指中国自1840年至今的历史。"中共党史"是"中

国共产党历史"的简称,是中国共产党自1921年7月成立以来整个发展过程的全部历史。"当代中国史"是指中国自1949年10月1日中华人民共和国成立以来至今的历史。中国近现代史、中共党史、当代中国史三者既具有不同的研究内容、研究对象、研究方法、研究范式、话语体系,又在一定程度上具有高度的关联性和重合性。这就一方面导致在中国近现代历史视域下对同一问题的研究由于不同的视角会产生多种观点和看法,另一方面又出现三者研究边界模糊、学科关系混乱、学术资源与学术话语权无序竞争等难题。除此之外,目前学界在三者的主题、主线、本质、主流和基本问题的研究上仍存在较大分歧。因此,厘清三者相互关系、合理划分学科边界,并在此基础上明确各自的主题、主线、本质、主流和基本问题,就成为各自开展科学研究的必要前提。

研究的主要内容

关于中国近现代史、中共党史、当代中国史的基本问题研究,可围绕如下问题深入展开:(1)中国近现代史与中共党史的区别和联系研究。(2)中共党史与当代中国史的区别和联系研究。(3)中共党史与中华人民共和国史的区别和联系研究。(4)当代中国史与中华人民共和国史的区别和联系研究。(5)中国现代史与当代中国史的区别和联系研究。(6)中国现代史与中华人民共和国史的区别和联系研究。(7)中国近现代史的主题、主线、本质、主流、分期和基本问题研究。(8)中共党史的主题、主线、本质、主流、分期和基本问题研究。(9)当代中国史的主题、主线、本质、主流、分期和基本问题研究。(10)中华人民共和国史的主题、主线、本质、主流、分期和基本问题研究。(11)近代中国选择马克思主义、社会主义和中国共产党的历史进程、基本经验、主要特点、现实启示等研究。(12)当代中国坚持改革开放、走中国特色社会主义道路、实现科学发展的历史进程、基本经验、主要特点、现实启示等研究。

预期达到的目标

通过上述研究明晰中共党史、中国近现代史、当代中国史的主题、主线、本质、主流和基本问题,阐释中共党史、中国近现代史、当代中国史三者的相互关系,揭示中国人民选择马克思主义、中国共产党、社会主义道路的历史必然性,以及通过改革开放和社会主义现代化建设实现中华民族伟大复兴的历史必然性。

2. 近代以来中国社会危机的发生与应对

选题的意义和依据

社会危机是指由于某项自然或社会问题的突然出现打乱了正常的社会秩序,并对民众的基本生存状态造成或即将造成较为严重的不利影响,从而使社会的安全运行和健康发展难以为继的状况。近代以来,中国自身发展的轨迹因鸦片战争的爆发而被打断,并开启了半殖民地半封建化的进程,由此产生了一系列政治、经济、文化和社会危机。面对"三千年未有之大变局",先进的中国人由此开始了探索国家出路的历程,开始寻求解决社会危机的途径与方法。目前学界在此问题上研究成果丰硕,但较多局限于宏大叙事与政治鉴戒,在发掘史料和再现细节方面有所不足,且从社会管理层面对原因及应对方略的分析相当薄弱。因此这一问题仍有继续深入研究的必要,且有较强的现实意义。

研究的主要内容

关于近代以来中国社会危机的发生与应对,可围绕如下问题展开:(1)近代中国社会危机的演进、表现、分类与特征研究。(2)地主阶级救亡图存的努力与尝试研究。(3)民族资产阶级与中国资本主义道路的探索研究。(4)无产阶级与中国特色革命道路的开辟研究。(5)农民阶级的反帝反封建斗争和革命主力军作用研究。(6)小资产阶级的政治抉择和革命同盟军作用研究。(7)其他阶级、阶层和群体对社会危机的应对研究。(8)近代中国的灾荒与救治研究。(9)近代中国的乡村危机与应对研究。(10)近代中国的公共安全与应对研究。(11)近代中国的革命与改良研究。(12)近代以来中国人民反对外来侵略、争取国家独立与民族解放以及扩大国际参与、步入世界民族之林的历史进程研究。(13)近代以来中国人民自强求富、解放和发展生产力、实现现代化的历史进程研究。(14)近代以来中国人民争取和实现人民民主的历史进程研究。(15)近代以来中国人民向西方寻求真理、选择马克思主义及推进马克思主义中国化、时代化、大众化的历史进程研究。(16)近代中国应对社会危机的经验与启示研究。(17) 新中国成立以来中国共产党对中国特色社会主义革命、建设和改革道路的探索研究。(18) 中国共产党应对重大突发事件,提高执政能力和领导水平的历程和经验研究。(19) 新中国成立以来社会管理和公共安全的态势与应对研究。

预期达到的目标

通过上述问题的研究,拓宽中国近现代史、中共党史、当代中国史研究领域,深化对近现代中国视域下不同阶级、阶层、政党、集团和群体应对社会危机的研究,揭示先进的中国人追求民族独立和人民解放、实现国家富强和人民富裕的历史进程、基本特征、经验教训和现实意义。

3. 近代以来中华民族精神研究

选题的意义和依据

民族精神是一个民族在长期、共同的社会实践中所形成的民族意识、民族心理、民族品格、民族气质的总和,是民族文化中固有的并且延绵不断的一种历史文化传统,是民族文化中最本质、最集中的体现。在反帝反封建的过程中,近代中国既继承了中国古代优秀的爱国主义传统,又吸收和借鉴了西方近代民族国家观念,逐步形成了以爱国主义为核心的团结统一、爱好和平、勤劳勇敢、自强不息的中华民族精神。这种民族精神又与不同时期的现实相结合,形成了特色鲜明的时代精神。目前学术界关于近代以来民族精神和时代精神的研究取得了较多成果,但仍有许多问题亟待深入探讨。因此,无论是从实现中华民族伟大复兴的实践层面,还是从拓展和深化中国近现代史基本问题研究的理论层面,均需高度重视近代以来中华民族精神的研究。

研究的主要内容

关于近代以来中华民族精神研究,可围绕如下问题展开:(1) 近代中国民族国家观念的形成研究。(2) 近代中国爱国主义精神的传承与弘扬研究。(3) 近代以来不同时期时代精神的培育与塑造研究。包括维新变法精神、辛亥精神、五四精神、井冈山精神、长征精神、"一二·九"精神、延安精神、抗战精神、西柏坡精神、抗美援朝精神、大庆精神、雷锋精神、"两弹一星"精神、改革创新精神、抗洪精神、抗击"非典"精神、青藏铁路精神、抗震救灾精神、北京奥运会精神、载人航天精神等。(4)近代以来英雄群体和模范群体研究。(5)近代以来民族精神和时代精神的宣传与教育研究。(6)近代以来主要社会思潮研究。(7)中华民族精神的内涵、构成、内容、功能、核心、精神实质、特点等研究。(8)时代精神的内涵、构成、内容、功能、核心、精神实质、特点等研究。(9)建设社会主义核心价值体系研究。(10)信息化时代下中国共产党对社会意识形态的领导权研究。(11)信息化时代下中国共产党对社会思潮的引导研究。

预期达到的目标

通过上述研究，进一步明确民族精神和时代精神的内涵、内容、实质、功能、作用、本质、特点等基本问题，揭示中华民族精神培育、弘扬、传承的基本规律和经验，概括不同的时代精神形成和发展的过程、特征、意义和功能，填补对英雄群体和模范群体研究的不足，推动当前社会主义核心价值体系建设。

4. 近现代中国重要历史人物生平和思想研究

选题的意义和依据

人物研究是中国近现代史、中共党史、当代中国史研究的基础。人物尤其是重要人物的研究，在一定程度上可以再现历史，反映中国近现代史研究的水平。改革开放新时期以来，对近现代中国重要历史人物的研究取得了一系列丰硕成果，但也存在若干问题，表现在研究对象较多集中于中共党史人物，而对国民党人物和民主党派人物研究不够；而即便是对于中共党史人物而言也是较多集中于党的高层领导人物，对党的地方人物和基层人物研究较少；对有争议或犯过错误的人物评价尚不充分，因而也尚未做到完全客观公正。因此，这一问题的研究视角有待转换、研究对象有待拓宽，研究层次及重心有待下移。

研究的主要内容

"十二五"时期，关于近现代中国重要人物生平和思想研究，应从如下方面展开：(1)晚清人物研究。既要研究清王朝中央统治集团的主要人物，又要研究地方和基层的代表性人物；既要研究地主阶级重要人物，又要研究农民阶级、民族资产阶级和其他新兴阶级、阶层的重要人物；既要深化对已有定论人物的研究，又要解放思想，大胆研究有争议的人物和反面人物。(2) 国民党人物研究。既要研究国民党左派人物，又要研究国民党右派人物；既要研究国民党党政军重要人物，又要研究国民党内部普通群体和一般党员；既要做到尊重历史事实、客观公正评价历史人物，又要做到政治性与科学性的统一。(3) 中共党史人物研究。既要继续深入研究党的领袖人物，又要重视研究非领袖群体人物；既要研究党政军主要领导人，又要研究普通党员群体和一般党员；既要研究党的中央领导人，又要研究党的地方和基层领导人；既要研究党的领袖群体对党的理论创新的决定作用，又要研究党的理论工作者和普通知识分子对党的理论创新的关键作用；既要研究党史上的正面人物，又要客观公正地评价党史上犯过错误、有争议的人物。(4) 民主党派人物研究。(5) 近代中国其他政党领导人和代表人物研究。(6) 近代中国自由主义知识分子代表人物研究。(7) 近代以来新兴社会阶层和群体代表人物研究。(8) 近代军阀研究。(9) 群众观点、群众路线、群众工作、群众运动的联系与区别研究。

预期达到的目标

通过上述研究，使近现代中国重要历史人物及生平的研究从政治为主转向政治、经济、文化、社会、外交、军事等多个方面，从研究党政军主要代表人物为主拓展至次重要人物和一般人物，并进一步摆脱研究中的模式化、脸谱化、政治化、主观化倾向，展现历史人物的生动性、丰富性、多样性和复杂性。

5. 近代以来中国社会结构变迁研究

选题的意义和依据

社会结构是指一个国家或地区占有一定资源、机会的社会成员的组成方式及其关系格局，包括人口结构、家庭结构、社会组织结构、城乡结构、区域结构、就业结构、收入分配结构、消费结构、社会阶层结构等若干重要子结构。近代以来，中国社会结构发生了重大变化，并深刻影响了近现代中国政治、经济、文化和社会发展。因此，要研究中国近现代史、中共党史、当代中国史，就必须重点考察和研究社会结构变迁。关于该问题的研究，目前学术界已取得了丰硕成果，但需要进一步下沉研究目光、挖掘研究资料、拓宽研究领域、创新研究方法。

研究的主要内容

"十二五"时期，关于近代以来社会结构变迁的研究，可围绕以下问题展开：（1）社会结构的内涵、要素、特征、意义及相关因素研究。（2）社会结构与经济社会发展关系研究。（3）近代中国社会结构变迁的历程、原因、表现、特征、规律、意义研究。（4）当代中国社会结构变迁的历程、原因、表现、特征、规律、意义研究。（5）当代中国社会结构的要素、特征、问题与对策研究。（6）近代以来中国社会结构变迁研究（人口结构、家庭结构、就业结构、收入分配结构、消费结构、城乡结构、区域结构、社会组织结构、社会阶层结构、市民社会变迁）。（7）近代以来中国城市管理和乡村管理的历史变迁研究。（8）近代中国政党、政府和社会在社会管理中的作用变迁与经验研究。（9）农村人口流动与现代化关系研究。（10）经济与社会结构变迁研究。（11）国家与社会结构变迁研究。（12）政党与社会结构变迁研究。（13）重大事件与社会结构变迁研究。（14）文化与社会结构变迁研究。（15）中国共产党与其他社会组织关系研究。（16）城乡人民生活变化及其政治态度研究。

预期达到的目标

通过上述问题的研究，明确社会结构的内涵和要素，梳理近代以来中国社会结构变迁的历史与概况，总结近代以来社会结构变迁的特征与规律，分析中国社会结构的现状与问题，提出优化中国社会结构的方案与措施，推动中国社会结构的调整与转型。同时，深化中国近现代社会史研究，拓宽中共党史研究视域，开辟当代中国史研究的新领域。

6. 近代以来中国社会阶层的变迁与中国共产党的认识和政策

选题的意义和依据

社会阶层是指全体社会成员按照一定等级标准所被划分成的彼此地位相互区别的社会集团。社会阶层与经济社会发展相互联系、互相影响。近代以来，伴随着中国经济社会发展，我国社会阶层不断分化和组合，呈现出一幅纷繁复杂的历史图景。面对社会阶层变迁，中国共产党在不同时期均做出了相应判断和推出有关政策。因此，系统考察近代以来中国社会阶层变迁，全面梳理中国共产党对不同阶层的认识和政策，具有重要的学术价值和现实意义。目前学术界在这两大问题上已取得丰硕成果，但尚需转换研究视角，拓展研究领域，提升研究层次。

研究的主要内容

关于近代以来中国社会阶层的变迁与中国共产党的认识与政策研究，可围绕以下问题展开：（1）社会阶层、社会阶级、社会群体、社会集团相互关系研究。（2）社会阶层的内涵、要素、分类、特征等研究。（3）近代中国社会阶层变迁的历程、原因、表现、特征、规律、意义等研究。（4）当代中国社会阶层变迁的历程、原因、表现、特征、规律、意义等研究。（5）当代中国社会阶层的现状与对策研究。（6）近代以来中国各阶级阶层的变迁研究（含农民阶级、地主阶级变迁、工人阶级、民族资产阶级、官僚资产阶级、城市小资产阶级、买办阶层、绅商阶层、手工业者及小商贩阶层、知识分子阶层、富农阶层、流氓无产者阶层）。（7）近代以来华侨群体研究。（8）近代以来中国留学生群体研究。（9）近代中国革命中的在华外国人群体研究。（10）高校知识分子群体的政治态度与学术流派研究。（11）当代中国新兴社会阶层研究。（12）当代中国青年（农民工、大学生、"富二代"、"官二代"）群体研究。（13）中国共产党的社会阶级政策变迁和经验研究。（14）中国共产党成立以来对社会各阶级、阶层的认识与政策研究（包括地主阶级和农民阶级、工人阶级和资产阶级、城市小资产阶级、知识分子、手工业者及小商贩、富农阶层等）。（15）中国共产党对当代中国新兴社会阶层的认识与政策研究。

预期达到的目标

通过上述研究，把握中国社会阶层的变迁与现状，明确中国共产党关于各个社会阶层的认识和政策及其演变，深化若干社会阶层的研究，为实现社会阶层的优化与和谐提供借鉴。

7. 近代以来东部、中部、西部地区和民族地区发展与变迁研究

选题的意义和依据

区域发展与变迁和民族地区发展与变迁关系着国家统一、民族团结、

社会发展、政治稳定、人民幸福。近代中国被动地卷入了世界资本主义发展体系，沦为了半殖民地半封建国家，导致中国原有的区域发展格局被打破，并出现了一系列新的动向，历届政府因之采取了相应的区域发展政策和民族政策。新中国成立后，我国区域发展和民族地区发展在中国共产党领导下出现了新的格局，也面临着新的问题。因此，全面系统地研究近代以来东部、中部、西部地区和民族地区发展与变迁，既是深化中国近现代史研究的必然要求，又是当前推动科学发展的迫切需要。学术界在此问题上已经取得较大成绩，但仍需进一步深化和拓宽相关研究。

研究的主要内容

关于近代以来东部、中部、西部地区和民族地区变迁研究，可围绕以下问题展开：（1）近代以来中国区域发展与变迁研究（含沿海沿江地区、东北地区、内地发展、西部边疆地区、民族地区、香港、澳门、台湾地区）。（2）近代城市发展与变迁研究。（3）近代乡村社会发展与变迁研究。（4）近代租界研究。（5）近代人口迁移与边疆开发研究。（6）近代军垦与边疆开发研究。（7）近代以来统一的多民族国家形成与发展研究。（8）近代以来宗教与民族地区发展研究。（9）新民主主义革命时期农村革命根据地社会生活研究。（10）新中国成立以来地区发展与变迁研究（含东部地区、东北地区、中部地区、西部地区）。（11）新中国成立以来民族地区发展与变迁研究。（12）新中国民族地区发展的主流、主线和基本问题研究。（13）当代中国香港、澳门、台湾地区发展与变迁研究。（14）"三线"建设与区域发展研究。（15）"上山下乡"运动与区域发展研究。（16）"文化大革命"时期的地方发展与变迁研究。（17）1976—1978年的中国社会变迁研究。（18）当前中国区域发展现状与对策研究。（19）近代中国区域发展政策变迁与经验研究。（20）近代中国民族地区发展政策变迁与经验研究。（21）中国共产党的区域发展政策研究。（22）中国共产党民族地区发展政策研究。（23）中国共产党维护民族团结、反对民族分裂的历程与经验研究。（24）"一国两制、和平统一"方针与政策及其实践研究。

预期达到的目标

通过上述研究，实现从总体上把握近代以来东部、中部、西部地区和民族地区发展的历程、方式、成就、问题、特征、基本规律、经验等，并深化现有研究，拓宽研究视野和领域。同时为当前促进区域协调发展，实现民族地区稳定与发展提供理论指导和历史借鉴。

8. 中国共产党民主理论与实践

选题的意义和依据

中国共产党自成立之初就把推翻帝国主义与封建主义统治，建设真正的民主共和国的目标写在了自己的旗帜上。因此，通过领导中国人民进行新民主主义政治建设，中国共产党缔造了人民民主专政的社会主义国家，开启了中国社会主义民主政治建设的新征程。因此，系统梳理和全面总结中国共产党民主理论与实践，既具有重要的理论意义和学术价值，又具有重要的现实意义和指导作用。关于该问题的研究目前学术界已经取得了一系列丰硕成果，但仍需要进一步深化研究，尤其是需要对当前民主政治建设的重大问题做出科学回答和准确阐释。

研究的主要内容

关于中国共产党民主理论与实践的研究，可从如下方面展开：（1）中国共产党民主理论的渊源、形成与发展过程、基本内容、主要特点、重要意义等研究。（2）新民主主义革命时期中国共产党领导下的民主政治建设历程、成就、基本经验和历史启示研究。（3）社会主义革命和建设时期中国社会主义民主政治建设历程、成就、经验教训和历史启示研究。（4）改革开放新时期中国特色社会主义民主政治建设历程、成就、现状和基本经验研究。（5）我国基本政治制度的历史发展及经验研究。（6）中国共产党缔造和领导人民民主专政国家的历程与经验研究。（7）坚持和完善人民民主专政研究。（8）人民代表大会制度的创立历程与经验研究。（9）坚持和完善人民代表大会制度研究。（10）中国共产党领导的多党合作和政治协商制度的建立、坚持和完善研究。（11）中国共产党领导的统一战线基础变迁研究。（12）民族区域自治制度的确立、坚持和完善研究。（13）基层群众自治制度的建立和完善研究。（14）中国共产党民主集中制理论与实践研究。（15）中国共产党党内民主建设理论与实践研究。（16）中国共产党政治体制改革思想研究。（17）中国共产党的建设科学化历程与经验研究。(18) 中国共产党重要领导人的民主思想与实践研究。主要包括陈独秀、李大钊、毛泽东、瞿秋白、张闻天、董必武、邓小平、陈云、江泽民、胡锦涛等。(19) 坚持党的领导、人民民主专政和依法治国的辩证统一研究。

预期达到的目标

通过上述研究，全面阐释中国共产党民主政治建设的理论，系统梳理中国共产党民主政治建设的历程，科学总结中国共产党民主政治建设的经验教训与历史启示，准确把握中国共产党民主政治建设的现状与问题，为推动当前中国特色社会主义民主政治建设提供学术支撑、决策咨询和有益借鉴。

9. 中国共产党改善民生的理论与实践

选题的意义和依据

中国共产党自成立之初，就致力于实现国家富强和人民幸福。一部中国共产党历史，就是一部不断解放和发展生产力，实现国家富强和人民幸福的历史。可以说，民生建设是中国共产党领导革命、建设和改革的重要内容。因此，考察和总结中国共产党民生建设的理论与实践，既有助于深化和拓宽中共党史研究，又能够为当前开展的民生建设提供历史借鉴，因而该问题既是一个重要的理论命题，又有十分重要的现实意义。目前学术界关于该问题的研究刚刚起步，已有成果不多，尚有不少问题亟待解决。

研究的主要内容

关于中国共产党民生理论与实践的研究，应从如下方面展开：(1) 中国共产党民生理论的渊源、形成和发展，以及中国共产党民生理论的主要内容、基本特征和现实意义。(2) 新民主主义革命时期农村革命根据地的民生建设历程、内容、方法、措施、成就、特点、经验和历史启示研究。(3) 社会主义革命和建设时期我国的民生建设的历程、内容、方法、措施、特点、经验、教训和历史启示研究。(4) 改革开放新时期我国的民生建设的历程、内容、方法、措施、成就、特点和经验研究。(5) 中国共产党重要领导人的民生思想与实践研究。主要包括毛泽东、周恩来、刘少奇、朱德、张闻天、邓小平、陈云、江泽民、胡锦涛等。(6) 中国共产党解放和发展生产力思想与实践研究。(7) 中国共产党促进就业和构建和谐劳动关系理论与实践研究。(8) 中国共产党合理调整收入分配关系理论与实践研究。(9) 中国共产党社会保障理论与实践研究。(10) 中国共产党医疗卫生事业改革发展理论与实践研究。(11) 中国共产党人口工作理论与实践研究。(12) 中国共产党社会管理理论与实践研究。(13) 中国共产党共同富裕思想与实践研究。(14) 中国共产党教育改革发展理论与实践研究。(15) 中国共产党对社会主要问题的治理及经验研究。(16) 当前我国民生建设的现状、问题、必要性和对策研究。

预期达到的目标

通过上述研究，系统考察中国共产党民生建设的历程、内容、方法和措施、基本特点、经验教训、历史意义和现实启示，深入研究中国共产党民生建设理论的形成、发展、主要内容、基本特点、意义，科学阐释我国当前民生建设的必要性、意义、面临的主要问题及解决这些问题的方针、政策、措施，深化和拓宽中共党史与当代中国史研究，为当前民生建设提供历史借鉴和决策参考。

10. 当代中国改革与发展方式的演变研究

选题的意义和依据

经历了改革开放三十多年的发展，我国国民经济和社会发展取得了重大进展，谱写了中国特色社会主义事业的壮丽篇章。当前我国正站在一个新的历史起点上，处于一个可以大有作为的重要战略机遇期，既面临着难得的历史机遇，又面对诸多可以预见和难以预见的风险挑战。一方面我国发展的外部环境日趋复杂，另一方面我国发展中不平衡、不协调、不可持续的问题日益突出。这就要求当前我国要以科学发展为主题，以加快转变经济发展方式为主线。当代中国是历史中国的一个发展，因此我们不应当割断历史，学术界应系统研究新中国成立以来尤其是1978年以来，我国推动社会主义改革和促进经济社会发展的历程、成就、问题、经验、教训，研究在这一过程中形成的理论、方针、措施等问题。从学术界已有成果来看，当前关于该问题的研究已经取得较大成就，但尚待进一步挖掘资料、系统梳理和深化研究。

附录2 "十二五"高校马克思主义理论学科科学研究战略规划研究总报告

研究的主要内容

关于当代中国改革与发展方式的演变研究，可围绕如下问题展开：(1) 以毛泽东为核心的第一代中央领导集体对社会主义建设的探索研究。(2) "在徘徊中前进"的两年与改革开放研究。(3) 中国内部改革的历程、性质、阶段、步骤、路径、方法、措施、成就、问题、经验与启示等研究。(4) 中国对外开放的历程、阶段、成就、问题、对策、经验与启示等研究。(5) 中国经济体制改革、政治体制改革、文化体制改革、教育和科技体制改革的历程、阶段、特征、成就、问题、经验与启示研究。(6) 新中国成立以来我国经济发展方式演进的历程与经验研究。(7) 中国共产党重要领导人的发展思想研究。主要包括毛泽东、刘少奇、周恩来、张闻天、邓小平、陈云、江泽民、胡锦涛等。(8) 科学发展观研究。(9) 中国共产党制定和实施国民经济和社会发展五年规划（计划）的历史与经验研究。(10) 中国共产党经济发展战略研究。(11) 新中国成立以来企业管理制度变迁研究。(12) 新中国成立以来农村经济组织变迁研究。(13) 社会主义新农村建设研究。(14) 城乡一体化进程中的社区建设研究

预期达到的目标

通过上述研究，全面描述我国社会主义建设和改革的理论与实践，系统总结我国社会主义建设和改革的成功经验和做法，科学分析当前我国国民经济和社会发展现状和问题，为加快经济发展方式转变，促进科学发展提供借鉴，同时推动当代中国史和中共党史研究的深化。

11. 中共党史、当代中国史、中国近现代史基本问题研究的学科建设、科学研究、教学与人才培养相互关系研究

选题的意义和依据

依据国务院学科门类划分，中共党史、当代中国史、中国近现代史基本问题研究分属于政治学、历史学、马克思主义理论一级学科下属的二级学科，但是三者在研究时段、研究对象、研究内容上存在边界淡化、研究交叉、人员重叠等问题。这给三个二级学科的学科建设、科学研究、人才培养带来了不少困境和疑惑。因此，界定和厘清三者之间的区别与联系，成为当前影响三个学科健康发展的关键问题。对此，近年来学术界开展了

一系列研究，初步提出了解决方案，但尚需进一步探讨和深化。

研究的主要内容

中共党史、当代中国史、中国近现代史基本问题研究的学科建设、科学研究、教学与人才培养相互关系研究，应围绕如下问题展开：（1）中共党史、当代中国史、中国近现代史基本问题研究三个二级学科的学科性质、发展定位、研究范式、学术空间、学科支撑、边界划分、社会功能、人才培养、辩证关系等研究。（2）中共党史、当代中国史、中国近现代史基本问题研究的学科建设、科学研究、教学与人才培养相互关系研究。（3）中共党史、当代中国史、中国近现代史基本问题研究的政治性与科学性的统一研究。（4）中共党史、当代中国史、中国近现代史基本问题研究各自的学科布局、发展环境、招生规模、师资队伍、研究方向、课程建设、论文选题、培养模式、质量监控、毕业去向等现状与对策研究。（7）中共党史学理论与方法研究。（8）中国历史学理论与方法研究。（9）中共党史、当代中国史、中国近现代史基本问题研究的对象、内容、重点、难点、范式、话语体系、学术规范等研究。（9）"中国近现代史纲要"与"毛泽东思想和中国特色社会主义理论体系概论"课程教学协调问题研究。（10）贯彻全国党史工作会议精神，加强高校党史教育研究。（11）高校思想政治理论课教学中政治性与科学性的统一研究。（12）以科学发展观指导中共党史、当代中国史、中国近现代史基本问题研究。（13）中共党史、当代中国史、中国近现代史基本问题研究的文献建设、网站建设、交流平台建设等研究。（14）国外中共党史、中国近现代史、当代中国史的学术史、研究动态及成果评析的研究。（15）中共党史、当代中国史、中国近现代史基本问题研究中的历史虚无主义思潮及其他思潮研究。

预期达到的目标

通过上述研究，厘清三者研究边界，明晰三者发展现状，提出合理的解决方案与措施；推动学科建设，凝练学术研究方向，深化研究层次，提高人才培养质量，更好地发挥思想库和智能团的作用；推动马克思主义理论研究与建设工程的实施，繁荣我国哲学社会科学。

图书在版编目（CIP）数据

马克思主义理论教育教学论/逄锦聚著．—北京：中国人民大学出版社，2018.5
（高校马克思主义理论教学与研究文库）
ISBN 978-7-300-24437-2

Ⅰ.①马… Ⅱ.①逄… Ⅲ.①马克思主义理论－政治理论教育－研究－中国 Ⅳ.①A81

中国版本图书馆 CIP 数据核字（2017）第 116050 号

国家出版基金项目
高校马克思主义理论教学与研究文库
马克思主义理论教育教学论
逄锦聚　著

出版发行	中国人民大学出版社		
社　　址	北京中关村大街 31 号	邮政编码	100080
电　　话	010－62511242（总编室）		010－62511770（质管部）
	010－82501766（邮购部）		010－62514148（门市部）
	010－62515195（发行公司）		010－62515275（盗版举报）
网　　址	http://www.crup.com.cn		
	http://www.ttrnet.com（人大教研网）		
经　　销	新华书店		
印　　刷	北京东君印刷有限公司		
规　　格	165 mm×230 mm　16 开本	版　次	2018 年 5 月第 1 版
印　　张	22 插页 1	印　次	2018 年 5 月第 1 次印刷
字　　数	323 000	定　价	78.00 元

版权所有　　侵权必究　　印装差错　　负责调换